Für Kyra
und Andi

Bildnachweise:
Fotografien: Diana Ringelsiep und Felix Bundschuh
Illustrationen: Ingo Donot
Grafische Elemente: Milos Djapovic / shutterstock.com,
Milan M / shutterstock.com, Sunward Art / shutterstock.com,
LongQuattro / shutterstock.com, Ivan Popovych / shutterstock.com

1. Auflage Juli 2019

ISBN 978-3-95575-112

Lektorat: Ingo Rüdiger
Layout und Satz: Oliver Schmitt
Covergestaltung: Magenta Caulfield
Druck und Bindung: Buchdruck Zentrum

Ventil Verlag, Boppstraße 25, 55118 Mainz
www.ventil-verlag.de

DIANA RINGELSIEP & FELIX BUNDSCHUH

A GLOBAL MESS

EINE SUBKULTOUR DURCH SÜDOSTASIEN

Mit Illustrationen von Ingo Donot

ventil

INHALT

SINGAPUR

MALAYSIA

THAILAND

PROLOG

Wer hat nicht schon mal davon geträumt, aus dem Alltag auszubrechen, um diese eine Idee zu verwirklichen, die alles verändern könnte? Wie viele Jobs werden täglich in Gedanken gekündigt und wie viele Strandbars an imaginären Traumstränden eröffnet? Soviel steht fest, es müssen verdammt viele sein.

Als wir uns im Herbst 2017 auf einer Party trafen, hatten wir uns zuvor schon einige Monate nicht gesehen. Unser Arbeitsalltag ließ nicht viel Raum für Freunde und Feierabend. Müde mischten wir uns an jenem Abend unter die anderen Gäste und beantworteten Smalltalk-Fragen zu unseren vermeintlich aufregenden Jobs. Tatsächlich waren wir ausgebrannt. Ein Musikmanager, der bloß noch funktionierte und tat, was man von ihm erwartete. Eine Journalistin, die Artikel zu vorgegebenen Themen im Akkord verfasste und zunehmend die Freude am Schreiben verlor. Ohne es auszusprechen, wussten wir damals genau, wie der andere sich fühlte.

Kurz darauf fassten wir unabhängig voneinander einen Entschluss, der alles auf den Kopf stellen sollte: Wir reichten unsere Kündigungen ein, ohne einen Plan B zu haben. Na, wenn das kein Grund zum Feiern war. Ein Knochenfabrik-Konzert und drei Liter Weißwein später waren wir endgültig im Strandbar-Traum-Modus angekommen. »Selbstverwirklichung« war der Begriff der vorgerückten Stunde. Wir wollten zurück zu unseren Punkrock-Wurzeln und endlich wieder das tun, was wir an unseren Jobs einmal so sehr geliebt hatten.

Gegen vier Uhr morgens hatte unsere Strandbar einen Namen. Sie hieß »A Global Mess« und war genau genommen keine Bar, sondern ein multimediales Recherche-Projekt. Wir wollten dahin gehen, wo Subkultur noch Kreativität und echte Rebellion bedeutet – an Orte, die in keinem *Lonely Planet* stehen. Wir wollten auf fernen Undergroundkonzerten pogen und der Frage nachgehen, welches Lebensgefühl junge Menschen verschiedener Bewegungen wie der Punkrock-, Graffiti- oder Aktivismus-Szene weltweit miteinander verbindet.

Weinselige Pläne wie dieser werden in der Regel nicht in die Tat umgesetzt. Die Euphorie verblasst mit dem Kater am Tag danach und zurück bleibt die traurige Gewissheit, dass Träume eben doch oft Träume bleiben. Aber diesmal war es anders, denn wir hatten zur richtigen Zeit mit der richtigen Person geträumt. *So we went out and fucking did it!*

In diesem Buch erzählen wir die Geschichte von »A Global Mess« – unserer #SubkulTOUR durch Südostasien. Es ist die Geschichte einer Schnapsidee, deren Ausmaß wir selbst noch nicht fassen können.

Diana & Felix

FAKTEN. FAKTEN. FAKTEN.

Seit Ende der britischen Kronkolonie (1997) gilt Hongkong als Sonderverwaltungszone der Volksrepublik China | In der Metropole leben über sieben Millionen Menschen | 95 Prozent davon sind chinesischer Abstammung | Die Stadtfläche beträgt 1.106 Quadratkilometer und ist somit etwas größer als die Insel Rügen | Zu den berühmtesten Persönlichkeiten der Stadt zählt Jackie Chan | Das Territorium erstreckt sich über eine verzweigte Halbinsel und 262 vorgelagerte Inseln | Der Flug von Deutschland nach Hongkong dauert im Schnitt 13 Stunden | Es herrscht ein feuchtes, subtropisches Klima | Die Amtssprachen sind Chinesisch (hauptsächlich Kantonesisch) und Englisch | 1 Hongkong-Dollar (HKD) entspricht 0,11 Euro | Es gilt als unhöflich, sich am Tisch die Nase zu putzen oder seinem Gegenüber direkt in die Augen zu schauen | Das Bruttoinlandsprodukt liegt nach Schätzungen des Internationalen Währungsfonds bei 46.109 US$ pro Kopf und ist damit mehr als fünfmal so groß wie im restlichen China | Die Zeitverschiebung zwischen Deutschland und Hongkong beträgt sechs Stunden | Der Wohnungsmarkt ist mit einer Durchschnittsmiete von 3.737 US$ pro Monat der teuerste der Welt

香港
(HONG KONG)
東達木門
記

DER BEGINN EINER IRRFAHRT

Felix, HONGKONG

Meine letzten Tage in Deutschland hatten es in sich. Alle möglichen Leute wollten plötzlich wissen, wie mein Plan für die kommenden Monate aussah und welche Strategie ich mir für mein Vorhaben zurechtgelegt hatte. In Wahrheit gab es jedoch weder das eine noch das andere. Daher griff ich in diesen Momenten auf eine der wenigen Fähigkeiten zurück, die ich meinem vor Jahren abgebrochenen Soziologie-Studium zu verdanken hatte: Ich redete; und redete; und redete – ohne etwas Konkretes zu sagen. Leider hatte ich nicht die geringste Ahnung, was mich am anderen Ende der Welt erwarten und was während der Reise auf mich zukommen würde. Denn tatsächlich hatte ich so etwas wie eine Rechercheireise mit Interviews und Dreharbeiten noch nie gemacht.

Beim Landeanflug auf Hongkong schaute ich aus dem Fenster und filmte geistesabwesend die ersten Szenen, die später Teil unseres Films werden sollten. Die unzähligen Inseln unter mir waren vom hellblauen Wasser des südchinesischen Meeres umgeben und von jeder einzelnen ragten mir Hochhäuser entgegen, die zwischen sattgrünen Hügeln eingebettet waren. In dem Moment wurde mir klar, dass das Abenteuer »A Global Mess« soeben begonnen hatte. Die plötzlich einsetzende Aufregung darüber begann gerade den Schwips zu verdrängen, an dem ich die letzten zehn Stunden gearbeitet hatte, da rauschten wir auch schon mit quietschenden Reifen über die Landebahn.

Nun stand mir der unangenehmste Teil einer jeden Reise bevor. Denn ich hasse Grenzkontrollen. Weil ich Bullen hasse. Und Grenzen. Zugegebenermaßen stresst mich an Grenzübergängen nicht nur meine politische Haltung, laut der es Grenzen und somit auch Grenzbeamte gar nicht geben dürfte, sondern vor allem meine eigene Paranoia. Denn ich bin der Typ, der nach dem Verlassen seiner Wohnung noch mal zurückrennt, um zu checken, ob der Herd aus ist. Dann noch mal, um zu prüfen, ob die Balkontür richtig zu ist. Und gelegentlich auch noch ein drittes Mal, um sicherzugehen, dass ich die Katze beim zweiten Kontrollgang nicht auf dem Balkon ausgesperrt habe. Als deutscher Staatsbürger braucht man kein Visum, um in Hongkong einzureisen. Das hatte ich vorab tausendfach überprüft. Doch als ich auf die Schalter mit den Beamten zulief, überkam mich plötzlich das dringende Bedürfnis, noch ein letztes Mal auf Nummer sicher zu gehen. Natürlich hatte ich kein Internet. Also blieb ich für einen Moment ratlos stehen und hielt den Verkehr auf. Gerade als ich zur Vernunft kam und mich fragte, ob ich noch alle Latten am Zaun hatte, wurde ich von der Seite angebrüllt: »Take off your hat and sunglasses!«

Nervös versuchte ich, keinen Blickkontakt zu dem uniformierten Irren aufzunehmen und präsentierte ihm anstandslos meine zerzausten Haare und Augenringe. Keine fünf Meter weiter wurde ich schon wieder angeschrien. Diesmal von einer Frau. Im Nachhinein bin ich mir sogar sicher, dass es gut gemeint war, da mir meine Überforderung ins Gesicht geschrieben stand. Doch ich war noch immer dabei, in Gedanken alle notwendigen Einreisedokumente durchzugehen. Mit anderen Worten, ich war noch nicht bereit, mich irgendwo in Reih und Glied anzustellen. Ich starrte sie also mit offenem Mund an und eh ich mich versah, ordnete sie mich einem Schalter zu, über dem ein Schild mit der Aufschrift »Diplomats« prangte. Alle anderen Reihen waren unendlich lang, vor mir hingegen warteten bloß zwei Personen. Ich versuchte ihr zu erklären, dass ich lediglich ein Tourist sei, der nicht mal wusste, was ein Diplomat eigentlich machte. »It's okay«, sagte sie und gab mir zu verstehen, einfach dort zu bleiben. Der Beamte war tatsächlich sehr freundlich und stellte nur wenige Fragen – unter anderem wollte er meinen Aufenthaltsort in Hongkong wissen. Ich kramte mein iPad aus dem Rucksack, rief die Adresse des Hostels auf und reichte es ihm. Kurz darauf knallte er mir einen Stempel in den Pass und wünschte mir einen schönen Aufenthalt. Das war einfach.

Wenige Minuten später stand ich am Baggage Claim, während alle anderen Versager noch in irgendwelchen Schlangen feststeckten. So durfte es gerne weitergehen. Da es bis zur Ausgabe des Gepäcks bestimmt noch dauerte, begann ich, ziellos durch die große Halle zu schlendern, um die verbleibende Zeit totzuschlagen. Überall schaute ich in dieselben müden Gesichter, die sich nach einer Dusche und einem Bett sehnten. Und gerade als mir die Idee kam, eine dieser Tafeln zu suchen, auf denen die unzähligen Kofferbänder den eintreffenden Flugzeugen zugeordnet werden, sah ich ihn: Meinen Rucksack, wie er auf dem Band, an dem ich gerade vorbeilief, seine Runden drehte. Konnte denn wirklich alles so reibungslos laufen? Ich zerrte ihn herunter und fing direkt an, ein paar Dinge aus meinem Handgepäck umzupacken. Irgendwas fehlte. Etwas Wichtiges… Mein iPad! Hatte ich Idiot es etwa bei der Grenzkontrolle liegen lassen? Ich konnte meine eigene Dämlichkeit nicht fassen, war mir aber sicher, dass ich das verdammte Ding schon irgendwie wiederbekommen würde. Immerhin war ich an einem internationalen Flughafen mit 1.000 Kameras.

Eine nette Dame von der Security begleitete mich zurück zur Immigration und dank des »Diplomats«-Schildes wusste ich natürlich noch genau, an welchem Schalter ich eingereist war. Doch der eben noch so freundliche uniformierte Mann, der mich nach meiner Adresse gefragt hatte, schaute mich ratlos an. Er habe kein iPad und könne sich auch an keins erinnern. Ich war verwirrt. Hatte ich es etwa woanders liegen lassen? Oder hatte ich es doch in einem verpeilten Augenblick in den Rucksack gepackt, ohne es zu merken? Immerhin hatte ich einen kompletten Tag nicht geschlafen und irgendwo auf der Hälfte des zweiten Fluges den Überblick über die kleinen Bierdosen verloren, deren Inhalt kontinuierlich den Weg in meinen Körper gefunden hatte.

Ungeduldig schaute der Mann hinter der Scheibe erst zu mir und dann zu der Schlange einreisewilliger Diplomaten hinüber. »But I showed you the address«, versuchte ich mich ein weiteres Mal zu erklären, doch die Geduld des Beamten war bereits am Ende. Plötzlich veränderte sich etwas an seinem Gesichtsausdruck und er forderte mich auf unmissverständliche Art und Weise dazu auf, den Einreisebereich zu verlassen. Okay, das war genau die Art von Ärger, die ich mit keinem Grenzpolizisten der Welt haben wollte. Also gab ich mich geschlagen und machte mich ohne Tablet auf den Weg zum Hostel. Dort angekommen, war ich mir sicher: Der verdammte Cop hatte mein Tablet gestohlen und mich vor seinen Kollegen für dumm verkauft. Wenn das der erste Tag war, wie sollten dann die restlichen Monate werden?

ERSTES LEBENSZEICHEN

WhatsApp-Dialog, ESSEN–HONGKONG

21. Mai

Diana, 14:37 Uhr

Hey Felix, ich kann's kaum glauben, gestern haben wir noch bei Schneechaos erste Pläne geschmiedet und heute trittst du schon die große Reise an. Mein Flug ist ja mittlerweile auch gebucht, jetzt nimmt das Abenteuer seinen Lauf. Ich wünsche dir einen großartigen Start und viele coole Menschen, Orte und Erlebnisse. See you in Singapur!

23. Mai

Felix, 6:36 Uhr

Danke, ich bin gut gelandet. Allerdings gibt es bereits erste Verluste zu verzeichnen. Ich habe mein iPad am Flughafen verloren. Richtig bitter. Und richtig dumm von mir. Werde nicht drum herumkommen, mir ein neues zu kaufen. Hab ja keinen Laptop zum Schneiden der Vlogs und Sichern der Fotos dabei.

Diana, 9:10 Uhr

Neiiin!! Wie konnte das denn passieren?

Felix, 9:12 Uhr

Frag nicht … Ich schick dir gleich den ersten Blogbeitrag per Mail. Wäre cool, wenn du mal drüberlesen und ihn später online stellen könntest.

Diana, 17:20 Uhr

Erledigt!

Felix, 17:24 Uhr

Klasse, sind wir jetzt berühmt?

Diana, 17:25 Uhr

Ja, die BBC hat gerade angerufen. Sie wollen den Rest der Reise live übertragen.

Felix, 17:25 Uhr

Läuft!

NIEMAND HAT GESAGT, DASS ES EINFACH WIRD

Felix, HONGKONG

Nachdem ich meinen Jetlag auskuriert hatte, schnappte ich mir meine Nikon und das 35-mm-Objektiv, um ein bisschen herumzulaufen und die Stadt zu erkunden. Ich hatte mehrere Tage für Hongkong eingeplant, doch bisher stand nur ein fixer Termin auf dem Programm. Daher hoffte ich, ein paar interessante Ecken zu entdecken – eine Rockbar, einen Skatepark oder einen coolen Plattenladen. Irgendeinen alternativen Ort, an dem der offizielle Startschuss meiner Subkultur-Recherche fallen konnte. Leider besitze ich von Natur aus nicht den geringsten Ansatz eines funktionierenden Orientierungssinns. Und damit meine ich absolut gar keinen. Wahrscheinlich schlendere ich deshalb so gerne ziellos drauf los, weil ich es von klein auf gewöhnt bin, mich früher oder später zu verlaufen. Umwege gehören für mich dazu und mit dem richtigen Kameraobjektiv im Gepäck, bin ich in der Lage, dabei alles um mich herum zu vergessen und nahezu meditative Zustände zu erreichen. Auf diese Weise lassen sich die besten Orte entdecken. Und genau darauf hoffte ich auch an meinem ersten Tag in der Millionenmetropole.

Sowohl aus der Sicht eines Spaziergängers als auch aus der eines Fotografen war Hongkong ein wahrer Traum. Im Gegensatz zu den chinesischen Städten, die ich zuvor bereist hatte, hielten die Leute sich hier sogar an Verkehrsregeln. Man konnte Kreuzungen überqueren, ohne das eigene Leben in kleinen Bildern an sich vorbeiziehen zu sehen. Zwischen den Wolkenkratzern gab es unzählige Märkte, kleine Geschäfte und natürlich die doppelstöckigen Tramways, die alle bloß »Ding Ding« nannten. Ein wahres Paradies, wäre ich ausschließlich als Street-Fotograf dort gewesen. Das war ich jedoch nicht, denn ich war gekommen, um mich auf die Spuren verschiedener Subkulturen zu begeben. In Peking hatte ich einige Jahre zuvor auf Anhieb mehrere kleine Punkrockschuppen gefunden. Die Kids dort fuhren mit Skateboards herum und ich hatte nicht das Gefühl, dass Peking einer Stadt wie Berlin auf subkultureller Ebene in irgendetwas nachstand. Da es sich bei Hongkong zudem um eine Sonderverwaltungszone handelte, in der es sehr viel westlicher als im Rest des Landes zuging, hatte ich erwartet, eine pulsierende Punk-, Skate- und Metalszene vorzufinden. Doch tatsächlich fand ich nichts dergleichen. Ich war frustriert.

In den folgenden Tagen verbrachte ich viel Zeit damit, online Hinweise auf relevante Underground-Orte zu finden. Dabei stieß ich schließlich auf zwei Rockbars, die mein Interesse weckten. Noch am selben Abend beschloss ich, dort vorbeizuschauen. Doch in beiden Kneipen tummelten sich hauptsächlich übergewichtige weiße Männer, die ihre Biergläser grölend zu Songs wie »Hells Bells« von AC/DC erhoben. Ich beobachtete das Ganze eine Weile von draußen und betrat am Ende keine davon. Subkultur in Asien hatte ich mir anders vorgestellt. Ich war enttäuscht und mit einem Mal überkam mich die Angst, dass das, was ich suchte, gar nicht existierte. Ich brauchte Insider-Informationen. Und mehr denn je, hoffte ich, dass Riz – mit dem ich mich schon von Deutschland aus für ein Interview am nächsten Tag verabredet hatte – mir sagen konnte, wo sich die coolen Kids in der Nachbarschaft rumtrieben.

Riz ist ein Urgestein der asiatischen Punk-, Metal- und Hardcoreszene. Bereits 1999 hat er die Band King Ly Chee gegründet, mit der er beachtliche Erfolge erzielt und sogar eine gemeinsame USA-Tour mit Sick Of It All gespielt hat. Mittlerweile ist er als Gitarrist bei der im Frühjahr 2017 gegründeten Band Dagger aktiv. Beides natürlich Grund genug, um mich mit dem engagier-

證 券
證 券 耀 才 證
港 豐 人
KONG FUNG
許氏
找換匯款
3612 2620
冠南華

ten Lehrer und Familienvater zu treffen. Dabei hatte er noch einen weiteren Joker im Ärmel, der mir von Nutzen sein konnte: denn Riz ist außerdem der Gründer und Betreiber der englischsprachigen Seite uniteasia.org – einem einflussreichen Online-Musikmagazin mit einem Fokus auf harte Gitarrenmusik. Auf der Seite gibt es täglich News aus sämtlichen asiatischen Ländern, denn Riz scheint es als seine Pflicht anzusehen, Rockmusik zu promoten und leicht zugänglich zu machen. Auf diese Weise hat er über Jahrzehnte ein riesiges Netzwerk aufgebaut und der alternativen Szene geholfen, sich weit über die jeweiligen Landesgrenzen hinaus zu entfalten und auszutauschen. Mit anderen Worten: Riz musste wissen, wo in Hongkong der Punk abging!

Am Abend vor unserem Treffen bat ich ihn, mir einen geeigneten Treffpunkt für das Interview mitzuteilen. Denn ich kannte mich nicht aus und wollte ihn direkt in passender Atmosphäre treffen. Seine Antwort war ernüchternd: »Where do you want to meet me? I'll come whereever you want.« Na toll. Abgesehen von meinem Hostel kannte ich noch ein Starbucks-Café. Beides nicht unbedingt das, woran ich gedacht hatte. Aber es konnte doch nicht so schwer sein, einen authentischen Szene-Ort in der eigenen Heimatstadt zu benennen. Also fragte ich ihn, ob er nicht eine coole Bar kennen würde. Tat er nicht. Und das lag nicht daran, dass er Straight Edge war – es gab schlichtweg keine coolen Bars in Hongkong. Also versuchte ich mein Glück auf einem anderen Gebiet und fragte ihn nach einem Skatepark oder sonst irgendeinem Ort, an dem interessante Leute abhingen. Riz schien vollkommen ratlos zu sein und brauchte von Mal zu Mal länger, um auf meine Nachrichten zu antworten. Es war sinnlos. Und da ich ihm nicht bereits vor unserem Kennenlernen auf die Nerven gehen wollte, stellte ich die Fragerei nach einem subkulturellen Treffpunkt schließlich ein.

Wir trafen uns bei Starbucks. Ich war fassungslos. Mein erstes Treffen mit einem Drahtzieher der asiatischen Undergroundszene und er hatte mich an keinen cooleren Ort bringen können als in ein verdammtes Franchise-Café. Ich meine, der Typ stand schon auf der Bühne, als ich noch nackig um den Weihnachtsbaum gerannt bin. Er vereint seit Jahren die gesamte asiatische Szene und jetzt saßen wir uns in einer Hipster-Kaffee-Kette gegenüber, um über den asiatischen Underground zu reden. Seiner Aussage nach gab es keine alternativen Orte in Hongkong. »Natürlich gibt es eine kleine Szene«, erklärte er mir. »Dagger teilt sich beispielsweise den Proberaum mit einer Oi!-Band, aber prinzipiell ist die Szene in Hongkong ziemlich tot. Das gilt vor allem für Punk.« Die Begeisterung mit der Riz die vergangenen 25 Jahre zusammenfasste und mit der er mir von den verschiedenen Bewegungen in den einzelnen Ländern berichtete, ließ mich die sterile Umgebung schnell vergessen. Je mehr Geschichten er erzählte, desto ruhiger wurde ich, denn offenbar gab es sie da draußen – die authentischen Kneipen und alternativen Zentren, in denen regelmäßig Konzerte stattfanden und sich der Untergrund

Riz betreibt das Musikmagazin uniteasia.org – in Hongkong verschaffte er Felix einen ersten Überblick über südostasiatische Subkulturen.

traf. Es bestand noch Hoffnung, für die geplanten Interviews der kommenden Monate nicht ausschließlich zwischen McDonald's und Starbucks pendeln zu müssen. Besonders die indonesische Szene hatte es Riz angetan. Ein paar Wochen später sollte ich verstehen, warum.

Nachdem wir unseren Kaffee ausgeschlürft hatten, gingen wir ein paar Schritte durch die schwüle Abendluft und ließen uns auf der Mauer vor einer Mall nieder. Riz erzählte von seiner Band Dagger, in der er sich – anders als bei King Ly Chee – endlich seinen geliebten Gitarrensolos hingeben konnte. Und nach einer Weile kam er auch auf die Herausforderung zu sprechen, die seine Jobs und täglichen Verpflichtungen mit sich brachten. »Es ist nicht immer einfach, all dem gerecht zu werden, denn neben meinem Fulltimejob als Lehrer, der redaktionellen Arbeit für uniteasia.org und meiner Band, bin ich auch verheiratet und der Vater einer Tochter.« Riz ist kein Mann für halbe Sachen. Er hat es sich zur Aufgabe gemacht, die asiatische Szene besser zu vernetzen und den dazugehörigen Bands weltweit mehr Aufmerksamkeit zu verschaffen. Zeit zum Durchatmen bleibt ihm im Alltag daher kaum. Auch in den nächsten Tagen stand ihm ein straffes Programm bevor. »Ich muss morgen früh um fünf Uhr aufstehen, ein paar Vorbereitungen treffen, meine Tochter in die Schule bringen und dann zur Arbeit fahren«, fasste er seine Pläne bei unserer Verabschiedung zusammen. »Und nach der Arbeit werde ich die Band einsammeln und mit den Jungs zum Flughafen fahren. Denn am Abend spielen wir in Manila auf einem großen philippinischen Festival. Am Morgen darauf werde ich direkt den ersten Flieger zurück nach Hongkong nehmen, um das Wochenende mit meiner Familie zu verbringen.«

GEFÄHRLICHES HALBWISSEN

Die Republik der Philippinen liegt im westlichen Pazifik und besteht aus 7.641 Inseln | Das tropische Klima ist vom Meer geprägt, das nirgends weiter als 200 Kilometer entfernt ist | Am 4. Juli 1946 wurden die Philippinen als erste asiatische Kolonie von den USA in die Unabhängigkeit entlassen | Die Hauptstadt Manila liegt auf der Hauptinsel Luzon und zählt 1,8 Millionen Einwohner | In der gesamten Republik leben 106.512.000 Menschen | Präsident Rodrigo Duterte rief in der Vergangenheit öffentlich zur Ermordung Drogenabhängiger auf | Die Amtssprache ist Filipino, welche auf Tagalog basiert | 1 Philippinischer Peso (PHP) hat einen Wert von 0,01 Euro | Die Fläche der Republik beträgt 343.448 Quadratkilometer, was ungefähr der von Italien entspricht | Vergewaltigungen rechtfertigt das Staatsoberhaupt Duterte durch die Schönheit der Frauen | Mit einem Anteil von über 80 Prozent gibt es eine katholische Bevölkerungsmehrheit | Das jährliche Bruttoinlandsprodukt pro Kopf entspricht mit 2.976 US$ nicht mal dem durchschnittlichen Monatseinkommen in Deutschland | Aufessen gilt als unhöflich, da es suggeriert, nicht satt geworden zu sein

PILIPINOS
(PHILIPPINEN)
PUNK

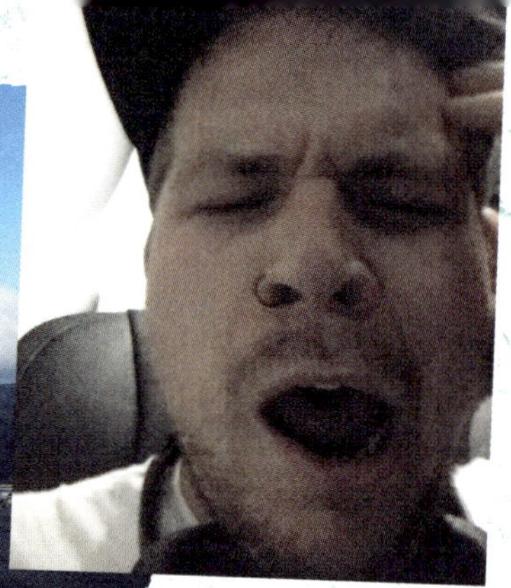

DIRTY SMALLTALK

Felix, MANILA

Natürlich trat ich am nächsten Tag ebenfalls die Reise nach Manila an. Ich hatte zwar nicht denselben Flug bekommen, doch ich war mir ziemlich sicher, Riz auf dem philippinischen Festival wiederzusehen. Hongkong hatte mich ziemlich erledigt. Jetlagbedingt hatte ich nur wenig geschlafen und da chinesisches Essen noch nie mein Ding war, hatte ich mich tagelang nur von Snickers und Coke ernährt. Keine Ahnung, ob es an der Überdosis Koffein und Zucker lag – aber ich war ziemlich aufgekratzt, als ich den Flughafen erreichte, der wenige Tage zuvor mein Tablet verschluckt hatte. Ich konnte noch immer nicht glauben, was bei meiner Einreise passiert war. Doch da ich mir nicht bis ans Ende meiner Tage in den Arsch beißen wollte, besuchte ich noch mal das Fundbüro. Natürlich war das Tablet nicht aufgetaucht. Es lag wahrscheinlich auch längst auf dem Wohnzimmertisch des Grenzbullen, der mittlerweile »Candy Crush«-süchtig war. Seelenfrieden fühlte sich anders an. Doch auch von dem Verlust einmal abgesehen, empfand ich den Abschluss meiner ersten Etappe nicht als besonders erfolgreich. Außer Riz hatte ich niemanden kennengelernt. Ich war in keiner coolen Bar gewesen und selbst mit anderen Backpackern hatte ich maximal ein paar Floskeln ausgetauscht. Irgendwie hatte ich mir den Aufschlag meiner Reise spannender vorgestellt. Kurz darauf war mein Flieger in der Luft und ich hielt das vertraute 0,33er-Flugbier in der Hand. Auf den Philippinen würde bestimmt alles besser laufen. Es musste sogar.

»Bloß nicht bei einem der ersten herumstreunenden Typen ins Auto steigen, die mit einem günstigen Fahrpreis locken«, hatten sie gesagt. Aber als ich den Flughafen in Manila verließ, wimmelte es nur so von redegewandten Männern, die mich in ihre Karren reinlabern wollten. Ihr Englisch war gut und ihre Preise verlockend, doch ich blieb standhaft und lehnte sämtliche Angebote ab. Denn wenn einem schon alle davon abrieten, wollte ich den Rat auch befolgen. So stellte ich mich vorbildlich in der Schlange des offiziellen Taxistandes an. Als ich an der Reihe war, registrierte ich sofort, dass mein Fahrer einen ausgeprägten Hang zum Smalltalk hatte. Ich war noch nicht mal angeschnallt, da erzählte er mir bereits von Gott und der Welt und fragte, ob ich verheiratet sei. Ich bejahte die Frage, obwohl das technisch gesehen gelogen war. Denn ich befinde mich zwar in einer langjährigen eheähnlichen Beziehung, doch verheiratet sind wir nicht. Mir fehlte die Lust dazu, einem wildfremden Taxifahrer die Gründe zu erläutern, warum das so war. Diese Art von Unterhaltung hatte ich schon zu oft geführt und irgendetwas sagte mir, dass es wieder auf denselben Dialog hinauslaufen würde. »My girlfriend and I aren't married«, erwiderte der Taxifahrer. »That's not important to us.« Na Klasse! Jetzt war ich der hinterwäldlerische Europäer.

Es war bereits Mitternacht und die Fahrt wollte einfach kein Ende nehmen. Genauso wie die Erzählungen des Smalltalkkönigs. Mittlerweile war er beim Thema Ladyboys angelangt und ich wurde das Gefühl nicht los, dass er glaubte, damit bei mir offene Türen einzurennen. Ich hörte mir das Ganze eine Weile lang an und fragte ihn schließlich, weshalb er vermutete, dass ich auf Ladyboys stand. Überrascht schaute er mich über den Rückspiegel an. »Na weil das Hostel, zu dem ich dich fahren soll, mitten in einem Rotlichtviertel liegt, das für seine Ladyboys bekannt ist.« Daher wehte also der Wind. Ich erklärte ihm, dass ich wegen des Festivals gekommen war und einfach die günstigste fußläufige Unterbringung gebucht hatte. »Und du bist noch nie auf einen Ladyboy reingefallen?« Ich verneinte. Er hakte nach: »Auch nicht als du betrunken warst?« Ich verneinte erneut. »Also bist du wegen der Frauen hier?« Ich konnte nicht fassen, welche Richtung das Gespräch angenommen hatte und erklärte ihm genervt, dass ich an überhaupt keiner Form der Prostitution interessiert sei. Er glaubte mir kein Wort.

Stattdessen fand er seine Wahrheit darin, dass ich zwar nicht an Ladyboys interessiert war, doch sehr wohl auf Sexarbeiterinnen mit Vaginas stand – was ich in seinen Augen bloß nicht zugeben wollte. Es folgte ein Monolog darüber, wie sich Ladyboys am eindeutigsten als solche identifizieren ließen, ehe man mit ihnen im Bett landete. Ich schaltete auf Durchzug und nahm mir vor, beim nächsten Mal zu einem der Typen ins Auto zu steigen, vor denen man mich gewarnt hatte. Als wir das Viertel schließlich erreichten, bremste er auf Schritttempo herunter. Doch nicht etwa zum Schutz der Fußgänger, sondern um besser auf die leichtbekleideten Frauen am Straßenrand zeigen zu können. An deren Beispiel konnte er nämlich wunderbar erklären, welche Damen aller Wahrscheinlichkeit nach einen Penis unter ihrem Rock versteckten. »Siehst du die in dem gelben Kleid da drüben?«, unsere Blicke trafen sich über den Rückspiegel. »Schau dir den Adamsapfel an. Definitiv ein Ladyboy!« Das Innere meines Schädels fühlte sich stumpf und matschig an, als wir das Hostel erreichten. Ich musste ins Bett und zwar schnell.

WILLKOMMEN IM UNDERGROUND

Felix, MANILA

Als der Wecker am nächsten Morgen klingelte, zog ich mir stöhnend das Laken über den Kopf. Der Schlafmangel der letzten Tage steckte mir mittlerweile tief in den Knochen und mein Körper sagte mir, dass er bereit für einen Off-Day war. Doch das Festival sollte bereits in zwei Stunden anfangen. »Scheiß drauf«, dachte ich und quälte mich aus dem Bett. Schließlich hatte ich mich in Hongkong noch über Langeweile beschwert. Die Venue war laut Google Maps ungefähr vier Kilometer von meinem Hostel entfernt. Also nahm ich meinen Rucksack und marschierte los. Der Name des Festivals war ein Zungenbrecher. Doch wofür »BrgyTibay« stand, hatte ich beim besten Willen nicht herausfinden können. Ich wusste bloß, dass insgesamt 17 Bands aus unterschiedlichsten Genres spielen sollten. Die meisten davon hatte ich mir online bereits angehört und ich war überrascht, wie professionell die meisten Aufnahmen waren. Es versprach auf jeden Fall ein interessanter Tag zu werden.

Die Hitze auf den Philippinen war eine ganz andere als die in Hongkong. Die Sonne knallte gnadenlos. Und der Verkehr war genauso chaotisch, wie ich ihn erfahrungsgemäß in Asien erwartet hatte: unübersichtlich und nicht für Fußgänger konzipiert. Während es in Hongkong breite Bürgersteige gab und die Leute sich an Verkehrsregeln hielten, ging es auf Manilas Straßen drunter und drüber. Ununterbrochen wurde gehupt und aus allen Ecken schossen Tricycles hervor, deren Fahrer um meine Aufmerksamkeit buhlten. Doch der unangenehme Taxi-Smalltalk vom Vorabend hatte Spuren hinterlassen und ich wollte es unbedingt vermeiden, das Gespräch auf leerem Magen wiederholen zu müssen. Daher lief ich mit gesenktem Blick durch die pralle Mittagssonne und bildete mir ein, meine Schweißtropfen auf dem Asphalt zischen zu hören. Als ich die Venue erreichte, hing davor bereits ein Haufen Kids auf der Straße herum. Auffallend war der allgegenwärtige Skaterlook. Die meisten von ihnen trugen Vans mit hochgezogenen Tennissocken, dazu kurze Dickies, Cappies und T-Shirts mit gekreuzten Tomahawks. Travis Barker wäre stolz gewesen. Erschöpft schaute ich mich um und beschloss, im Imbiss gegenüber etwas essen zu gehen. Die Speisekarte war mir ein einziges Rätsel, also zeigte ich irgendwo mit dem Finger drauf und setzte mich auf einen Plastikhocker.

Das »BrgyTibay«-Festival in Manila war der perfekte Einstieg in die philippinische Punkrockszene.

Auch die anderen Gäste schienen wegen des Festivals hier zu sein. Einige von ihnen waren großflächig tätowiert und wirkten ziemlich durchgestylt. Ein Modelscout der großen Skatermarken hätte in dem Imbiss auf jeden Fall seine helle Freude gehabt. Die hatte ich auch, denn das Essen war fantastisch.

Nachdem ich 300 Pesos (4,80 Euro) für den Eintritt gezahlt hatte, fand ich mich in einem Innenhof wieder, der mit einer Plane überdacht war – wahrscheinlich um die beißenden Sonnenstrahlen abzuwehren. Es war noch ziemlich leer, also lief ich herum und schaute mir die Merchandise-Stände und Fressbuden an. Vor der Bühne hatten sich einige Leute versammelt, die einem Typ am Mikrofon zuhörten. Ich verstand mal wieder kein Wort. Allem Anschein nach ging es um ein Wettrennen. Ein paar von ihnen stellten sich an einer Linie auf und rannten auf Kommando los. Doch aus irgendeinem Grund liefen alle gleich schnell und keiner versuchte auch nur ansatzweise, die anderen zu überholen. Eine Erklärung für das sinnlose Unterfangen blieb aus. Ich war verwirrt. Der Mann am Mikro tigerte weiter umher und stachelte die herumlungernden Kids zu weiteren Wettbewerben an. Zwei Jungs ließen sich zu einem Wettessen überreden, bei dem es offenbar nicht nur um Geschwindigkeit, sondern auch um Schärfe ging. Kurz darauf wurde ihnen an einem der Stehtische eine Art Currywurst serviert. Als der Moderator den Startschuss gab, begannen sie, die Happen hinunterzuschlingen. Zwischendurch nahmen sie gierige Schlücke aus ihren Bierflaschen. Keine Ahnung, ob letzteres an der Schärfe lag oder Teil der Challenge war – wahrscheinlich eine Mischung aus beidem. Nach zwei Minuten stand der Sieger fest. Zur Belohnung gab es Applaus und Merchandise. Für Entertainment war augenscheinlich gesorgt.

Kurz darauf fing die erste Band an zu zocken und ich war ziemlich perplex, als sie die Bühne im wahrsten Sinne des Wortes auseinandernahmen. Sie spielten auf hohem Niveau und bedankten sich zwischendurch immer wieder bei den Veranstaltern und allen möglichen Sponsoren. Doch ehe ich richtig reinkam, waren sie auch schon wieder verschwunden. Ich fragte mich, was es mit dem kurzen Intermezzo auf sich hatte, da stöpselte bereits die nächste Band ihre Instrumente in die Amps. Musikalisch standen die Jungs ihren Vorgängern in nichts nach und auch der minimalistische Soundcheck schien ihnen nicht geschadet zu haben. Ich dachte an zuhause, wo jede beschissene Kellerband eine komplette Backline für einen Auftritt im Jugendzentrum anrobbt und es regelmäßig zu Knatsch kommt, wenn sich jemand erdreistet, die Bass-Box eines Kollegen zu benutzen. Was das Equipment anging, schien es auf den Philippinen jedenfalls wesentlich entspannter zuzugehen. Wie ich später erfuhr, hatten die Veranstalter die Backline gemietet, sodass die Musiker lediglich ihre Gitarren mitbringen mussten.

Und sie hatten sich nicht lumpen lassen, denn die Boxen und Amps waren von Orange, das Drumset von Pearl und für die Sänger standen die typischen Shure-Mikros bereit. Es gab also nichts zu klagen. Nach dem vierten Song war wieder Schluss – aber irgendwie mussten die angekündigten Bands ja durchgeknüppelt werden. Der dritte Act war ein junges Hip-Hop-Kollektiv namens Go Smoke Mary. Die Kombo demonstrierte von der ersten Sekunde an, dass nun Action angesagt war. Dabei rappten sie in Landessprache und tobten sich nicht nur auf der Bühne, sondern auch in der restlichen Venue aus – zumindest so weit die Mikrokabel sie laufen ließen. Einer von ihnen schleuderte

Oben: To, Bassist von Riz' Band Dagger aus Hongkong.
Unten: Schlagzeuger Renmin von The Republicats.

VEGAN

Pearl
MUSIC

HQ TIBAY
DRIVEN

seine langen Dreadlocks durch die Menge, während ein anderer dem Publikum im Hunter-S.-Thompson-Style einheizte – stilecht mit Hawaiihemd und gelber Sonnenbrille. Aber auch der Rest der Band war ständig in Bewegung und so konnte ich mich kaum entscheiden, wo ich hinschauen sollte. Die Reihen um mich herum hatten sich mittlerweile gefüllt und der Auftritt der Band schien einen Nerv zu treffen. Doch nach dem vierten Song verschwanden auch die Rapper so schnell wie sie gekommen waren.

Kawika von der Hip-Hop-Kombo Go Smoke Mary während des Festivalauftritts.

Ich mischte mich unters Volk und überlegte gerade, ob ich mal jemanden anquatschen sollte, als ein junger, zugeballerter Typ auf mich zukam. Er trug ein weißes Shirt und Goldkettchen. »Hey man, do you have fun?«, fragte er und grinste. Natürlich hatte ich Spaß! Ich war erst gestern auf den Philippinen gelandet und hatte schon mehr erlebt als in fünf Tagen Hongkong. Ich gab ihm einen groben Abriss über »A Global Mess« und freute mich, jemanden zum Quatschen gefunden zu haben. Prompt steckte er mir eine Handvoll Bier-Coupons zu und verkündete, dass er mir ein Backstage-Bändchen besorgen und mir die Veranstalter vorstellen würde. Lief bei mir. Ich hatte schon immer ein Händchen für sowas. Mit anderen Worten: Ich hatte schon immer das Glück, dass sich gewisse Dinge von selbst ergaben. Völlig dehydriert kippte ich das erste Red Horse Beer hinunter. Was ich zu dem Zeitpunkt nicht wusste: Das philippinische Billigbier hat flotte acht Prozent. Aber wer liest schon das Kleingedruckte? Die nächste Band wollte ich auf keinen Fall verpassen. Denn mit den Republicats hatte ich bereits von Deutschland aus über Facebook Kontakt aufgenommen. Eine Band, die optisch wie musikalisch prima in das Hellcat-Records-Raster der Nullerjahre gepasst hätte. Die Republicats machen Punk mit Reggae-Einflüssen und die Stimme von Sängerin Wendy verleiht ihren Songs eine unverkennbare Originalität. Ich hatte das Gefühl, dass wir durch dieselbe Musik sozialisiert worden waren. Und als ich sie auf der Bühne sah, überkam mich plötzlich ein vertrautes Gefühl, als würden wir uns schon ewig kennen. Verrückt, denn wir

Links: Wendy von The Republicats und Reg von den Greyhoundz live on Stage.

hatten lediglich zweimal kurz gechattet, doch ich wusste intuitiv, dass uns mehr verband als das. Nach rund zehn Minuten hatten sie ihre vier Songs gespielt und verließen die Bühne. Too bad.

In der Pause traf ich den Goldkettchen-Typ mit den Biermarken wieder. Sofort griff er in seine Hosentasche und wedelte mit dem versprochenen Backstage-Bändchen. Nicht schlecht. Wir stießen auf einen gelungenen Festivaltag an und er stellte mir ein paar seiner Freunde vor. Ständig prostete mir jemand zu oder begann einen Smalltalk. Ich gehörte einfach dazu. Auch die Backstage-Situation war mir vertraut. Der Veranstalter hatte ein großes Büffet aufgefahren und alle unterhielten sich, aßen, tranken und rauchten. Es war die Art Veranstaltung, bei der die eine Hälfte der Bands aus der Region kommt und die andere Hälfte von weiter weg. Eine Art Klassentreffen. Dann sah ich Renmin und Wendy von den Republicats. Sie saßen mit ihren Bandkollegen in einer Ecke und tranken Bier. Renmin trug einen hohen Irokesen und auf dem Rücken seiner Weste prangte ein Backpatch von Mad Sin aus Berlin. Es war Freundschaftsliebe auf den ersten Blick. Voller Vorfreude ging ich zu ihnen hinüber und sie erkannten mich sofort. »Felix, you really came?!«, fragten sie ungläubig und umarmten mich. Offensichtlich hatten sie nach unserem Facebook-Chat nicht wirklich geglaubt, dass ich mich in ein Flugzeug setzen und zum Konzert kommen würde. Was dann folgte, fühlte sich an wie ein Treffen mit alten Freunden. Wir unterhielten uns und konnten nicht genug von den Punkrock-Geschichten des jeweils anderen Kontinents bekommen.

Als ich ihnen erzählte, dass es in Europa undenkbar wäre, dass eine Band bloß vier Lieder spielt, fielen sie aus allen Wolken: »Wie jetzt? Auch die kleinen Bands?« Natürlich wollten sie daraufhin wissen, was in Deutschland sonst noch alles anders war. »Bei uns wird mehr getrunken«, antwortete ich und gab damit den Startschuss für ein vorbildliches Saufgelage. Schon bald türmten sich die leeren Bierdosen um uns herum wie in einem Simpsons-Comic und irgendwann fiel mir auf, dass wir ziemlich viele Bands verpassten. Denn bei der maschinengewehrartigen Geschwindigkeit, in der die Musiker auf die Bühne geschossen wurden, hatte ich längst den Überblick verloren. »Keine Sorge«, beruhigte mich Wendy und machte sich ein neues

Auch Riz und seine Bandkollegen von Dagger sind nur für vier Songs aus Hongkong angereist.

Bier auf. »Sobald was Interessantes kommt, gebe ich dir Bescheid.« So nahm das Schicksal seinen Lauf. Als mir irgendwo zwischen Klo und Bar schließlich Riz von Dagger über den Weg lief, hatte ich schon gut einen sitzen. Er stellte mich seinen Bandmitgliedern vor, die – wie er – alle Straight Edge waren. Zumindest alle außer James, dem Sänger. Zu meiner Erleichterung war James Bierbrauer. So fühlte ich mich in Gegenwart der ansonsten abstinenten Band etwas weniger heruntergekommen. Wir tauschten ein paar Floskeln aus und schließlich realisierte ich, dass selbst Dagger bloß für vier Songs aus Hongkong angereist waren.

Dass Riz ein Arbeitstier war, hatte ich schon bei unserem Starbucks-Treffen erfahren. Aber dass er den ganzen Stress auf sich nahm, um eine Viertelstunde auf der Bühne zu stehen, fand ich schon sehr abgefahren. Die besagte Viertelstunde hatte es allerdings in sich. Die Halle war mittlerweile voll und der brachiale Sound der Band animierte die durchdrehenden Kids zu wilden Circle Pits und Karate-Kicks. Ich wuselte mich weiter durch die Menge und machte eine neue Bekanntschaft nach der anderen. So war es nur eine Frage der Zeit, bis ich schließlich auch den beiden Veranstaltern Tuts und Reg in die Arme lief. Reg hatte vor wenigen Stunden das Wettessen moderiert, doch nun erzählte er mir von dem anstehenden Auftritt seiner Band Greyhoundz – dem Headliner des Festivals. Die beiden arbeiteten offenbar schon seit einer halben Ewigkeit zusammen. Sie erzählten mir von einer eigenen Modelinie und zwei Streetwear-Filialen in Manila. Tatsächlich waren auch die Shirts mit den gekreuzten Tomahawks von ihnen, die mir bereits bei meiner Ankunft aufgefallen waren.

Bevor sie weiterzogen, luden sie mich ein, sie in den kommenden Tagen in einem ihrer Shops zu besuchen und steckten mir noch einen Haufen Biermarken zu. Doch eh ich mich bedanken konnte, waren sie im Getümmel verschwunden. Als die Greyhoundz schließlich auf die Bühne kamen, wurde mir einiges klar. Harte, aber melodiöse Gitarren dröhnten aus den Boxen und Reg rannte mit hochgezogenen Tubesocks auf der Bühne umher und brachte das Publikum mit seinen Punchlines zum Brodeln. Der Innenraum war jetzt brechend voll und die ersten zehn Reihen rappten textsicher jede Zeile mit. Stagediver flogen durch die Luft und junge Frauen feierten die Band auf den Schultern ihrer Freunde. Es war der reinste Abriss. In dem Moment wurde mir klar, dass die Greyhoundz mehr waren als nur eine lokale Band. Tuts und Reg hatten all die jungen Menschen um mich herum über die Jahre sozialisiert, was nicht nur den breiten Musikgeschmack von Punk bis Rap erklärte, sondern auch den allgegenwärtigen Skatepunk-Style. Die Greyhoundz waren Idole, soviel stand fest. Als ich mich nach der Show auf den Rückweg zum Hostel machte, war es weit nach Mitternacht. Zufrieden torkelte ich durch die dunklen Straßen zum Hostel zurück und war mir sicher: Hier war ich richtig.

BILDUNGSAUFTRAG: PUNKROCK HISTORY

Interview mit Wendy und Renmin von den Republicats

Wendy und Renmin sind aus der alternativen Szene Manilas nicht mehr wegzudenken. Im Interview haben sie von den Anfängen ihrer Bands in den Achtziger- und Neunzigerjahren erzählt und darüber gesprochen, wie wichtig es ist, das Punkrock-Lebensgefühl an die nächste Generation weiterzugeben.

Erzählt doch mal, was für Projekte ihr am Start habt.

Wendy: Wir spielen in den Bands The Republicats und Agaw Agimat. Außerdem machen wir eine Radiosendung namens »The Punk Connection«.

Erzählt mir von den Anfängen der Republicats.

Wendy: Vorher hatte ich eine Band mit einem ähnlichen Namen, doch es gab einen Haufen Besetzungswechsel. Also haben wir irgendwann beschlossen, den Namen der Band zu ändern und neu anzufangen. Damals luden wir auch Renmin ein, sich uns anzuschließen.

Renmin: Bis dahin hatte ich mich auf meine Indieband Agaw Agimat konzentriert, in der ich bereits seit 1993 spiele – daran hat auch mein Einstieg bei den Republicats nichts geändert. Lustigerweise spielt mittlerweile auch Wendy in beiden Bands, denn sie ist später auch bei Agaw Agimat als Sängerin eingestiegen.

Neben den Bands und der Radiosendung habt ihr auch ein eigenes Label. Wie ist das alles miteinander verbunden?

Renmin: Wenn man in den Neunzigern eine Band hatte und ein Album auf den Philippinen veröffentlichen wollte, musste man darauf warten, von einem großen Label entdeckt zu werden. Es gab einfach keine andere Möglichkeit. Tausende schickten ihre Demos ein, aber nur wenige erhielten einen Vertrag. So begann ich damals darüber nachzudenken, wie es wäre, wenn Bands die Möglichkeit hätten, ihre Alben unabhängig von großen Firmen zu veröffentlichen. Unsere Band hatte sogar Glück, die ersten beiden Platten von Agaw Agimat sind 1995 und 1997 auf einem philippinischen Majorlabel herausgekommen. Aber ich wollte selbst über die Mittel für Aufnahmen, Veröffentlichung und Vertrieb verfügen. Also gründete ich mein eigenes Label, denn es war mir wichtig, unabhängig zu sein. Ich weiß, dass es in anderen Teilen der Welt damals bereits Indielabels gab. Aber hier war das anders.

Wendy: Mittlerweile hat sich das geändert. Bands brauchen keine großen Labels mehr, um ihre Musik zu veröffentlichen. Schau dir die Bands an, die wir bei »The Punk Connection« spielen. Die meisten davon nehmen ihre Songs selbst auf und veröffentlichen sie auch ohne Plattenvertrag.

Renmin: Meine Idee war es, ein unabhängiges Label mit der Denkweise eines Majorlabels zu schaffen, das von Künstlern mit Geschäftssinn und nicht von Geschäftsleuten mit künstlerischem Interesse geführt wird. Denn wenn man nur an die Business-Seite denkt und die Musik darunter leidet, hat keiner was davon. Ich wollte versuchen, dieses Dilemma zu beenden. Also lernte ich, wie man hochwertige Musik aufnimmt, CDs herstellt und sie anschließend vertreibt.

Welche Art von Bands suchst du für dein Label?

Renmin: Ich habe mich nie auf ein bestimmtes Genre beschränkt. Ich will echte Künstler, die an das glauben, was sie machen. Wenn ich auf einen Jazz-Musiker stoße, der liebt, was er tut und gut darin ist, mache ich halt ein Jazz-Album. Kein Problem.

Wendy, du hast mir erzählt, dass du eine der ersten Frauen auf den Philippinen warst, die Skateboard gefahren ist. Wie kam es dazu?

Wendy: Ich skate seit 1987. Damals hatte ich noch kein eigenes Deck, aber ich habe mir das des Bruders eines Freundes geliehen. So fing alles an. Irgendwann bat ich meine Mutter, mir ein eigenes Skateboard zu kaufen und von da an war ich süchtig. Jeden Tag nach der Schule traf ich mich mit anderen Skatern in Makati. Dort kam eine Menge Leute aus verschiedenen Städten zusammen. Meistens liefen Hardcore- und Punk-Tapes, wenn wir Tricks übten. Die Kassetten von den Circle Jerks und Suicidal Tendencies habe ich immer mitgebracht.

Abgefahren. Und wie kam es zu eurer Radiosendung?

Renmin: Wir haben die Sendung ins Leben gerufen, um den Kids die Musik zu zeigen, mit der wir aufgewachsen sind. Wir möchten, dass sie die Geschichte des Punks verstehen, denn sie sollen ihre Wurzeln kennen. Außerdem wollten wir eine Stimme in den Mainstream-Medien haben.

Könnt ihr euch an die erste Sendung erinnern?

Wendy: Wir haben meine Lieblingsplaylist gespielt: 25 Lieder. Renmin überließ mir die erste Episode, also spielte ich einfach die Songs und sprach über Punk.

Renmin: Zuhause erzählt mir Wendy immer Geschichten über Punk in den Achtzigern. Schließlich hat sie 1987 bereits ihre erste Band gegründet.

Wendy: Ja, sie hieß Dog Town.

Wen wollt ihr erreichen?

Renmin: Ich bin erst viel später zum Punk gekommen. Aber ich liebe Wendys Geschichten und wollte auch anderen Menschen den Zugang zu unserer Subkultur ermöglichen. Radio war einfach das perfekte Medium für diese Stories. Denn auch für Menschen, die nicht auf Punk stehen, sind Wendys Erzählungen interessant. Es geht um ein bestimmtes Lebensgefühl, das wir mit anderen teilen möchten.

Wendy: Wir wollen mit der Sendung alle ansprechen. Zum einen die, die seit dem ersten Tag dabei sind und die vor Jahrzehnten alles aufgebaut haben, denn ihnen haben wir viel zu verdanken. Aber auch den Nachwuchs und diejenigen, die noch nie von Punk gehört haben. Wir wollen sie willkommen heißen und es ihnen leicht machen, zu uns zu stoßen. Denn die Bewegung wird sterben, wenn sich niemand darum kümmert. Der Manager von Jam 88.3 war früher glücklicherweise selbst ein Punk. Er ist bis heute ein großer Fan der Descendents. Daher hatten wir gute Karten, ihn von der Idee zu überzeugen. Den Rest der Story kennst du, denn du warst Gast in unserer 100. Sendung.

Wie bist du mit der Szene in Kontakt gekommen, Renmin?

Renmin: Das war der Tag, an dem Wendy mich fragte, ob ich bei den Republicats spielen will. Meine Band Agaw Agimat machte Mainstream-Indierock und wir waren bei einem Majorlabel unter Vertrag. Doch eigentlich wollte ich schon immer auf Underground-Konzerten spielen, ich kannte bloß niemanden in der Szene und war auch kein Teil davon. Es war total absurd, zuhause liefen bei mir die Ramones, Rancid und The Clash auf Dauerrotation, doch ich kannte keine echten Punks. Also habe ich unserem Manager immer die selbstgemachten Flyer irgendwelcher Punkshows mitgebracht, weil ich auch dort spielen wollte. Doch ihn interessierte bloß die Gage, weshalb es nie zu einem solchen Auftritt gekommen ist. Haha, ich schätze, normalerweise ist es umgekehrt. Doch ich ging vom Mainstream in den Underground, weil es das war, was ich wollte. Das war mein Traum! Als ich schließlich meine erste Show mit Wendy spielte, kam es beim zweiten Song zu einer Schlägerei in der Menge und mein erster Gedanke war: »Ich bin angekommen.« Seitdem bin ich ein Teil der Szene und ich wollte nie zurück. Ich werde als Punkrocker sterben!

Punkrock-Kids: Renmin, Wendy und Felix wurden durch dieselbe Musik sozialisiert.

Streetart-Künstlerin Choleil blickt bereits auf diverse eigene Ausstellungen zurück.

STREETARTISTS AT WORK

Felix, MANILA

Ich gewöhnte mich schnell an das Leben in Manila. Die Luft in der Millionenmetropole war heiß und trocken und dank der unzähligen Streetfood-Stände roch es ständig nach frischem Barbecue. In Restaurants aß ich selten, meistens futterte ich mich Happen für Happen durch die Straßen, bis ich abends satt ins Bett fiel. Manila war kein klassischer Touristenort. Mit den Leuten im Hostel hatte ich kaum etwas zu tun, denn die meisten befanden sich bloß auf der Durchreise – so wie es von vielen Reiseführern empfohlen wurde. Ich hingegen hielt mir das Ende meines Aufenthalts offen, denn ich hatte es nicht eilig, die philippinische Hauptstadt zu verlassen. Im Gegenteil, auf dem Festival hatte ich eine Menge Kontakte geknüpft und daher noch einiges vor.

Eines Nachmittags war ich auf der Suche nach einem Elektroladen, als ich am Straßenrand eine junge Frau entdeckte, die ein riesiges pastellfarbenes

Bild auf eine Wand malte. Neben ihr stand ein Typ, der ihr den Sonnenschirm hielt und ich sah auf den ersten Blick, dass die beiden ein eingespieltes Team waren. Wie sich kurz darauf herausstellte, hatte ich mal wieder Glück: Coleil ist eine überregional bekannte Streetart-Künstlerin, der knapp 42.000 Leute auf Instagram folgen. Und auch ihr Kumpel Kris Abrigo ist kein unbeschriebenes Blatt. Beide haben Kunst studiert und ihre Malerei wird von der Stadt nicht nur geduldet, sondern auch gefördert. So können sie am helllichten Tag an einer Hauptverkehrsstraße stehen und ungestört eine zwei mal zwei Meter große Wand bemalen. Wir kamen ins Gespräch und die beiden erzählten mir, dass sie schon eine ganze Weile von ihrer Kunst leben konnten. Und nicht nur das, sie betrieben sogar eigene Ateliers und blickten auf einige größere Ausstellungen zurück, bei denen sie neben ihren Bildern auch Installationen präsentiert hatten. Ich war beeindruckt. Kunststudium, Vernissagen, städtische Förderung – das hätte ich in Barcelona erwartet, aber nicht in Manila. Als das Werk schließlich vollbracht war, verabredete ich mich mit Kris für den nächsten Tag an einer Highwaybrücke, wo ein weiteres Projekt realisiert werden sollte.

Künstler Kris Abrigo (2. v. r.) sieht seine Arbeit als Beitrag zu einer schöneren Welt.

Als ich den Treffpunkt am darauffolgenden Tag erreichte, waren die Arbeiten bereits im vollen Gange. Kris war in Begleitung zweier Freunde, die jeden seiner Handgriffe mit Kameras dokumentierten. Seine Leinwand war ein schmaler Treppenaufgang aus Beton, der vom Bürgersteig aus rund dreißig Meter bis zum Highway hinaufführte. »Ich möchte Farbe in das graue Stadtbild bringen«, erklärte Kris. »Auf den Philippinen entstehen beinahe täglich neue Gebäude aus Beton, doch niemand kümmert sich um den Anstrich. Ich beende, was andere angefangen haben.« Konzentriert klebte er mit Kreppband unterschiedlich große Felder an der Wand ab, bis sich über die gesamte Fläche ein riesiges Muster erstreckte. »Hast du bereits eine Vorstellung davon, wie das Ergebnis aussehen wird?«, fragte ich und machte einem jungen Mann Platz, der mit einem Fahrrad auf dem Rücken die Treppe betrat. »Ich werde nur eine Seite der Brücke bunt anmalen«, antwortete Kris. »Die andere Seite bleibt grau. So betone ich die zwei Seiten der Stadt – eine böse und eine gute.« Wieder kamen zwei Männer vorbei, die ihre Fahrräder geschultert hatten

@KRISABRIGO

und die Stufen hochstiegen. Ich trat einen Schritt zur Seite und schaute ihnen nach. »Das sind Bauarbeiter«, erklärte Kris. »Sie brauchen die Räder, um oben auf dem Highway schneller zur nächsten Baustelle zu gelangen.«

Schließlich griff Kris zur Rolle und malte die ersten abgeklebten Flächen aus. »Farben sind visuelles Entertainment«, erklärte er mit feierlicher Ernsthaftigkeit. »Viele Menschen fühlen sich zu bunten Farben hingezogen. Die Bedeutung eines Werks interessiert sie dabei meist gar nicht. Meine Kunst kann man genießen, ohne sie hinterfragen zu müssen. Das ist mein Beitrag für eine schönere Welt.« Ich dachte noch eine Weile über seine Worte nach, während ich das voranschreitende riesige Werk betrachtete. Wann hatte ich zuletzt die Bedeutung eines Graffitis hinterfragt? Ich wusste es nicht. Als ich das nächste Mal auf die Uhr schaute, war ich bereits spät dran. Denn ich war noch mit ein paar Leuten in Cubao Expo verabredetet – einem Viertel Manilas, das ich noch nicht kannte. Doch ich hatte nicht den geringsten Schimmer, wie ich dort hinkommen sollte. »No problem«, sagte Kris und zeigte mir eine App, die meine Reise fortan vereinfachen sollte: Grab, eine Uber-ähnliche Vermittlung privater Fahrdienstleister. Man kann von der Sharing Economy halten was man will, aber die App rettete mir in den nächsten Monaten diverse Male den Arsch.

Links: Die Stadt subventioniert Projekte wie diese, um Manila ein bisschen bunter machen.
Rechts: Bauarbeiter auf dem Weg zur Arbeit.

GRUSS AUS DER HEIMAT

E-Mail von Diana an Felix,
Essen – Manila

Hi Felix,
super, dass du bereits erste Kontakte auf den Philippinen knüpfen konntest und sich das Ganze langsam in eine undergroundige Richtung entwickelt. Ich bin auf jeden Fall erleichtert, dass es die Szene, die wir suchen, tatsächlich zu geben scheint. Weißt du schon, wie lange du in Manila bleiben wirst? Bin wirklich gespannt, welche Bewegungen es dort gibt und wie groß die Überschneidungen zu unseren Subkulturen sind. Wenn ich irgendwas von hier aus recherchieren kann, sag Bescheid.

Ich für meinen Teil kann es kaum erwarten, endlich meine Tasche zu packen und nachzukommen. Hier war letzte Woche Stadtteilfest. Die Sonne hat geschienen, überall waren Bühnen aufgebaut und es waren echt viele Leute unterwegs. Wir uns also bester Laune mit einer Erdbeerbowle in der Hand unters Volk gemischt und Falafel gegessen, als die Musik plötzlich von »Ausländer raus«-Rufen übertönt wurde. Das muss man sich mal vorstellen, da standen am helllichten Tag zehn besoffene Faschos auf der Straße und grölten ihre unterbelichteten Parolen zwischen Softeis und Kinderschminken heraus – in unserem Kiez! Es hat mich echt meine komplette Selbstbeherrschung gekostet, ihnen nicht auf die Adiletten zu brechen. Im Nachhinein war diese Begegnung bloß die Spitze des immer größer werdenden Scheiße-Eisbergs auf dem wir zwischen AfD und Pegida herumtreiben. Ich meine, wann ist es bitte salonfähig geworden, in aller Öffentlichkeit seine faschistischen und rassischen Naziansichten herauszubrüllen?

Was ich am Schlimmsten fand, waren die Reaktionen der Passanten – denn die blieben gänzlich aus. Alle gingen mit gesenktem Blick vorbei, um fünf Meter weiter wieder im Viervierteltakt in ihre Zuckerwatte zu beißen. Im Moment geht bei Facebook ein Meme rum, auf dem steht: »Man muss nicht links sein, um Nazis scheiße zu finden!« Doch jetzt rate mal, wer von diesem Straßenfest-Querschnitt der Bevölkerung etwas unternommen und die Polizei geholt hat. Wir waren es. Die Punks, die früher schon einen Platzverweis bekamen, wenn sie »Schrei nach Liebe« gesungen haben.

Sorry, falls dir meine kleine Heimatanekdote die Stimmung verhagelt hat, aber ich musste das loswerden. Jedenfalls kann ich es kaum erwarten, diesem Ort der Finsternis demnächst für eine Weile zu entkommen.

Bis demnächst,
Diana
P. S.: Cooles YouTube-Video. Mehr davon!

Veranstalter Tuts macht sich für eine Underground-Szene stark, in der jeder willkommen ist.

DIE PATEN DER SZENE

Felix, MANILA

Cubao Expo stellte sich als ein kleines alternatives Viertel heraus – einem Pendant zu Kreuzberg in Berlin oder Ehrenfeld in Köln. Es gab Tattoo-Studios, Plattenläden, einen Barbier und natürlich Medisina Clothing, den Klamottenladen der beiden Veranstalter des BrgyTibay-Festivals. Ich war ihrer Einladung gefolgt und setzte mich erst mal zu Tuts, den ich mit einem Red Horse Beer in der Hand auf der anderen Straßenseite in einem kleinen Lokal entdeckte. Es war leicht, sich mit ihm zu unterhalten, die Themen flogen uns einfach zu. So saßen wir eine Weile da, aßen kleine Tintenfischfrikadellen namens Squidballs und sprachen über Musik, Familie und Jugendsünden. Ich mochte ihn. Wir waren vom selben Schlag. »Schau dir die Hochhäuser da drüben an«, Tuts zeigte in die Ferne. »Die Dinger sprießen in letzter Zeit wie Pilze aus dem Boden. Ich frage mich, wer da überhaupt wohnen soll, denn ich könnte es mir nicht leisten und dank meiner Firma geht es mir besser als den meisten hier.« Er zündete sich eine Zigarette an und sein Gesichtsausdruck wurde ernst. »Du warst doch auf dem Festival im B-Side. Es war eine der letzten Shows dort, der Laden wird abgerissen.« Obwohl ich nur einmal dort gewesen war, traf mich die Nachricht wie ein Schlag. Überall dieselbe Scheiße: Liebgewonnene Orte müssen Shopping Malls und Wohnkomplexen weichen.

»Die wollen nicht verstehen, dass es die kleinen Unebenheiten sind, die Manila besonders machen. Wenn sie der Stadt alles nehmen, was ihr Individualität verleiht, wird sich irgendwann niemand mehr für sie interessieren.« Ich wusste nur zu gut, was er meinte. »Und dann wundern sich die Eltern,

wenn ihre Kids auf der Straße rumhängen und Drogen nehmen.« Ein Problem, das es offenbar überall auf der Welt gibt. »Deshalb ist es wichtig, ihnen die Möglichkeit zu geben, etwas Eigenes auf die Beine zu stellen«, warf ich ein und klammerte mich an meinem roten Pferdchen fest. »In dem Alter lernt man fürs Leben, wenn man Shows organisiert, in einer Band spielt oder mit dem Skateboard auf die Fresse fliegt.« Tuts Gesicht hellte sich auf. »So war es bei mir auch. Niemand hätte gedacht, dass ich mal Geld damit verdienen würde, Shirts zu verkaufen und Events zu planen. Ich hatte schließlich nichts davon gelernt. Und jetzt mache ich seit zwölf Jahren nichts anderes.« Tuts Werdegang war der Inbegriff von D.I.Y. – als kein Veranstalter mehr Punkbands buchen wollte, weil ihnen das Publikum zu wild war, kümmerten er und Reg sich kurzerhand selbst um eine Location und begannen unter dem Namen BrgyTibay Shows zu buchen.

»Brgy ist die Abkürzung für Barangay, was ›Ortsteil‹ oder ›Hood‹ bedeutet«, klärte Tuts mich über die Bedeutung des Zungenbrechers auf. »Tibay heißt ›stark‹. Das passte einfach zu uns, denn wir waren viele und wir bildeten eine starke Einheit, die sämtliche Undergroundszenen von Hardcore bis Hip Hop miteinander vernetzte.« Die Shows liefen so gut, dass bald eine größere Location her musste. »Die Leute haben einfach nicht mehr reingepasst. Die Venue war für 200 Gäste ausgelegt, aber oft kamen an die 1.000 Leute. Irgendwann war es einfach nicht mehr sicher, also sind wir umgezogen.« Wie sehr sich die Kids in Manila mittlerweile mit BrgyTibay identifizieren, hatte ich auf dem Festival mit eigenen Augen gesehen. Sie leben den Lifestyle, den Tuts und Reg geschaffen haben. »Wir haben BrgyTibay schon immer als eine Community gesehen, in der jeder willkommen ist«, fuhr Tuts fort. »Denn wir halten nichts von Eliten.« Die Tatsache, dass er nicht mal genau sagen konnte, wie viele Leute das Festival am vergangenen Wochenende besucht hatten, sprach für sich. »Es müssen um die 1.500 gewesen sein«, schätzte er. »Die Eintrittsstempel verwischen bei den hohen Temperaturen sehr schnell und die Kids rennen rein und raus – da kommen natürlich auch einige rein, die nicht bezahlt haben. Aber uns ist das egal, solange wir am Ende nicht draufzahlen und alle eine gute Zeit haben.«

Schließlich schlurften wir zum Medisina-Clothing-Store hinüber, wo Reg bereits auf uns wartete. Das kleine Ladenlokal war erstklassig ausgestattet. An der Wand hingen die gekreuzten Tomahawks, die mir seit meiner Ankunft in Manila schon auf etlichen Shirts begegnet waren. Und es gab massenweise Klamotten und Caps – ja, sogar eine BrgyTibay-Hot-Sauce. Reg war streng genommen durch die Kirche zur harten Gitarrenmusik gekommen. »Ich bin religiös aufgewachsen und war sogar im Kirchenchor«, erinnerte er sich schmunzelnd. »Aus irgendeinem Grund wollten alle, dass ich Missionar werde. Doch ich war neunzehn und wollte Funk und Hardcore spielen. Als meine Eltern mich schließlich auf eine christliche Mission schicken wollten, habe ich mich geweigert und angefangen, selbst Musik zu machen.« Die Greyhoundz

Reg, Sänger der Greyhoundz, lebt mit Medisina Clothing seinen D.I.Y.-Traum.

gab es zu dem Zeitpunkt bereits. Schon damals vereinte die Band verschiedene Einflüsse aus Rock, Funk, Punk und Hip Hop oder, um es mit Regs Worten zu sagen: alles was knallt«. Als der damalige Sänger dann seinen Ausstieg verkündete, war es Reg, der ihn ersetzte.

Kurz darauf beschlossen seine Eltern, in die USA auszuwandern, und er musste eine Entscheidung treffen. »Meine Freunde und meine Band waren in Manila, also blieb ich hier«, Reg zuckte mit den Schultern. »Die Anfangszeit war nicht leicht, denn ich hatte kein Geld. Als mein Vermieter im Begriff war, mich aus meiner Wohnung zu schmeißen, zog ich zu Tuts.« Die WG blieb über Jahre bestehen und die Freundschaft der beiden wurde immer enger. Auch die Greyhoundz wurden größer und mit der Zeit kamen immer mehr Musiker auf die Band zu, die die Jungs mit Klamotten ausstatteten – in der Hoffnung, dass sie die Sachen auf der Bühne trugen. »Irgendwann fragten wir uns, weshalb wir eigentlich keine eigenen Klamotten machten«, erklärte Reg. »Das war die Geburtsstunde von Medisina Clothing. Denn wenn eine angesagte Band ein Shirt promoten konnte, konnte ein cooles Shirt vielleicht auch eine Band promoten.« Beeindruckt von Regs Geschichte, begann ich, in den aufgeräumten Regalen zu stöbern. »Schau mal, das ist unsere neue Kollektion«, verkündete Reg voller Stolz und winkte mich zu sich herüber. Ich freute mich für ihn. Er hatte mit seinen 42 Jahren so viel erreicht, indem er immer sein Ding durchgezogen hatte – und das in einem Land, in dem die Hürden ungleich höher sind als bei uns. »If you want something really bad, there shouldn't be any excuses«, sagte Reg und setzte mir eine seiner neuen Cappies auf. »No matter what the haters say, that's breakfast!« Ich dachte an die verständnislosen Blicke zurück, nachdem ich meinen Job gekündigt hatte, um durch Südostasien zu reisen. Und mit einem Mal war ich mir sicher, dass ich das Richtige tat.

Selfie mit Tuts und Reg vor ihrem Laden.

Hazy Spacey von Go Smoke Mary.

TRINKEN MIT DER STRASSENBANDE

Felix, MANILA

Als ich den Klamottenladen mit zwei neuen Shirts verließ, hing draußen schon die komplette Posse des Hip-Hop-Kollektivs Go Smoke Mary ab. Sie hatten noch ein paar Bekannte im Schlepptau und ließen mich direkt wissen, dass es jetzt rundgehen würde. Also schlug ich vor, ins Lokal gegenüber zu gehen, wo ich zuvor mit Tuts gesessen hatte. Doch die Jungs lachten nur: »No, that's too expensive, bro. Let's go to the supermarket!« Also schlenderten wir zur Hauptstraße hinüber, an deren Ecke sich ein großer Supermarkt befand. Um mein Wegebier nicht mit reinnehmen zu müssen, kippte ich es schnell hinunter. »Oh, it's illegal to drink in the streets«, sagte Andrei, der bei Go Smoke Mary unter dem Namen »Giant Cannabis« auftrat. Etwas verschämt stellte ich die leere Flasche zur Seite und rannte dem Rest der Truppe in den Laden hinterher. Der Einkauf verlief ziemlich chaotisch. Alle redeten durcheinander und schleppten unterschiedlichste Spirituosen an. Es war wie früher, wenn wir nach der Schule wahllos in den Einkaufswagen packten, was

am wenigsten kostete, aber dafür am meisten schepperte. Die meisten in der Gruppe waren Anfang 20, die Freude über den heruntergesetzten Gin dementsprechend groß. Auch die Wahl des Mischgetränks fiel auf das Tagesangebot: Eistee. Why not? Dazu noch einen Sack Eiswürfel und alle waren zufrieden.

Zurück vorm Medisina-Store schnorrte ich uns ein paar Plastikbecher im Lokal nebenan und wir fingen an, den Schnaps zu mischen. Im Gegensatz zu Bier schienen Longdrinks in der Öffentlichkeit anscheinend klarzugehen. Reg schloss gerade den Laden ab und nickte uns zu, bevor er in sein Auto stieg. »Die Bands von Reg und Tuts waren unsere größten Vorbilder, als wir Teenies waren«, klärte mich Kawika auf und spielte mit einer seiner Dreadlocks. »Als wir dann selbst angefangen haben, Musik zu machen, haben sie uns immer unterstützt und Shows für uns gebucht. Und dass, obwohl wir mit unserem Rap ein komplett anderes Genre bedienten.« Ich dachte an das Gespräch mit Tuts zurück, bei dem er mir erst vor wenigen Stunden erzählt hatte, dass in ihrer Community jeder willkommen sei – und ich freute mich, dass sich seine Aussage so schnell bestätigte. Dank ihm und Reg waren Go Smoke Mary selbst zu einer kleinen Lokalgröße in Manila herangewachsen. Sie hatten dafür gesorgt, dass die Rapper ihren eigenen Weg gehen konnten. Wir schütteten weiter Drinks in uns herein und sprachen über Musik und Politik sowie die Unterschiede zwischen Deutschland und den Philippinen.

Links: Gin mit Eistee war das Getränk der späten Stunde.
Rechts: Der Bandname Go Smoke Mary war Programm.

Erinnerungsschnappschuss eines besonderen Abends.

Und auch wenn es gar nicht so viele Differenzen gab, was unseren Musikgeschmack, unsere Weltanschauung sowie unsere Träume und Ziele anging – zwischen uns klaffte eine gewaltige Kluft.

Während Tuts und Reg auf ihrem Gebiet erfolgreiche Entrepreneure waren, die große Mittelklassewagen fuhren, steckten die Jungs von Go Smoke Mary noch im absoluten Hustle fest, und der sah nun mal anders aus als bei uns in Deutschland. Wie viele andere ihres Alters waren sie für einen Hungerlohn in verschiedenen Callcentern beschäftigt und plötzlich wurde mir bewusst, dass beim nächsten Mal einer von ihnen rangehen könnte, wenn ich mal wieder völlig genervt bei einer Beschwerdehotline anrief. Ich fühlte mich schlecht, weil wir uns so ähnlich waren und ich bloß durch einen Zufall auf der Gewinnerseite zur Welt gekommen war. Nicht, dass mir das vorher nicht bewusst gewesen wäre, doch es macht einen Unterschied, ob man zuhause in der eigenen Blase darüber sinniert oder denen, die weniger Glück hatten, dabei in die Augen sieht. Ich war froh, dass dieser Umstand nicht zwischen uns stand, doch als hätte Andrei meine Gedanken gelesen, verkündete er plötzlich feierlich: »Welcome to the 3rd World, brother!« Ich prostete ihm zu und tat das einzig Richtige: Ich mixte neue Drinks. Die Nacht war heiß und die Stimmung gut. Wir erklärten uns gegenseitig unsere Tätowierungen, rauchten Zigaretten und sprachen über psychedelische Erfahrungen. Auch »Fear and Loathing in Las Vegas« war ein gemeinsamer Nenner, was auch den Dr. Gonzo-Style des Rappers erklärte, der mir bereits auf dem Festival aufgefallen war.

Kurz darauf fingen die Jungs an zu freestylen. Ich verstand nur die Hälfte, da sie Tagalog und Englisch mixten, doch es machte Spaß, ihnen zuzuhören. Nach einer Weile gingen ihre Lyrics komplett in Landessprache über und das einzige Wort, das meine betrunkenen Ohren immer wieder aufschnappten, war »Felix«. Später erzählten mir die Jungs, dass sie sich mit dem Rap für meinen Besuch bedankt hatten und wir nun Brüder im Geiste seien. Als ich schließlich in mein Taxi stieg und die Lichter der Stadt an meinem Fenster vorbeirasten, kamen die Emotionen des gesamten Tages hoch. In Hongkong war ich mir nicht mal sicher gewesen, ob die Reise überhaupt zu irgendwas führen würde. Zwischenzeitlich hatte ich es sogar für unmöglich gehalten, jemals Anschluss zu finden. Und nun sprengten allein die Erfahrungen der letzten zwölf Stunden alle Erwartungen – dabei war ich erst seit wenigen Tagen hier. Manila gab mir ein gutes Gefühl. Ich beschloss, noch ein bisschen zu bleiben.

VERANDA-PARTY

Felix, MANILA

Am nächsten Tag tollte ich mit meiner Spiegelreflex durch ein paar Wohnsiedlungen und knipste wahllos in der Gegend herum. Die Knöpfe der Kamera waren noch vom Gin-Gelage des Vorabends verklebt und meine verschwitzten Hände machten es nicht besser. Doch nach einiger Zeit löste sich die Kruste und ich konnte wieder drauflosballern, ohne dass es irgendwo klemmte. »How are you?«, riefen mir zwei Jungs hinterher und rissen mich aus den Gedanken. Ich drehte mich um und sah in zwei grinsende Gesichter. »Take our picture«, forderten sie mich auf. Offenbar kamen sie gerade aus dem Supermarkt, denn sie trugen mehrere Plastiktüten mit Bier und Essen mit sich herum. Wortlos machte ich zwei Fotos und zeigte sie ihnen. Eigentlich hatte ich keinen Bock auf Smalltalk, aber das Bier in ihren Tüten perlte und wer an einem Dienstagnachmittag kalte Drinks und warmes Essen in Flip Flops durch die Gegend schleppte, konnte kein schlechter Mensch sein.

Ungeplantes BBQ mit ein paar Zufallsbekanntschaften.

»Where are you from?«

»Germany.«

»Cool. What are you doing now?«

»I don't know.«

»Wanna have some drinks?«

»Sure.«

Im Grunde war es wie früher auf dem Spielplatz:

»Willst du mit mir spielen?«

»Ja, gut.«

Hundert Meter weiter erreichten wir ein Haus hinter dessen Zaun ein paar Hunde kläfften. Einer der beiden Jungs sperrte das Tor auf und befahl ihnen, sich zu beruhigen. Sie gehorchten. In der Einfahrt stand ein SUV und auf der Terrasse befanden sich ein paar Gartenmöbel. Lucas stellte die Einkäufe auf den Tisch. Sein Kumpel, dessen Namen ich schon wieder vergessen hatte, ging ins Haus, um Besteck und Eiswürfel zu holen. Drei Minuten später saßen wir wie alte Freunde zusammen und ließen es uns schmecken. Philippinisches Essen ist irgendwie geil, weil die unpassendsten Zutaten miteinander kombiniert werden. Außerdem gibt es zu allem Spaghetti – oder zumindest etwas Nudelartiges in der Form von Spaghetti. Und natürlich BBQ, aber kein Gemüse. Niemals. Was nicht auf den Grill kommt, wird frittiert. Und wenn etwas weder gegrillt noch frittiert wird, handelt es sich höchstwahrscheinlich um Spaghetti.

Die Sonne knallte und wir tranken gegen das schmelzende Eis in unseren Bieren an, während Lucas versuchte, mir Tagalog beizubringen. »Paalam – Goodbye« schrieb er in mein Notizheft. »Putang ina – Motherfucker«. Irgendwann stieß ein weiterer Freund der beiden dazu. Er war von Kopf bis Fuß tätowiert, trug Goldkettchen zu seinem Basketballtrikot und hatte einen glänzenden Grill über die Schneidezähne geschoben. Lucas erklärte mir, dass sein Kumpel im Immobiliengeschäft tätig sei: »Wenn du länger in Manila bleiben willst, ist er dein Mann.« Nun betranken wir uns zu viert, bis irgendwann eine finster dreinblickende Frau herauskam. Es war die Mutter des Typen, dessen Namen ich vergessen hatte und sie schien unsere Begeisterung über die spontane Veranda-Party nicht zu teilen. Also nahmen wir unsere Stühle und trugen sie durch das Gartentor, durch das wir vor sechs Stunden gekommen waren. Jetzt saßen wir auf der anderen Seite des Zauns auf der Straße, wo die schimpfende Mutter uns nicht mehr sehen konnte. »Es ist ja nicht ihre Straße«, sagte mein namenloser Kumpel. Ich wünschte, alles wäre so einfach.

LAUF SWEETIE, LAUF!

E-Mail von Felix
an Diana, MANILA – ESSEN

Hi Diana,
hier passieren nur bekloppte Sachen.

Heute Morgen habe ich meine Klamotten in einen Waschsalon gebracht. Ich stopfte die Sachen in eine freie Maschine und beschloss, draußen etwas umherzuschlendern. Als Mann werde ich am Rande des Rotlichtbezirks natürlich die ganze Zeit angequatscht, deshalb habe ich mir seit meiner Ankunft einen ziemlich zügigen Gang angewöhnt. Das klappt ganz gut, mehr als ein »Hey Sweetie!« oder so bekomme ich meist gar nicht zu hören. Doch heute hatte ich es mit einer besonders hartnäckigen Person zu tun. Nachdem ich strammen Schrittes an ihr vorbeigezogen war, wie ein Pferd mit Scheuklappen, begann sie mir auf ihren 15-Zentimeter-Highheels hinterherzustöckeln. Nicht, dass es einen

Unterschied machte, aber auch ohne die Tipps des Taxifahrers war mir klar, was sich unter ihrem Rock verbarg. Denn ihr Adamsapfel war fast genauso groß wie die Beule zwischen ihren Beinen. Egal, ich legte einen Zahn zu und schaffte es, etwas Abstand zwischen uns zu bringen, denn auf eine Unterhaltung dieser Art hatte ich wirklich keine Lust. Doch dann versuchte sie durch lautes Rufen meine Aufmerksamkeit zu erregen. Mit den üblichen Kosenamen hielt sie sich dabei nicht lange auf. »I give you blowjob!«, schrie sie und wurde mit jedem Mal lauter. Ohne Scheiß, das Ganze war so surreal, dass ich mich wie der Protagonist in einer »South Park«-Folge fühlte.

Ich wurde also immer schneller und peilte schließlich wieder die Wäscherei an, weil ich mir nicht anders zu helfen wusste. Bevor ich eintrat, drehte ich mich noch mal um, doch ich schien sie abgehängt zu haben. Ein Glück. Ich holte meine Wäsche aus der Maschine und beschloss, auf direktem Weg zurück zum Hostel zu gehen. Doch als ich den überfüllten Salon verließ, merkte ich sofort, dass das ein Fehler war. »Hey, let me give you a blowjob!«, brüllte sie wieder von der anderen Straßenseite herüber und zeigte dabei mit dem Finger auf mich. Sofort drehten sich ein paar Leute zu mir um und musterten mich kritisch. Überfordert mit der Situation stürzte ich in den Waschsalon zurück und versteckte mich bei den Trocknern. Die anderen Kunden starrten mich irritiert an, aber das war mein kleinstes Problem. Nach einer Dreiviertelstunde nutzte ich die Gelegenheit und verließ den Laden gemeinsam mit ein paar anderen. Dann sprintete ich die 200 Meter zum Hostel zurück und fühlte mich den Rest des Tages wie ein Vollidiot.

So detailliert wollte ich dir die Story gar nicht erzählen, aber bestimmt amüsierst du dich prächtig. Weshalb ich dir eigentlich schreibe, ist folgendes: Ich hatte dir doch von den Republicats erzählt, mit denen ich schon in Deutschland Kontakt aufgenommen und hier beim Festival ein paar Bier getrunken habe. Jedenfalls haben Wendy (Sängerin) und Renmin (Drummer) auch eine gemeinsame Radiosendung namens »The Punk Connection«. Ich dachte erst, dass das so eine Internetradio-Sache ist, aber von wegen! Die Sendung wird in einer richtigen Radiostation produziert und hat jede Woche über 10.000 Hörer. Und jetzt rate mal, wer morgen dort zu Gast sein und über »A Global Mess« sprechen wird. Es wird auch einen Video-Livestream geben. Den kannst du dir dann angucken und auf unserer Seite teilen. Ich find's total bekloppt. Ich bin noch keine zwei Wochen unterwegs und jetzt das! Mir erzählen übrigens alle, dass ich als nächstes unbedingt nach Cebu fliegen soll. Die Jungs von Go Smoke Mary haben mir schon einen Kontakt von zwei Sprayern gegeben und die Republicats connecten mich noch mit ein paar Punks, die dort schon seit Anfang der Neunzigerjahre aktiv sind.

Cheers & viele Grüße
Felix

ON AIR!

Felix zu Gast bei „The Punk Connection“

Am nächsten Tag meldete ich mich am Empfang der Radiostation und trug mich in die Besucherliste ein. Die junge Frau war sehr nett und erklärte mir, welchen Aufzug ich nehmen musste, um ins Studio von »The Punk Connection« zu gelangen. Meine Begeisterung hielt sich allerdings in Grenzen. Um es kurz zu machen: Ich hasse Aufzüge. Auch wenn ich nicht so weit gehen würde, von Platzangst zu sprechen, denn ich habe das Scheißgefühl unter Kontrolle. Aber geil finde ich es nicht, in einem engen Raum eingesperrt zu sein. Widerwillig drückte ich den Knopf und der Lift polterte zu mir ins Erdgeschoss herunter. Erst da merkte ich, dass ich außen auch bereits die Etage auswählen musste, in die es gehen sollte. In der Kabine selbst gab es keine Knöpfe. Mit anderen Worten: Es herrschte der absolute Kontrollverlust! Als sich der rumpelnde Käfig in Bewegung setzte, beschlich mich ein beklemmendes Gefühl. Soviel stand fest, die Fahrstuhlsituation stresste mich mehr als die Tatsache, gleich live im philippinischen Radio aufzutreten.

Oben angekommen stellte ich fest, dass ich der Erste war. Außer mir waren bloß zwei Typen aus einer Reggae-Band dort, mit denen ich mich bereits auf dem Festival unterhalten hatte. Nun hingen sie in einem Büro ab und rauchten E-Zigaretten, weil man ihnen das Kiffen im Gebäude verboten hatte. Kein Witz, das war das erste, was sie zu mir sagten. Von den Moderatoren Wendy, Renmin und Al fehlte hingegen jede Spur. Einer Praktikantin fiel auf, dass ich ganz alleine dort war und sie führte mich ein bisschen herum. Die Büros waren spärlich besetzt, was der Tatsache geschuldet war, dass die meisten Mitarbeiter samstags frei hatten. Doch den hübsch eingerichteten Räumlichkeiten nach zu urteilen, arbeiteten unter der Woche 20 bis 30 Leute hier. Mein Handy piepte. »Wir sind spät dran, stehen im Stau«, schrieb Wendy. Im Grunde bin ich nicht der Typ für Lampenfieber, doch in fünf Minuten sollte die Sendung losgehen. Ich spürte, wie sich das deutsche Uhrwerk in mir in Gang setzte und zu ticken begann. Doch die anderen schien die Abwesenheit der Moderatoren vollkommen kalt zu lassen. Um Punkt fünf Uhr schmiss die Praktikantin einen Song an und meinte, dass sie bestimmt gleich kommen würden. So wurde meine eigene Gelassenheit an jenem Tag von der eines philippinischen Radiosenders aus der Bahn geworfen. Kurz darauf trafen Wendy, Renmin und Al ein, die mir kurz zuwinkten und sich lachend hinter ihre Mikrofone setzten. Zeit für meinen großen Auftritt.

Renmin und Wendy während der Ausstrahlung ihrer Radiosendung.

FRÜHSTÜCKS-ENTERTAINMENT

Diana, FRANKENBERG

Während Felix sich weiter auf den Philippinen einlebte, fuhr ich für ein paar Tage in die hessische Heimat, um Zeit mit meiner Familie und ein paar alten Freunden zu verbringen. Der obligatorische Wiedersehenskater steckte mir daher noch in den Knochen, als mich der Kaffeegeruch aus meinem einstigen Kinderzimmer lockte. Meine Mutter fährt an solchen Wochenenden gern ein üppiges Frühstück auf und wir brunchen bis in die Puppen. Das war auch heute der Plan, doch es gab noch ein weiteres Highlight. Felix sollte nämlich im philippinischen Radio auftreten, was den prominent platzierten Laptop zwischen Rührei und Margarine erklärte – denn auch einen Live-Stream aus dem Studio sollte es geben. Mein Handy leuchtete auf. »Alter, wir gehen in fünf Minuten auf Sendung und die Moderatoren sind noch nicht da.« Felix ist nicht leicht aus der Ruhe zu bringen, aber er ist ein Kontrollfreak und ich konnte mir ausmalen, wie wahnsinnig ihn die Situation machte. »Bist du

Felix zu Gast im philippinischen Radio.

nervös?«, schrieb ich und startete die Video-Übertragung. »Nee, ich wüsste nur gerne, was passiert. Die Show dauert eineinhalb Stunden und ich weiß weder, wann ich drankomme, noch was sie mich fragen werden.« Ich goss mir noch einen Kaffee ein und war froh, nicht in seiner Haut zu stecken. Schließlich tat sich etwas auf dem Bildschirm. Die Moderatoren nahmen hinter ihren Mikros Platz und winkten jemanden herbei, der sich außerhalb des Aufnahmewinkels befand. Kurz darauf erschien Felix auf der Bildfläche. Er setzte sich an ein freies Mikrofon und lachte. »That was No Use For A Name«, übernahm einer der beiden Männer das Wort. »Aber kommen wir nun zu unserem Gast aus Deutschland.« Felix machte seine Sache gut. Er antwortete souverän auf alle Fragen, die ihm zu »A Global Mess« gestellt wurden und schaffte es, dabei auch noch ein paar lockere Sprüche rauszuhauen. Und während er im philippinischen Radio so entspannt von unserem Vorhaben berichtete, traf es mich plötzlich wie ein Schlag: Auch wenn ich selbst gerade noch im Schlafanzug am Frühstückstisch saß und mich mit Marmelade bekleckerte – unsere Schnapsidee war längst Realität geworden. »A Global Mess« war nicht mehr aufzuhalten!

SPECIAL GUEST FROM GERMANY

Felix im Interview
mit Al, RENMIN UND WENDY

Al: Das waren No Use For A Name!
Renmin: Aber jetzt wollen wir euch erst mal unseren neuen Freund aus Deutschland vorstellen.
Wendy: Felix von »A Global Mess«!
Felix: Genau, denn ich stifte globales Chaos, keine globale Ordnung.
Renmin: Die Botschaft ist gut. Was führt dich auf die Philippinen?
Felix: Ich hatte den Traum, um die Welt zu reisen, um mit allen möglichen Subkulturen in Kontakt zu kommen. Und da ich ein Punkrocker bin, ist das ein wichtiger Teil dieses Projekts. Ich will Punk-, Metal- und Hardcore-Bands treffen, aber auch Skateboarder und Graffiti-Sprayer. Ich will mit Leuten sprechen, die coole Sachen machen und etwas für die Szene tun.
Al: Was ist dein Ziel? Was soll am Ende dabei rumkommen?
Felix: Im Moment connecte ich mich hauptsächlich. Ich schreibe einen Blog und vlogge. Auf diese Weise dokumentiere ich alles und versuche, die Szenen auf internationaler Ebene zu vernetzen. Aber ich möchte die einzelnen Akteure auch untereinander connecten. Denn oft bleiben Punkrocker und Hip-Hopper einfach unter sich. Ich möchte sie aufeinander aufmerksam machen und sie auf den neuesten Stand bringen, was andere Szenen betrifft.
Al: Das klingt gut. Welche Regionen deckst du ab?
Felix: Ich habe in Hongkong angefangen. Jetzt bin ich in Manila. Als nächstes werde ich nach Cebu fliegen. Und danach stehen Indonesien, Singapur, Malaysia und Thailand auf dem Programm. Und ich hoffe, dass diese Länder das erste Kapitel einer größeren Serie werden.
Al: Was kannst du uns über die Szene in Hongkong erzählen?
Felix: Es war ein harter Einstieg. Ich habe dort Riz von Dagger und Unite Asia getroffen. Riz ist ein toller Typ, er hat mir sehr geholfen. Ich habe ihm bei unserem Treffen von meinen Startschwierigkeiten erzählt, coole Orte zu finden. Und er bestätigte mir, dass in Hongkong tatsächlich nichts zu finden ist. Aber durch ihn kam ich nach Manila und darüber bin ich sehr froh, denn hier geht eine Menge. Ihr habt eine tolle Musikszene, das macht viel Spaß. Alle sind superfreundlich und ich habe auch bereits einige Interviews geführt. Ganz anders als in Hongkong.
Renmin: Als du angekommen bist, bist du also direkt zur BrgyTibay Show gegangen?
Felix: Ja, das war ein guter Einstieg.
Al: Wie war das Festival für dich?
Felix: Oh, es war großartig. Atemberaubend. In Deutschland sieht man nie so viele verschiedene Genres bei derselben Show. Wenn du bei uns auf ein Punkkonzert gehst, spielt da maximal noch eine Hardcoreband. Bei einer Hardcoreshow tritt vielleicht noch eine

Metalband auf. Aber dir wird niemals eine Mischung aus Indie, Punk, Hardcore, Rap und Metal geboten. Mir gefiel, dass das Publikum von allen Bands gleichermaßen begeistert war und die Leute gegenüber allen Musikrichtungen sehr tolerant waren.

Al: Ja, das ist richtig. Aber wenn du die Punkszene wirklich kennenlernen willst, musst du dir auch noch kleinere Gigs in Garagen oder Bars anschauen. Das ist eine ganz andere Szene – dort im Underground liegen die Wurzeln von all dem.

Felix: Oh ja, das will ich auf jeden Fall. Für mich ist es jedoch schwer, diese kleinen Gigs zu finden, weil ich in der hiesigen Szene noch nicht so gut vernetzt bin. Von daher kann sich gerne jeder bei mir melden, der eine Show plant. Ich werde da sein.

Al: Wie können sie dich finden?

Felix: Ihr findet mich in den sozialen Netzwerken: @aglobalmess.

Renmin: Ich werde dich mit dem Gründer von »Struggle for Radical Action« verbinden. Er wird dir helfen, Underground-Shows in Cebu zu finden. SRA ist eine Punk-Crew, die in den frühen Neunzigerjahren gegründet wurde.

Al: Großartig! Du solltest dir diese kleineren Shows wirklich ansehen.

Felix: Das werde ich.

Al: Cool. Danke, dass du hier warst.

Felix: Ich danke euch.

Al: Eine letzte Frage noch: Spielst du selbst in einer Band?

Felix: Ich habe in einem Haufen Bands gespielt. Meine letzte hieß Dye Fun.

Renmin: Felix hat auch für eine Reihe von Plattenfirmen gearbeitet.

Al: Ich frage, weil man merkt, dass Felix selbst in der Punkszene aktiv ist und er weiß, wovon er redet.

Felix: Stimmt, ich weiß nicht viel, aber ich weiß was Punkrock ist!

DAS FESTIVAL-DESASTER

Felix, MANILA

Ich mochte Wendy und Renmin sehr. Sie waren ein Paar, doch irgendwie schafften sie es, dass ich mich nie als fünftes Rad am Wagen fühlte, wenn ich mit ihnen unterwegs war. Sie knutschten nicht und hielten auch kein Händchen. Dennoch spürte ich eine tiefe Verbindung zwischen ihnen, die sie auf ihre eigene Art zeigten. Zum Beispiel trugen sie kein herkömmliches Partner-Tattoo, sondern hatten sich einen komplett identischen Arm stechen lassen. Außerdem wohnten sie zusammen, hatten zwei gemeinsame Bands und nicht zu vergessen die Radiosendung, in der ich zu Gast war. Es war absurd, wie viel Zeit sie miteinander verbrachten und trotzdem nie genervt voneinander waren. »Wir spielen heute Abend übrigens mit Agaw Agimat auf einem großen Festival«, erwähnte Renmin eines Nachmittags beiläufig. »Willst du mitkommen?« Ich verstand die Frage nicht. Na klar! Die Veranstaltung war eine Drei-

Backstage mit Wendy und Renmin.

viertelstunde vom Stadtzentrum entfernt. »Wie groß ist das Festival denn?«, fragte ich von der Rücksitzbank aus.

»Ich schätze mal, dass da 15.000 Leute reinpassen«, antwortete Wendy. WIE BITTE? Sie hatten ja erwähnt, dass das Festival eine größere Nummer als das letzte war, aber mit diesen Ausmaßen hatte ich jetzt auch wieder nicht gerechnet. Das Festival wurde zu Ehren von Pepe Smith gefeiert, einem bekannten Singer-Songwriter, der als der »philippinische Keith Richards« gehandelt wurde. Ich war gespannt. Als wir den V.I.P.-Parkplatz gegen 21 Uhr erreichten, war das Festival bereits seit zwölf Stunden im Gange. »Wann seid ihr dran?«, erkundigte ich mich. Die beiden zuckten mit den Schultern. »Wir werden sehen«, sagte Renmin. Hä? Das konnte doch jetzt nicht nur meine verschrobene deutsche Genauigkeit sein – es musste doch einen Zeitplan geben. »Und wie viele Bands spielen heute?«, hakte ich nach. Wendys Antwort ließ mich noch eine Spur ratloser zurück: »Siebzig, glaube ich.« Moment, siebzig Bands an einem Tag? Ich fragte nicht weiter nach und akzeptierte einfach, dass fünfzehn Jahre Band- und zehn Jahre Labelerfahrung in Deutschland hier offenbar einen Scheiß wert waren. Ich war ein verdammter Rookie und mir blieb nichts anderes übrig, als mich überraschen zu lassen.

Der Rest der Band wartete bereits auf die beiden und verkündete etwas geknickt, dass die Show leider nicht so gut besucht war wie erwartet. Von außen machte das Stadion, das vermutlich zu einer Schule oder Uni gehörte, schon mal einiges her. Gespannt folgte ich den anderen durch einen Tunnel, der direkt im Backstage hinter der Bühne endete. Es war höllisch laut und ich fragte mich, was wohl vor der Bühne los war, wenn schon hinter den Kulissen so ein reges Getriebe herrschte. Es gab ein großes Catering und überall hingen Musiker herum, die sich auf ihren Auftritt vorbereiteten oder einfach bloß miteinander quatschten. Securities und Veranstalter rannten mit Walkie-Talkies durch die Gegend und ich konnte es kaum erwarten, mich unters Publikum zu mischen. Wendy und die Jungs waren ohnehin gerade beschäftigt, also besorgte ich mir einen Pass, um aufs Gelände zu kommen und traute beim Betreten des Innenraums meinen Augen nicht. Es gab einen Kranwagen, von dem das Spektakel aus allen Perspektiven gefilmt wurde und allein auf der Bühne sprangen mehrere Kameraleute und Fotografen herum. Rund um den Sportplatz gab es zahlreiche Bier- und Fressstände, Band-Merchandise, Plattenzelte und alles, was zu einem ordentlichen Festival dazugehörte. Nur eine nicht ganz unerhebliche Sache fehlte: Besucher! Anstatt der erwarteten 15.000 tummelten sich vielleicht 100 Leute vor der Bühne. In Anbetracht der riesigen Kulisse ein außerordentlich trauriges Bild.

Die Lautstärke war ohrenbetäubend und erst jetzt bemerkte ich, dass das Geschehen auf der Bühne sogar auf zwei riesige Leinwände übertragen wurde. Ich kam mir vor, als sei ich auf einem Deutschpunk-Konzert gelandet, das eigentlich im nächsten Jugendzentrum hatte stattfinden sollen und nun in die Schalke-Arena verlegt worden war. Ein derartiger »Kanonen auf Spatzen«-Beschuss war mir in meinem ganzen Leben noch nicht untergekommen. Fassungslos ging ich zur Bühne vor und schaute mir die Band an, die gerade spielte. Als ich näherkam, bemerkte ich, dass neben den Musikern die identische Backline noch mal aufgebaut war und die nächsten bereits in den Startlöchern standen. Und richtig, noch während das überschaubare Publikum für die linke Band applaudierte, begann die rechte bereits zu spielen. So prügelte man also 70 Acts an einem Tag durch. Musikalisch war von einer Kinder-Rockband über eine Teenie-Girlband bis hin zu Deathmetal- und Punkrock-Vertretern alles dabei. Genrereihenfolge Fehlanzeige! Für sich allein betrachtet waren die einzelnen Interpreten alle absolut fit. Doch als Ganzes gesehen, hätte es an dem Abend nicht skurriler zur Sache gehen können.

Dem Publikum schien der ständige Genrewechsel nichts auszumachen. Die Anwesenden feierten die im 15-Minutentakt wechselnden Acts nacheinander ab und hatten den Spaß ihres Lebens. Spätestens als ein Skinhead mit Springerstiefeln, Hosenträgern und Bomberjacke bei der besagten Girlie-Band zu hüpfen begann und »Oi! Oi! Oi!« sang, weil er den Text nicht kannte, fand ich mich einfach damit ab, dass es Dinge im Leben gab, die ich nicht verstehen musste. Agaw Agimat betraten erst weit nach Mitternacht die Bühne – genau genommen 16 Stunden nachdem die erste Band die Veranstaltung eröffnet hatte. Die Show, die Renmin und Wendy ablieferten, war super und obwohl nur 100 Leute da waren, merkte ich an der Stimmung, dass die Band in den Neunzigern mal eine große Nummer gewesen sein musste. Die Leute konnten jeden einzelnen ihrer Songs mitsingen und als die berühmte

Der Festivalauftritt von Agaw Agimat ließ erahnen, wie groß die Band in den Neunzigern mal gewesen sein muss

Viertelstunde abgelaufen war, mussten sie erst mal Autogramme verteilen und für Selfies posieren. Als wir zwei Stunden später wieder im Auto saßen, hatte die letzte Band noch nicht angefangen. Was soll ich sagen? Ich befürchte, sie haben die 24 Stunden vollgemacht.

DER VERSTECKTE PLATTENLADEN

Felix, MANILA

Mir war bereits über mehrere Ecken zu Ohren gekommen, dass es in Manila einen geheimen Plattenladen gab, zu dem nur Bekannte des Besitzers Zutritt hatten. Ein Shop ohne Öffnungszeiten, der nicht mal online zu finden war. Da musste ich hin. Also fragte ich herum und hoffte, dass mich irgendwer dem Betreiber des Ladens vorstellte. Es dauerte ein paar Tage, doch schließlich wurde meine Hartnäckigkeit belohnt. Ich bekam die Nummer von Punxia und wie sich herausstellte, hatte er bereits von dem Europäer gehört, der die Stadt unsicher machte. Punxia bot mir an, mich am nächsten Morgen – an einem Sonntag – am Hostel abzuholen. Was für ein Service! Pünktlich um 11 Uhr sammelte er mich mit seinem SUV ein. Er war Mitte vierzig, trug ein Sex-Pistols-Shirt und machte einen durch und durch bodenständigen Eindruck. Obwohl wir uns nicht kannten, war es ein sehr herzliches Aufeinandertreffen. Die Tatsache, zu einem wildfremden Typ ins Auto zu steigen und mit ihm an einen unbekannten Ort zu fahren, fühlte sich daher gar nicht so verkehrt an. Das Gespräch, das wir unterwegs führten, verlief ungefähr so:

Ich habe gehört, dass du schon in den Achtzigern Punk geworden bist und ein Plattengeschäft namens »Mutilated Noise Records« gegründet hast.

Punxia: Ja, aber es ist kein richtiges Geschäft. Es wäre finanzieller Selbstmord, auf den Philippinen ein Plattenlabel zu gründen. Man würde nie auf einen grünen Zweig kommen. Ich sehe das eher so: Ich helfe Bands, ihr Material zu veröffentlichen.

Und wie kam es dazu?

Mein erstes Projekt war eine Hardcore-Band, das war 1994. Ich habe ihr Album damals auf Kassette veröffentlicht. 500 Tapes, die überall auf den Philippinen verkauft wurden.

Damit warst du bestimmt ein Vorreiter.

Naja, es gab damals auch schon andere Punklabels. Aber genau das ist oft das Problem, dass wir uns nicht genug unterstützen und jeder sein eigenes Süppchen kocht. Aber ich schätze, das ist überall so.

Ja, das stimmt wohl.

In den Achtzigerjahren gingen die Punks, Metalheads, Skins und Skater alle zu denselben Gigs. Aber jetzt gehen alle nur noch dorthin, wo ihre Lieblingsmusik läuft. Niemand geht mehr Kompromisse ein. So werden aus Freunden Fremde. Damals haben wir Poster in den Schulen und Universitäten aufgehängt und alle sind gekommen. Es gab einen Ort, an dem wir alle herumhingen und Informationen ausgetauscht und Konzerte organisiert haben. Heute wird alles in den sozialen Netzwerken geplant und haargenau auf die einzelnen User zugeschnitten.

Vermisst du die Achtziger?

Das waren turbulente Zeiten hier auf den Philippinen. Marcos' Diktatur endete ja erst 1986 und natürlich veränderte auch das nicht alles von heute auf morgen. Es gab viele Kämpfe hier in der Stadt.

Ich kann mir vorstellen, dass es die Dinge damals nicht gerade einfacher gemacht hat, ein Punk zu sein.

Stimmt, es war hart. Obwohl wir ja eigentlich auch nur Studenten und junge Arbeiter waren, die herumlungerten und über Politik und Musik sprachen.

Ist es für die Punks heute einfacher?

Definitiv, deshalb sind sie mittlerweile auch weniger politisch. Wobei sie natürlich immer noch gute Dinge machen – »Food Not Bombs« zum Beispiel. Wahrscheinlich sind sie bloß lieber sozial als politisch aktiv. Viele der alten Punks versuchen, die Kids zu belehren und ihnen zu sagen, wie die Dinge laufen. Aber das ist falsch, denn sie müssen ihren eigenen Weg finden. Ich versuche, nicht zu oft mit den Punks in meinem Alter rumzuhängen. Ich verbringe meine Zeit lieber mit dem Nachwuchs, das hält mich jung.

Was hat sich sonst noch verändert?

Mir fällt nur eine Punk-Band ein, die damals auf einem Majorlabel veröffentlicht wurde. Und das lag daran, dass einer der Jungs, Tommy Tanchanco, der Sohn eines Ministers war. Die Band hieß 3rd World Chaos und ihre erste Platte wurde 1984 während der Diktatur Marcos veröffentlicht. Heute ist das gang und gäbe.

Wow, kaum vorzustellen, dass ein Minister seinem Sohn damals erlaubt hat, ein Punk-Album aufzunehmen und ihm sogar bei der Veröffentlichung geholfen hat.

Ja, schon komisch. Es fing damit an, dass Tommy in Großbritannien gewesen ist. Dort hat er den Punk für sich entdeckt und ihn mit nach Manila gebracht. Als er nach Hause kam, hatte er zig Platten im Gepäck – The

Exploited, GBH und sowas. Dann hat er alles auf Tapes überspielt und die Bänder billig verkauft. Das war unsere Verbindung zur Außenwelt. Er hat alles verändert.

Krass! Und wie ging's dann in Manila weiter?

Als Marcos' Ära vorüber war, eröffnete in Manila ein Pub, in dem es jeden Samstag Punk-Gigs gab. Es gab auch eine Reihe von Tape-Shops in der Stadt und manchmal sogar kleine Shows in den Provinzen. In einer kleinen Stadt im Norden war der Punk-Organisator der Sohn des Bürgermeisters. Daher schaffte er es regelmäßig, Bands in seine Stadt zu holen.

Klingt, als sei Punk in Manila den Kids der oberen Mittelschicht vorbehalten gewesen.

Tommy Tanchanco hat den Punk nach Manila gebracht und er war ein Kind der Oberschicht. Seine Freunde waren jedoch aus der Mittelklasse und über sie breitete sich der Punk in allen Schichten aus. Ich selbst komme aus einer Mittelstandsfamilie und bin auf eine private Hochschule gegangen, die meisten meiner Freunde waren hingegen Arbeiter und Schulabbrecher.

Punxia parkte den Wagen am Straßenrand und wir stiegen aus. Doch um ehrlich zu sein, deutete in der unmittelbaren Umgebung nichts auf einen Plattenladen hin. Neugierig folgte ich ihm in eine der Einfahrten. Er schloss das schwere Metalltor auf und schob es gerade so weit auf, dass wir hindurchschlüpfen konnten. Dann schloss er hinter uns ab. »Komm mit«, sagte Punxia und ging durch den Carport zum Haus herüber, in dem sich Büroräume befanden. »Ich habe eine kleine Firma«, erklärte er mir. »Unter der Woche arbeiten hier 15 Angestellte. Sie wissen, dass ich im Hinterzimmer Schallplatten verkaufe. Wenn jemand mit vielen Tattoos oder einem Nasenring auf der Matte steht, schicken sie ihn direkt zu mir durch.« Punxia lachte und deutete mir an, ihm zu folgen.

Dann stiegen wir eine steile, schmale Treppe hinauf und durchquerten mehrere kleine Zimmer in der ersten Etage. »Hier entlang bitte«, sagte mein Gastgeber schließlich und deutete auf eine weitere Treppe, die noch etwas steiler war. Ich folgte ihm die knarzenden Stufen auf den Dachboden hinauf und blieb neben der letzten Stufe stehen. Es war stockdunkel und ich hatte nicht den geringsten Schimmer, wo ich mich befand. Punxia knipste das Licht an und ich sah mich blinzelnd um. Der enge Raum war vollgestopft mit Platten, Tapes, CDs, T-Shirts und Second-Hand-Klamotten, wie gebrauchten Dr. Martens. Überall hingen Poster an den Wänden und in der Ecke stand eine Schaufensterpuppe mit Militärklamotten, die eine Gasmaske trug. Mit offenem Mund ließ ich meinen Blick über das bunte Sammelsurium von Punk- und Hardcore-Schätzen wandern. »They call it an underground store«, platzte Punxia heraus. »But it's not. It's above the ground.« Ich lachte über den schlechten Wortwitz und fing an, mich durch die Platten zu wühlen.

Punxias Plattenladen befindet sich im Hinterzimmer seiner Firma und steht ausschließlich Bekannten offen

BIOFEEDBACK
SOUND
28.06.2008

NEUANFANG MIT STARTSCHWIERIGKEITEN

Felix, CEBU

Alle Befürchtungen, die zu Beginn meiner Reise in Hongkong aufgekommen waren, warf ich in Manila über Bord. Ich war gut vernetzt und hatte eine Wahnsinnszeit. Mein Vorhaben hatte sich zu einem Selbstläufer entwickelt: Jeden Tag rief irgendwer an, der sich mit mir treffen wollte und an Langeweile war nicht zu denken. Das war cool, führte jedoch dazu, dass ich regelmäßig trank, oft lange unterwegs war und die Zeit in einer endlosen Aneinanderreihung von biergeschwängerten Abenden an mir vorbeiflog. Ich musste weiterziehen, wenn ich nicht versacken wollte. Basta. Also nahm ich Kontakt zu einigen Leuten in Cebu auf, buchte einen Flug und verabschiedete mich schließlich von denen, die mich so herzlich in ihrer Mitte aufgenommen hatten. Wie erschöpft und überwältigt ich tatsächlich war, realisierte ich erst im Flieger. Kein Wunder, seit dem Festival am Tag nach meiner Ankunft war so viel passiert und ich hatte nie Zeit gefunden, das Erlebte zu reflektieren. Hinzu kam, dass ich seit Wochen in großen Schlafsälen übernachtete. Prinzipiell machte mir das nichts aus, doch langsam war der Punkt erreicht, an dem ich mal etwas Zeit für mich brauchte. Umso besser, dass ich im Internet bereits ein günstiges Einzelzimmer am Stadtrand gebucht hatte.

Die Taxifahrt dauerte eine Ewigkeit und ich freute mich darauf, den Tag alleine auf dem Zimmer zu verbringen und etwas Schlaf nachzuholen. Aber das änderte sich, als ich ankam. Es gab kein Fenster und die Klimaanlage war ohrenbetäubend laut. Ein Dilemma, denn war sie an, konnte ich nicht einschlafen und sobald ich sie ausschaltete, wurde es von einer Sekunde auf die andere unerträglich heiß und stickig. Klar, ich hatte das billigste Zimmer der Stadt gebucht, doch ein bisschen mehr hatte ich mir schon erhofft. Nach einer Weile hielt ich es nicht mehr aus und ging raus, um etwas zu essen aufzutreiben. An der vielbefahrenen Straße gab es nicht mal einen Bürgersteig und überall tummelten sich streunende Hunde, die genauso hungrig aussahen wie ich mich fühlte. Ich versuchte, sie nicht zu beachten und setzte meinen ziellosen Weg fort. Nach zwei oder drei Kilometern wurde es ein wenig lebhafter auf der Straße. Doch obwohl sich mein Magen bereits knurrend zusammenzog, sprach mich keins der Lokale an. Ich vermisste Manila. Dort hatte ich mich so wohl gefühlt, doch hier in Cebu war alles anders. Mir kamen erste Zweifel.

Deprimiert ging ich in den nächsten Supermarkt und kaufte mir eine Limo und Kekse. Immerhin hatte ich ein Zimmer für mich alleine und konnte in Unterhose das Bett vollkrümeln, während ich mir YouTube-Videos ohne Kopfhörer reinzog. Immer schön positiv denken! Kurz nachdem ich mich aufs Bett gefläzt und die Kekse geöffnet hatte, kletterte die erste Kakerlake hinter dem Nachttisch hervor. Ganz ehrlich: Ich mochte Cebu nicht. Echt nicht. Natürlich schlief ich in dieser ersten Nacht noch schlechter als in all den kurzen Manila-Nächten zuvor. »Scheiß drauf«, dachte ich am nächsten Morgen und war fest entschlossen, die Sache mit etwas mehr Enthusiasmus anzugehen. Schließlich hatte ich keine Termine und hinter den fensterlosen Wänden meines Zimmers wartete eine komplett neue Stadt auf mich. Zehn Minuten später fand ich mich mit meiner Kamera im strömenden Regen wieder. Höchste Zeit, zurück ins Bett zu gehen und online nach einem neuen Hotelzimmer Ausschau zu halten.

DER PUNKBULLE

Felix, CEBU

Nachdem ich das Hotel gewechselt hatte, sah die Welt schon wieder anders aus. Ich verabredete mich mit Nikko und Dale, die beide sowohl mit Punxia als auch mit Renmin und Wendy aus Manila befreundet waren. Daher war ich zuversichtlich, dass es sich um nette Typen handelte – auch wenn ich noch nicht genau wusste, was ich davon halten sollte, dass Dale angeblich Polizist war. In den frühen Neunzigerjahren gehörten die beiden zu den Mitbegründern der Punkbewegung »Struggle For Radical Action«. Aber noch kannte ich sie nur aus unserem WhatsApp-Chat. Nikko wartete vor dem *Turtle's Nest* auf mich, einem coolen kleinen Schuppen, von dem ich schon gehört hatte. Er trug kurze Army-Shorts und einen langen Ziegenbart zu seiner Glatze. »Bist du hergelaufen?«, fragte er ungläubig. »Klar«, antwortete ich und reichte ihm die Hand zur Begrüßung. Er brach in schallendes Gelächter aus. »Wieso hast du kein Jeepney genommen?« Ich machte keinen Hehl daraus, dass ich nicht

wusste, wie die Fortbewegung mit den Oldtimer-Bussen funktionierte. Daher war es mir egal.

Im selben Moment hielt ein monströser schwarzer Jeep neben uns. Auf dem Ersatzreifen an der Kofferraumtür prangte der berühmte Exploited-Schädel und es dauerte nicht lange, bis ein Typ mit Sonnenbrille und »Total Chaos«-Shirt ausstieg. Wenn das mal nicht Dale, der Punkbulle war. Wir suchten uns einen Platz im *Turtle's Nest* und quatschten über dies und jenes. Die Freunde erzählten mir von ihren Bands und ihren Kindern. Doch eigentlich brannte mir nur eine Frage unter den Nägeln: »Wie zur Hölle kommt man als Punk auf die Idee, zur Polizei zu gehen?« Dales Antwort war kürzer und einleuchtender als erwartet: »Wir haben auf den Philippinen ein großes Kor-

Nikko (links) und Dale (rechts) brachten Felix die philippinische Kultur auf ihre eigene Art näher.

ruptionsproblem – besonders bei der Polizei. Ich wollte denen einfach nicht das Feld überlassen.« Von einer derartig selbstlosen Berufswahl hatte ich in deutschen Punkerkreisen noch nie gehört. Bei uns laufen die Leute verständlicherweise lieber in »Niemand muss Bulle sein«-Shirts herum als sich für die Reduzierung der Arschlochquote bei der Polizei zu opfern. Doch seine Einstellung gefiel mir. »Wie stehst du zu A.C.A.B.?*«, hakte ich nach. »Ärgert es dich nicht, auf unzähligen Patches, T-Shirts und sogar in Songtexten als ›Bastard‹ bezeichnet zu werden?«

Dale lachte. »Im Gegenteil, ich finde es gut und richtig, dass A.C.A.B. nach wie vor so eine präsente Rolle im Punkrock spielt. Es ist wichtig, auf Missstände aufmerksam zu machen. Angesprochen fühle ich mich davon nicht – ich lasse mir schließlich nichts zu Schulden kommen.« Damit war das Thema für ihn beendet. Wahrscheinlich hatte er das Gespräch auch schon tausendmal geführt. Nach einer Weile wurde uns langweilig und Dale schlug vor, in eine Bar weiterzuziehen, von der aus wir den Sonnenuntergang genießen konnten. Gesagt, getan. Eine kurze Autofahrt in seinem Jeep später saßen wir vor einer netten Kneipe und mein anfängliches schlechtes Gefühl gegenüber Cebu war verflogen. Keine Ahnung, weshalb ich drei Stunden nach meiner Ankunft angefangen hatte, mir einen Miesen zu schieben. Es war doch cool hier. Als die Sonne verschwunden war, bekamen wir Hunger und Nikko fragte mich, ob ich bereits echtes philippinisches Essen gekostet hätte. »Natürlich«, sagte ich und prahlte damit, dass ich so ziemlich alles in mich hineinstopfte, was man mir anbot. »Hast du auch schon Sisig gegessen?«, fragte Dale. Klar,

* AC.A.B. steht für »All cops are bastards«. Das Akronym wird von zahlreichen Jugendkulturen verwendet, um ihrer Wut gegenüber Autoritäten Ausdruck zu verleihen.

auch die kleingeschnittenen Schweinekopfstückchen mit Zwiebeln und Geflügelleber hatte ich probiert – wieso auch nicht, ich bin mir ziemlich sicher, dass der gute alte deutsche Aufschnitt aus ähnlichen Zutaten besteht.

Die beiden klärten mich darüber auf, weshalb Schweineköpfe eine so wichtige Zutat in den philippinischen Nationalgerichten darstellen. »In der amerikanischen Kolonialzeit Anfang des 20. Jahrhunderts waren die Leute hier noch ärmer als heute«, erklärte Dale. »Deshalb sind sie immer zur Kaserne gelaufen, wo die US-Soldaten ihnen Schweineköpfe über den Zaun geschmissen haben.« Spannend, das hatte ich nicht gewusst. »Kennst du auch Tuslob Buwa?«, fragte Nikko und sah mich gespannt an. »Nee, was ist das?«, ich zuckte mit den Schultern. Seinem zufriedenen Grinsen war anzusehen, dass nun ein Klopper kommen musste. »Schweinehirn«, platzte er heraus. »Das musst du unbedingt probieren!« Zugegeben, das brauchte ich jetzt nicht unbedingt. Schließlich kamen wir wieder auf die Bands der beiden zu sprechen und ich bedauerte, dass sie vorerst kein Konzert geplant hatten. »Dann organisieren wir eben eins«, rief Nikko und fügte schmunzelnd hinzu: »Wenn du im Gegenzug mit uns Tuslob Buwa essen gehst.« Dale zückte sein Handy und fing an, wie wild zu tippen. »Du isst mit uns Schweinehirn und wir stellen eine ›A Global Mess‹-Show auf die Beine.« Seine Begeisterung war ihm anzusehen. »Deal?« Ich schlug ein.

Ich sage mal so, meine Freude über unseren Schweinehirnvertrag hielt sich in Grenzen. Das hatte ich jetzt davon, dass ich meine letzte vegane Phase nicht durchgezogen hatte. Wie schön einfach es gewesen wäre, dankend abzulehnen, weil tierische Produkte nicht mehr auf meinem Speiseplan standen. Doch das taten sie wieder und noch dazu hatte ich die Klappe bereits viel zu weit aufgerissen. Ich betrachtete es als Strafe für meine eigene Inkonsequenz und schon saßen wir wieder in Dales Auto. Next Stop: Schweinehirn! In dem besagten Lokal angekommen, setzten wir uns auf die Terrasse und eine Kellnerin brachte uns einen Gaskocher, eine Metallschüssel und Hanging Rice – eine in Palmenblätter eingewickelte Reis-Spezialität. Dale machte den Kocher an und positionierte die Schüssel darüber. Die Bedienung stellte währenddessen die Zutaten auf den Tisch: Schmand, Zwiebeln, Garnelenpaste und nicht zuletzt das Schweinehirn. Die Zutat der Stunde war kleingehackt und sah ein bisschen wie Milchreis aus. Dale begann, von allem etwas in die heiße Schüssel zu schmeißen. Weiße Dampfschwaden stiegen über unserem Tisch auf. Schließlich löschte die Kellnerin das Ganze mit einer trüben Flüssigkeit ab. Nun gab es kein Zurück. Zögerlich begann ich, die Reisbrocken in die kochende Schweinehirnsoße zu tunken. Und was soll ich sagen? Es schmeckte vorzüglich. Warum auch nicht? Wenn man schon Tiere isst, sollte man ihnen wenigstens den Respekt erweisen, alles zu essen und nicht die Hälfte wegzuwerfen.

GEHIRNWÄSCHE

WhatsApp-Dialog, CEBU – ESSEN

Felix, 22:06 Uhr
Überraschung! Samstag in einer Woche wird es ein »A Global Mess«-Konzert hier in Cebu geben!

Diana, 15:06 Uhr
Waaaas?! Wie hast du das denn hingekriegt?

Felix, 22:10 Uhr
Hab ne Wette mit zwei Typen am Laufen, die mir nicht zutrauen, dass ich Schweinehirn esse. Aber da sind sie an den Falschen geraten. :D

Diana, 15:12 Uhr
Entschuldigung, ich habe ein bisschen Kotze im Mund.

Felix, 22:15 Uhr
Ohne Scheiß, es passiert ...
JETZT!

Diana, 15:15 Uhr
Bah! Ich hoffe, es ist nicht roh, sonst infizierst du dich noch mit irgendeinem abgefahrenen Schweineaids-Virus.

Felix, 22:16 Uhr
Mega lecker!! Die AGM-Show kann kommen.

AUF ILLEGALER GRAFFITI-TOUR

Felix, CEBU

Ein paar Tage später saß ich wieder am Tresen des *Turtle's Nest* und griff nach der kalten Coke, die mich in Kombination mit dem quietschenden Ventilator vor einem Hitzschlag bewahren sollte. Bart hatte das Café als Treffpunkt vorgeschlagen. Den Kontakt des Graffitisprayers hatte ich von einem Freund aus Manila bekommen und ich war gespannt, was mich bei diesem Blind Date erwartete. Ich ging gerade ein letztes Mal die Fragen durch, die ich ihm stellen wollte, als Bart mich mit einem breiten Grinsen begrüßte. Er war ein langer, dünner Typ, der trotz der Affenhitze eine lange Jeans trug. Noch bevor er Platz nahm, fiel er mit der Tür ins Haus: »*Let's go, I want to show you my studio.*« Ähm, Studio? Ehrlich gesagt, war ich davon ausgegangen, hier im Café ein Interview zu führen. Aber was soll's.

Kurz darauf standen wir am Straßenrand und Bart winkte einem der bunt bemalten Jeepneys zu, um dem Fahrer zu signalisieren, dass wir mitfahren wollten. Der fuhr prompt heran und wir stiegen über die Hinterklappe ein. Für mich hatte es bis dahin eine intellektuelle Herausforderung dargestellt, den richtigen Bus ausfindig zu machen, da außen lediglich zwei Stadtteile angeschrieben waren. Wo die Jeepneys dazwischen hielten, war mir ein Rätsel. Bart hingegen wusste, was er tat und reichte auch direkt die acht Pesos (ca. € 0,13) für jeden von uns zum Fahrer durch. Dann dieselten wir davon. Was der Künstler nicht erwähnt hatte, war die Tatsache, dass man schwindelfrei sein musste, um in sein Studio zu gelangen. Ich versuchte, mir meine Skepsis gegenüber der wackeligen Metalltreppe, die von außen nach oben führte, nicht anmerken zu lassen. Stufe für Stufe kletterte ich über die rostige Vorrichtung hinauf und hoffte, nicht abzustürzen. Doch schließlich wurde ich mit einer überwältigenden Aussicht über das Tal am Rande der Stadt belohnt. Der Himmel hatte sich zugezogen und über uns braute sich ein Gewitter zusammen. Ich folgte Bart in einen kleinen Raum von vielleicht zehn Quadratmetern hinein. Auf den Schreibtischen stapelten sich Papier, Stifte, Farben und Spraydosen. An den Wänden hingen etliche Bilder, auf denen Monster und Aliens zu sehen waren. Es gab sogar einen Plattenspieler, vor dem ein paar Punk-Vinyle lagen. Plötzlich öffnete sich ein kleiner Vorhang, der mir bis dahin gar nicht aufgefallen war, und Barts Bruder Yummy

Die Bart Brothers leben und arbeiten zusammen in einem kleinen Studio am Rande von Cebu.

kam heraus. Das Zimmer hinter dem Vorhang schien noch kleiner zu sein. Lediglich ein Hochbett aus Bambusstäben fand darin Platz. »Welcome to our studio and the place we live«, verkündeten die Brüder nicht ohne Stolz.

Nachdem die beiden mir einige ihrer Zeichnungen gezeigt hatten, beschlossen sie spontan, ein bisschen sprayen zu gehen. Das wollte ich mir natürlich nicht entgehen lassen und begleitete sie auf ihrer Graffiti-Tour. Ein bisschen komisch war das schon, denn es war hellichter Tag und sie suchten sich nicht gerade die abgelegensten Orte aus, um ihre Dosen zu zücken. Als mein Blick plötzlich auf den eines Polizisten traf, erstarrte ich. Er hatte rund 15 Meter von uns entfernt mit seinem Motorrad gehalten und schaute kopfschüttelnd zu uns herüber. Neben mir war Bart gerade dabei, eine riesige Fratze auf die gelb geflieste Wand zu sprühen. Seine Bewegungen waren fließend und er strahlte eine unglaubliche Leichtigkeit aus – nicht einmal die Anwesenheit des Cops schien ihn aus der Ruhe zu bringen. Doch bei genauerem Hinsehen bemerkte ich, dass auch ihm die Situation nicht ganz geheuer war. Immer wieder schaute er unauffällig zu dem Polizisten hinüber und er schien darauf gefasst zu sein, im nächsten Moment einen Sprint hinzulegen. Gerade als ich ernsthaft begann, mir Sorgen zu machen, beschloss der Polizist, unverrichteter Dinge davonzufahren. Bart zuckte bloß mit den Schultern und vollendete, was er begonnen hatte. Mir hingegen fiel ein Riesenstein vom Herzen.

Die düsteren Graffitis der Brüder sind in der ganzen Stadt zu finden.

DAS KÜNSTLERIRRENHAUS

Felix, CEBU

Nachdem sich mein Puls wieder beruhigt und Bart sein Kunstwerk vollendet hatte, machten wir uns auf den Weg zum *Asylum 38*. Ich hatte bereits von dem Ort gehört, an dem zahlreiche Künstler leben und arbeiten sollten. Doch erst als ich davorstand, wurde mir klar, wie das Gebäude zu seinem Namen gekommen war. Die Fassade erinnerte stark an die Irrenanstalt aus den Batman-Comics, die 38 stand für die Hausnummer. Beim Betreten hielt ich intuitiv nach verrückten Verbrechern in Zwangsjacken Ausschau. Kriminell schien nach meiner persönlichen Definition zwar niemand zu sein und auch Zwangsjacken waren keine zu sehen – verrückt war der eine oder andere jedoch definitiv. Im positiven Sinne versteht sich. Die insgesamt fünf Künstlerinnen und Künstler, die dort lebten, waren inhaltlich sehr breit aufgestellt. Sie malten, fotografierten, arbeiteten an Skulpturen und inszenierten sogar Multimediaprojekte.

Im Haus war es dunkel und unter den hohen Decken herrschte wildes Chaos. Überall standen Farbeimer, Pinsel und Leinwände verteilt, zwischen den Gartenmöbeln kullerten leere Bierflaschen herum. »Welcome to our lovely clean place«, begrüßte mich ein oberkörperfreier Typ mit Dreadlocks, der keine Schuhe trug. Er hieß Soikee und nahm mich kurzerhand mit in sein Zimmer, das er als seinen »Studio-Comfort-Room« bezeichnete. An den Wänden hingen bunte Gemälde. Die Motive waren verstörend. Eins zeigte Obama, wie er dem ehemaligen Präsidenten der Philippinischen Republik Benigno Aquino III die Hand über einem Leichenhaufen schüttelte. »Aktuell arbeite ich sehr viel mit Fotos aus meiner Kindheit, die ich auf psychedelische Art und Weise verfremde«, erklärte er mir. »So versuche ich die schlimmen Erinnerungen an damals zu verarbeiten und mir eine Komfortzone zu schaffen. Gleichzeitig möchte ich mit meiner Kunst ein unbehagliches Gefühl im Betrachter auslösen und auf soziale Missstände aufmerksam machen.«

Im Nachbarzimmer wohnte ein netter Typ namens Elias Kidlat, der mir sofort durch sein bürgerliches Erscheinungsbild auffiel. Er trug ordentliche Kleidung, seine kurzen Haare waren gekämmt und auch sein Zimmer hob sich deutlich vom restlichen Asylum ab. Es war sehr ordentlich und minimalistisch gehalten – alles war an seinem Platz. Elias erzählte mir, dass sein Vater Ingenieur sei und dass die Familie immer erwartet habe, dass er in seine Fußstapfen trat. Doch das Technik-College, das er nach der Schule besuchte, bereitete ihm keine Freude und schließlich wechselte er in einen Marketing-Studiengang, in dem er sich auf visuelle Werbung konzentrierte. »Aber auch das habe ich schließlich abgebrochen«, beendete Elias den kurzen Trip in seine Vergangenheit. »Ich wollte meine Diplomarbeit über Streetart

Zu Gast im Künstlerkollektiv Asylum 38.

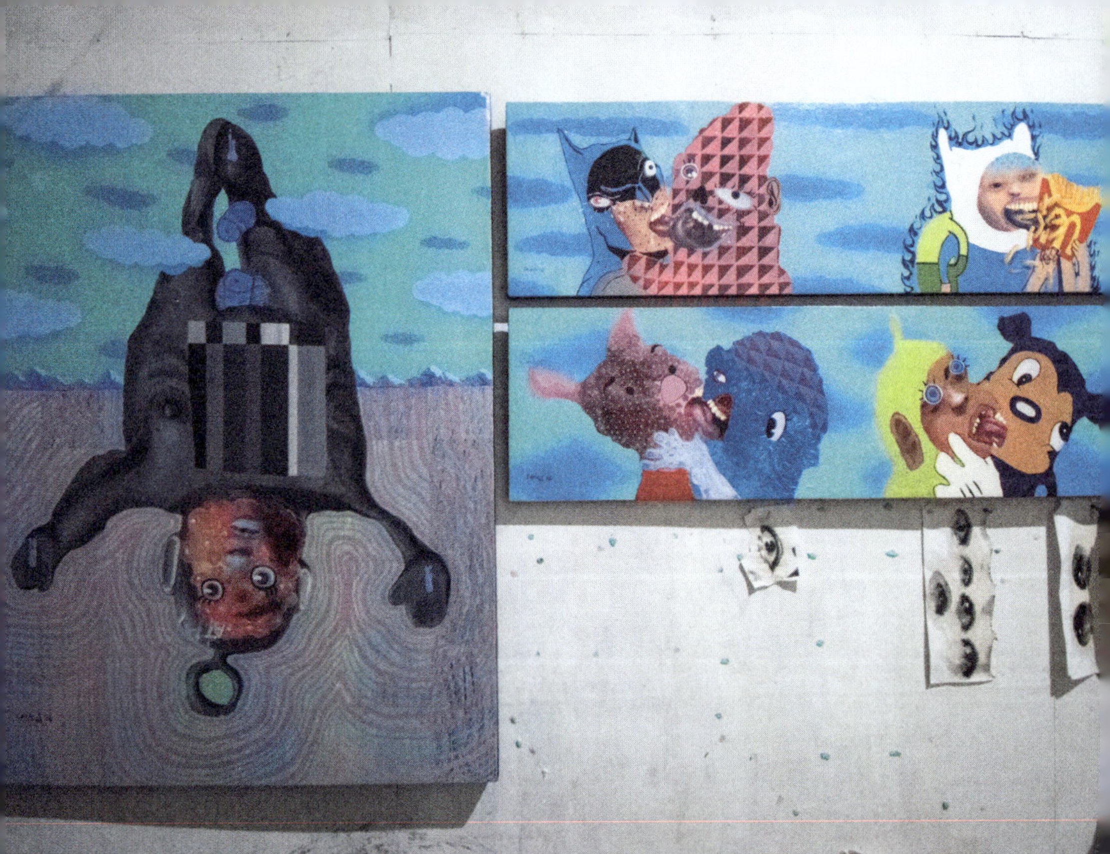

Yummy im Asylum 38.

schreiben, doch der Professor hat sich quergestellt. Da hatte ich endgültig genug und habe beschlossen, selbst Streetartist zu werden. Das ist jetzt dreizehn Jahre her und mittlerweile lebe ich davon.« Elias' Stencilkunst ist sehr gesellschaftskritisch und spiegelt insbesondere das starke Machtgefälle auf den Philippinen wider. Die meisten seiner Werke sind bunt und haben eins gemeinsam – die schwarze Silhouette eines traurigen Jungen. »Hat dieses Kind eine besondere Bedeutung?«, fragte ich beiläufig. »Das ist mein Sohn. Er steht exemplarisch für alle philippinischen Kinder, die dasselbe Schicksal teilen.«

Es war verrückt. Bei meiner Ankunft hatte das Haus so dunkel und gruselig auf mich gewirkt, doch während ich mich dort umschaute und mit den Künstlern unterhielt, wurde aus der düsteren Irrenanstalt eine fröhliche Villa Kunterbunt. Wir saßen bereits eine ganze Weile im Palmengarten hinter dem Haus, als ich hinter der Mauer etwas wiedererkannte. Es war die Straße, die ich kurz nach meiner Ankunft mit mieser Laune heruntergetrottet war. Das Blatt hatte sich sowas von gewendet. Am Abend fragte mich die Asylum-Crew, ob ich Lust hätte, sie auf eine Kunstausstellung zu begleiten. Eh ich mich versah, fand ich mich in einer herausgeputzten Gesellschaft in einem noblen Viertel wieder, in der Frauen High Heels und Männer spitze Lederschuhe trugen. Immerhin hatte Soikee sich Sandalen und ein T-Shirt angezogen,

Soikee bei den Vorbereitungen seiner nächsten Ausstellung.

Zwei der ausgestellten Bilder von Elias Kitlat, auf denen sein Sohn zu sehen ist.

dennoch fühlte ich mich denkbar fehl am Platz. Die Bilder an den Wänden kosteten 1.000 Euro und mehr, was auf den Philippinen einem Vermögen gleichkam und ich wurde das Gefühl nicht los, in eine Upper-Class-Bubble hineingeplatzt zu sein, in der ich nichts zu suchen hatte.

Zu meiner Überraschung schienen Soikee und Elias in der Schickeria keine Unbekannten zu sein. Sie stellten mich ein paar Stöckelschuhen und Lederslippern vor und ich bemühte mich, mein freundlichstes Smalltalk-Gesicht aufzulegen. Etwas überfordert mit der Situation begann ich schließlich, mich über die Häppchen und den Champagner herzumachen. Manchmal bin ich wie ein junger Hund, der zu absurden Übersprungshandlungen neigt. Kauend mischte ich mich mit einem Stapel Canapés in der Hand unters Volk und schaute mir die Bilder an, während der Rest der Asylum-Gang irgendwo die Gläser klirren ließ. Eins der Bilder kam mir bekannt vor. Als ich näher darauf zutrat, erkannte ich die dunkle Silhouette von Elias' Sohn. Ein seltsames Phänomen, dass die Oberschicht sich überall auf der Welt gerne mit unbequemen Werken junger Nachwuchskünstler schmückt.

VERHAFTET, VERPRÜGELT UND ABGESCHOBEN

Felix, CEBU

(In diesem Kapitel wurde der Name auf Wunsch des Protagonisten geändert.)

Am nächsten Tag schaute ich vorm *Asylum 38* gerade ein paar Jungs beim Sprayen zu, als sich ein junger Typ mit Lockenkopf, Shorts und offenem Karohemd zu mir gesellte. Der Babyspeck in seinem Gesicht ließ ihn etwas kindlich und naiv erscheinen. Zudem klang er durch sein fließendes amerikanisches Englisch wie ein College-Student aus einem Hollywood-Film. Er war ein typischer Mike, weshalb ich ihn im Folgenden auch so nennen werde. Mike zeigte großes Interesse an mir und »A Global Mess« und schließlich begann er auch ein bisschen von sich zu erzählen. Er berichtete mir von einem philippinischen und einem malaysischen Elternteil, weshalb er zwar in Malaysia aufgewachsen, auf dem Papier jedoch Filipino sei.

Er war in den Zwanzigern und erfüllte auch sonst alle Klischees eines witzigen Lockenkopfs, der sorglos und lachend durchs Leben geht. Denn er war so ein Typ, der mit den coolen Jungs aus dem Football-Team abhängt, obwohl er selbst nicht sportlich ist. Und der von den hübschen Cheerleadern zu Partys eingeladen wird, weil er immer einen Scherz auf den Lippen und ein bisschen Gras dabeihat. Ehrlich gesagt hatte ich nicht erwartet, einen Mike auf den Philippinen zu treffen. So lauschte ich seiner belanglosen, aber lustig erzählten Geschichte über ein Punkkonzert und steckte ihn gedanklich in die Schublade der unbeschwerten Sunnyboys. Eine Schublade voller Privilegien, Sorglosigkeit und Schenkelklopfern. Er erzählte mir von einem Streit, den ich noch gut aus meinen eigenen Teenagertagen kannte: dem »Stiefel-Nietenpunker vs. Sneaker-Skatepunks«-Streit. Ich konnte nicht fassen, dass man auf der anderen Seite der Welt tatsächlich genauso euphorisch darüber diskutierte, ob ein echter Punk Stiefel oder Vans, Hoodie oder Lederjacke, Kappe oder Iro trug.

Nach einer Weile fand ich unseren Smalltalk etwas anstrengend. Passiert halt, wenn man sich länger mit jemandem unterhält, der zehn Jahre jünger als man selbst ist. Denn man kann die Geschichten nicht mehr hören, die man vor Jahren selbst noch so gern erzählt hat. Kommt dann auch noch eine nicht ganz ernstzunehmende philosophische Ebene hinzu, muss man entweder sehr betrunken oder sehr geduldig sein, um das Gespräch fortzusetzen. Ich war weder das eine noch das andere. Also versuchte ich das Thema zu wechseln und fragte ihn, weshalb er vor zwei Jahren nach Cebu gekommen und nicht in Malaysia geblieben sei. Welche Wendung unser Gespräch durch mein dämliches Ablenkungsmanöver nehmen sollte, hatte ich jedoch nicht kommen sehen. Als Mike volljährig wurde, hatte er es versäumt, sich um eine

Aufenthaltsgenehmigung zu kümmern, um als Filipino weiter in Malaysia leben zu dürfen – dem Land, in dem er aufgewachsen war und dessen Sprache er sprach. Es gab nicht mal einen besonderen Grund, weshalb er es nicht tat. Außer der Tatsache, dass er ein junger Mann war, der wenig Lust hatte, sich mit bürokratischen Abläufen auseinanderzusetzen. Mit anderen Worten: Er unterschätzte die Wichtigkeit der erforderlichen Genehmigung immens, was zog vorerst auch keine Konsequenzen nach sich zog.

Erst der Besuch eines Punkkonzerts sollte sein Leben grundlegend verändern. Denn an jenem Abend tauchte die Polizei auf. Erst mal nichts Ungewöhnliches, da diese in Malaysia ständig auf der Suche nach Gründen ist, um linke Bewegungen zu zerstören und ihre Macht zu demonstrieren. Doch diesmal eskalierte die Situation, Mike und die anderen Konzertbesucher wurden verhaftet. Die Gruppe musste das Wochenende im Gefängnis verbringen, doch als die Polizei am Montagmorgen noch immer nichts gegen die jungen Leute in der Hand hatte, durften sie gehen – alle bis auf Mike. Bei der Überprüfung seiner Personalien war herausgekommen, dass er keine Aufenthaltsgenehmigung hatte. Die Polizei hatte somit endlich etwas gefunden, dass ihren Einsatz rechtfertigte. Hätte Mike den Antrag rechtzeitig gestellt, hätte der Ausstellung einer Aufenthaltsgenehmigung nichts im Wege gestanden. Schließlich war er der Sohn einer Malaysierin, ist in Malaysia zur Schule gegangen und Malaiisch war seine Muttersprache. Doch er hatte es versäumt und so war die Polizei in der Lage, ein Verfahren gegen ihn einzuleiten. Das Urteil: Fünf Schläge mit dem Rohrstock, 18 Monate Gefängnis und anschließende Abschiebung.

Am Tag der Urteilsausführung fand sich Mike in einem Raum mit mehreren Gefangenen, einigen Wärtern und einem Vollstrecker wieder. Schweigend musste er mitansehen, wie die anderen Männer nacheinander ihr Gesäß entblößten und auf ihre Strafe warteten. Ihren schmerzerfüllten Schreien ausgesetzt, wartete er voller Angst darauf, dass sein Name aufgerufen wurde. Als seine Zeit gekommen war, wollte er es einfach bloß hinter sich bringen. Augen zu und durch. Doch die Rechnung hatte er ohne den Vollstrecker gemacht. Mit runtergelassener Hose stand Mike vornübergebeugt da und machte sich auf das Schlimmste gefasst. Sein Körper war angespannt, die Arschbacken hatte er fest zusammengekniffen. »Eins!«, rief der Vollstrecker. Mike atmete ein letztes Mal tief durch und machte sich bereit für den ersten Schlag. »Zwei!« Doch dann passierte nichts. Mehrere Minuten vergingen. Panik stieg in ihm auf. Wie lange stand er schon da? Gefühlt waren es Stunden. Und dann, als er sich für einen winzigen Augenblick entspannte, peitschte der Rohrstock auf seinen blanken Arsch herab. Die letzte Hoffnung, noch wie durch ein Wunder davonzukommen, erlosch mit dem Schmerz seiner reißenden Haut.

»Der erste Schlag trifft dich wie ein LKW, den du nicht hast kommen sehen«, sagte er und seine Augen waren plötzlich so schwer und traurig, dass es mir das Herz brach. An dem Tag, an dem Mikes Urteil vollstreckt wurde, musste einer der anderen Männer 24 Schläge über sich ergehen lassen. Mike fragt sich bis heute, wie er das überstanden hat. »Wenn das ein normaler Arsch ist«, erklärte er mir und zeichnete mit dem Finger eine geschwungene Kurve in die Luft. »Dann war das der Arsch des Typen, der 24 Schläge über sich ergehen lassen musste« Erneut zeichnete er eine Kurve in die Luft, bloß dass sich diese in die entgegengesetzte Richtung wölbte. Im Gefängnis musste er sich schließlich eine Zelle mit 15 anderen Männern teilen. Jede der Zellen hatte einen Anführer und da Mike viel redete – was ich bestätigen kann – wurde er schon nach wenigen Wochen zum Sprecher seiner Gruppe ernannt. Eine unliebsame Aufgabe, da er bei Konflikten unter den Häftlingen schlichten musste und darüber hinaus für die Kommunikation mit den Wärtern zuständig war. So kam es, dass er zwangsläufig alle Konflikte, Forderungen und Auseinandersetzungen austragen musste – wodurch er den Aufsehern natürlich schon bald ein Dorn im Auge war.

Nach 18 Monaten, die von täglichen Misshandlungen der Wärter geprägt waren, wurde er schließlich aus dem Gefängnis entlassen. Das war der Tag, an dem er aus dem Land abgeschoben wurde, in dem er aufgewachsen war und sein gesamtes Leben verbracht hatte. So kam Mike mit 22 Jahren auf die Philippinen. In ein Land, dessen Sprache er nur rudimentär verstand und in dem er weder einen Job noch eine Wohnung hatte. Damit hatte ich die Antwort auf meine Frage, was ihn nach Cebu verschlagen hatte. Für einen Augenblick saßen wir einfach bloß schweigend da. Tausend Gedanken schossen mir durch den Kopf, doch ich wusste beim besten Willen nicht, was ich sagen sollte. Mike schon. »Du weißt morgens nie, was der Tag bringen wird. Oder hättest du heute beim Frühstück gedacht, dass du dir so eine Geschichte anhören musst?« War das wirklich derselbe Typ, dessen Party-Anekdoten mich gerade noch gelangweilt hatten? Eins stand fest, ich musste dringend mein Schubladensystem überdenken.

»A GLOBAL MESS« – DIE ABSCHIEDSSHOW

Felix, CEBU

Nikko und Dale zogen es wirklich durch. Die Vorbereitungen des »A Global Mess«-Konzerts, das ich mir durch den Schweinehirn-Verzehr bei unserer ersten Begegnung verdient hatte, waren bereits in vollem Gange. Mindestens fünf Bands sollten spielen. Keine Ahnung, warum es auf den Philippinen immer gleich so viele sein mussten. Doch mit wem ich auch sprach, alle fanden es völlig irre, dass in Deutschland angeblich nur zwei bis drei Bands pro Abend auftraten, die dann auch noch mehr als vier Songs zum Besten gaben. Schon komisch, was man so alles als »normal« akzeptiert. Auf jeden Fall mietete Dale eine Backline, machte das *Turtle's Nest* als Venue klar und stellte sein Schlagzeug für die Show zur Verfügung. Ich hatte Angst, dass sich der ganze Aufwand nicht rentierte und fragte ihn, wie viel Eintritt er nehmen würde. Doch es stellte sich heraus, dass Dale nicht an Eintrittsgelder glaubte: »Ein Punkkonzert muss umsonst sein, damit die Kids noch Geld zum Saufen haben.« Anständige Einstellung.

Nach einer Woche hatten Nikko und Dale bereits Flyer gemacht und insgesamt sieben Bands zusammengetrommelt. Aber bevor es soweit war, musste erst mal geprobt werden. Als ich den Proberaum erreichte, saß auf den Plastikstühlen vor der Tür bereits eine biertrinkende Crew von Männern und Frauen herum, die sich angeregt unterhielten. Den jüngsten davon stellte Dale mir als seinen Sohn vor. Er war sieben Jahre alt und bereits fester Drummer in einer der Bands, die spielen sollten. »Sind seine Bandkollegen auch Kinder?«, fragte ich amüsiert. »Nein, er mischt schon bei den Großen mit«, verriet Dale und prostete dem Kleinen zu. »Immerhin hat er bei dem Besten gelernt.« Der Junge stieß mit seinem Vater an und nahm einen kräftigen Schluck aus seinem Trinkpäckchen. Nachdem ich alle begrüßt hatte, ging ich rein, um mir die erste Probe anzusehen. Die Band coverte gerade »Riot Squad« von Cock Sparrer und die Sängerin hielt das Mikro Richtung Couch. Prompt reckte der darauf liegende Typ, den ich nicht richtig sehen konnte, seine Bierflasche in die Höhe und grölte mit: »Ohhh-ho-ho-hooo!« Neugierig warf ich einen Blick

Auch der siebenjährige Drummer zeigte am Abend der Bandprobe vollen Einsatz.

TOTAL CHAOS

um die Ecke, um nachzusehen, wer die Proberaum-Prokrastination dort so professionell zelebrierte. Den Lockenkopf erkannte ich sofort. Es war Mike, der sich lebensfroh wie eh und je auf dem Polster herumkugelte, als wäre ihm noch nie etwas Schlimmeres passiert als eine leere Flasche Bier.

Ein paar Tage später war der große Abend der »A Global Mess«-Show gekommen. Es sollte der krönende Abschluss meiner Zeit in Cebu werden, doch leider hatte ich mir einen fiesen Grippevirus eingefangen. Das Fieber ließ mich abwechselnd schwitzen und vor Kälte zittern, außerdem taten mir alle Knochen weh – von Kopf, Hals & Co. ganz zu schweigen. Absagen war jedoch keine Option. Mit letzter Kraft schleppte ich mich ein letztes Mal ins *Turtle's Nest* und hoffte, den Abend irgendwie zu überstehen. Leider ist mir von dem Event, das unserem Projekt zu Ehren aus dem Boden gestampft wurde, nicht wirklich viel in Erinnerung geblieben. Ich weiß noch, dass mich Dales siebenjähriger Sohn hinterm Schlagzeug extrem beeindruckt hat. Und ich erinnere mich, dass ein Typ namens Sandy in insgesamt fünf der sieben Bands des Abends spielte. Ansonsten zog alles in einem Paracetamol-Nebel an mir vorbei, während die anderen ihren betrunkenen Emotionen freien Lauf ließen. Ich wünschte, ich hätte mit ihnen feiern und meinen Abschied richtig zelebrieren können, denn trotz meines schwierigen Starts hatte ich eine tolle Zeit in Cebu. Doch manchmal kann man es sich eben nicht aussuchen.

Insgesamt sieben Bands traten bei der »A Global Mess«-Show im Turtle's Nest auf.

BACKGROUND KNOWLEDGE

Indonesien besteht aus mehr als 17.500 Vulkaninseln und ist somit der größte Inselstaat der Welt | Allein in der Hauptstadt Jakarta leben über zehn Millionen Menschen | Das für seine Strände, Vulkane und Regenwälder bekannte Land ist vor allem bei Meditations- und Yoga-Fans beliebt | Die offizielle Landessprache ist Indonesisch | In keinem anderen Staat der Welt leben mehr Muslime, denn die machen mit über 200 Millionen rund 87 Prozent der indonesischen Gesamtbevölkerung aus | Für 1 Euro bekommt man 16.071 Indonesische Rupiah (IDR) | Laut Auswärtigem Amt besteht im gesamten Land ein erhöhtes Terrorrisiko – Großstädte wie Jakarta, Surabaya und die Insel Bali gelten als besonders gefährdet | Die Todesstrafe für Drogendelikte wird auch an Ausländern vollstreckt | 2011 wurden während eines Punkkonzerts in Aceh 65 Punks verhaftet und polizeilichen Erziehungsmaßnahmen unterworfen – dabei wurden ihnen u. a. die Haare rasiert und Piercings entfernt | Wird man zu jemandem nach Hause eingeladen, ist unhöflich, pünktlich zu erscheinen

INDONESIA
(INDONESIEN)
HATE FACISM
ACAB

DIE RUHE VOR DEM STURM

Felix, DENPASAR

Es war schon spät, als mich das Flughafengebäude in Denpasar ausspuckte. Für meine erste Nacht auf Bali hatte ich ein Bett in einem Schlafsaal gebucht. Entschlossen machte ich mich zu Fuß auf den Weg zum nahegelegenen Hostel. Doch der Weg dorthin war komplizierter als gedacht. Es gab keinen Bürgersteig und der Zaun in der Mitte der vielbefahrenen Straße machte deutlich, dass das Überqueren nicht erwünscht war. Doch ich musste auf die andere Seite und sah nicht ein, für den einen Kilometer ein Taxi zu nehmen. Also tigerte ich eine Weile auf und ab und hielt nach einer Lücke im Zaun Ausschau. Schließlich fand ich eine und hastete bei der nächsten Gelegenheit über die dunkle Fahrbahn. Auf der anderen Straßenseite stand ich prompt vor dem nächsten Problem – der offenen Kanalisation. »Verdammt, nicht gerade die fußgängerfreundlichste Insel«, dachte ich und sprang ohne nachzudenken über den Graben hinweg, der mich vom Gehweg trennte.

Kurz darauf erreichte ich das Hostel. Über der Rezeption flimmerte ein Fernseher, auf dem ein Fußballspiel übertragen wurde. Ich kramte meine Buchungsbestätigung heraus und der Typ hinterm Tresen bot mir eine Zigarette an. Warum nicht? Die Kippe schmeckte erstaunlich frisch und ich erfuhr, dass es sich um eine indonesische Mischung aus Tabak und Nelke handelte. »Hast du schon Pläne für deine ersten Tage auf Bali?«, erkundigte sich der Rezeptionist und gähnte. Tatsächlich hatte ich mich kurzfristig entschlossen, ein paar Tage zu entspannen und mich von der Erkältung und den turbulenten Wochen auf den Philippinen zu erholen. »Ich will nach Lembongan und auf der Insel ein paar Tage am Strand rumliegen«, antwortete ich. Er griff zum Telefon und erklärte mir nach einem kurzen Gespräch, dass man mich am nächsten Morgen um neun Uhr abholen und zum Hafen bringen würde. Perfekt. Gelaufen wäre ich eh nicht.

Um auf das Boot zu gelangen, musste ich die Schuhe ausziehen und mit meinem Rucksack über dem Kopf ein paar Meter ins Meer hineingehen. Kaum hingesetzt, bretterte das Ding auch schon los. Das Wasser spritzte von allen Seiten und um mich herum saßen quiekende Touristen, die ihre Kameras zückten. Zum ersten Mal hatte ich das Gefühl, an einem Urlaubsort gelandet zu sein. Eine Tatsache, die erst mal gemischte Gefühle in mir auslöste. Aber ich freute mich auch darauf, mal ein paar Tage »frei« machen zu können, nachdem das philippinische *Red Horse Beer* wochenlang durch meinen Körper galoppiert war. Wie sich herausstellte, war Lembongan genau der richtige Ort, um runterzukommen. Ich hatte einen kleinen Bungalow für mich und holte in den ersten Tagen den verpassten Schlaf der letzten Wochen nach. Als ich endlich ausgeschlafen war, konzentrierte ich mich aufs Joggen, Schwimmen und Faulenzen. Danach war ich bereit für den indonesischen Underground.

WÄHRENDDESSEN IN DEUTSCHLAND

Diana, ESSEN

Felix holpriger Start in Hongkong hatte gezeigt, wie unangenehm der Zeitdruck werden konnte, wenn die Uhr bereits tickt, die passenden Türöffner jedoch noch fehlen. Umso wichtiger war es, dass ich mich bereits in Deutschland mit den bestehenden Subkulturen auseinandersetzte und erste Kontakte knüpfte. Ich nutzte jede freie Minute vor meiner Abreise für die Vorrecherche. Doch die gestaltete sich oftmals schwieriger als gedacht.

Logisch, denn während sich die »angesagtesten Clubs« einer Stadt in der Regel prima googeln lassen, verfügen Underground-Venues oft nicht mal über eine richtige Website. Hinzu kommt, dass die im Lonely Planet erwähnten »Geheimtipps« diesen Status bekanntlich mit eben jener Erwähnung und den darauffolgenden Touristenscharen verlieren – so viel hatte ich während meiner zehn Jahre in Berlin gelernt. Reiseführer und Travel-Foren waren somit raus.

Am zielführendsten war es, nach vergangenen Auftritten internationaler Punk- und Hardcore-Bands zu suchen. Das hatte zwei Vorteile: Zum einen war davon auszugehen, dass es sich höchstwahrscheinlich um einen szenerelevanten Ort handelte, wenn dort bereits Bands wie Agnostic Front oder Total Chaos gespielt hatten. Zum anderen handelte es sich bei den Support-Bands dieser Shows meist um lokale Szenegrößen, zu denen ich bereits über Facebook Kontakt aufnehmen konnte. Ein wasserdichter Plan, der auch regelmäßig aufging – wäre da nicht die Sprachbarriere gewesen.

Auszug aus einem typischen Facebook-Chat (Name geändert):

Diana Ringelsiep
Hi, my name is Diana. I'm a journalist from Germany and I will travel from Singapore to Bangkok this summer. A befriended music-manager and I want to shoot a documentary about Asian subculture and we wonder if you want to meet us for an interview about your band and the punk rock scene in Thailand. Please let us know if you are interested.
Best, Diana

Thai Punk
Thanks for your mail.
I am Ram. What your name?

Diana Ringelsiep
Hi Ram, my name is Diana. How are you?

Thai Punk
I will hold a concert on August 25.

Diana Ringelsiep
Oh no! We will fly back to Germany the week before.

Thai Punk
I'm on 18 August, interested.

Diana Ringelsiep
We will leave on August 20th. But if there is a show on the 18th, we could join.

Thai Punk
Ok. 20-24 in Bangkok.

Diana Ringelsiep
???

Thai Punk
Hi 🙂

Diana Ringelsiep
Hi.

STRASSENKÖTER AUSSER RAND UND BAND

Felix, CANGGU

Das Küstenstädtchen Canggu gefiel mir. Mein Hotel lag ungefähr zwei Kilometer vom *Broadcast* entfernt. Einer Location in der ich bereits am Abend mit Eko verabredet war, einem Freund meiner Kumpels aus Cebu. Die Auszeit auf Lembongan hatte mir gut getan und jetzt freute ich mich auf das nächste Kapitel. Als ich mich am Abend auf den Weg zum Konzert machte, war es schon dunkel und die miserable Fußgängersituation stellte mich mal wieder vor eine Herausforderung. Es gab nicht mal Gullideckel, weshalb ich höllisch aufpassen musste, in keins der klaffenden Löcher zu fallen. Auf der Straße zu laufen war angesichts des krassen Verkehrsaufkommens auch keine gute Idee. Zu allem Überfluss hingen überall Straßenköter herum, auf die ich im Dunkeln mal voll keinen Bock hatte. Leider beruhte das auf Gegenseitigkeit. Sie kläfften und knurrten aus allen Ecken und gaben mir deutlich zu verstehen, dass ich in ihrem Revier nichts zu suchen hatte. Sagen wir so, es gab schon entspanntere Spaziergänge in meinem Leben. Als ich die Bar nach zwanzig Minuten erreichte, machte ich zehn Kreuze, die Machohunde endlich los zu sein.

Das *Broadcast* erinnerte mich an einen Western-Saloon. Auf der Veranda des freistehenden, dunklen Holzhauses lungerte eine Gruppe Punks herum und es dauerte keine fünf Sekunden, bis ich mit ihnen ins Gespräch kam. Während wir quatschten, parkten pausenlos Roller vor dem Laden und die

Die meiste Kids kame mit dem Roller zum Konzert.

Traube junger Männer mit Bandshirts und Nietenwesten wurde immer größer. Schließlich kam einer von ihnen auf mich zu und fragte, ob ich Felix sei. Eko trug eine Lederjacke und hatte ein nettes Lächeln. Eine flüchtige Umarmung später ließen wir uns auf den Stufen der Veranda nieder und begannen, uns voneinander zu erzählen. Eko ging noch auf Java zur High School, als er 1994 anfing Punk zu hören. »Ich hatte damals einen Freund, der auf Metallica und den ganzen Kram stand«, erinnerte er sich an seine Jugendtage zurück. »Er spielte Gitarre und war sehr beliebt bei den Mädchen. Ich hingegen war ein sehr schüchterner Teenager. Also begann ich ebenfalls Gitarre zu lernen, aber der Plan ging nicht auf – außer mir wollte kein Mensch Punkrock hören.« Fast 25 Jahre waren seitdem vergangen und die Tatsache, dass er mich ausgerechnet auf einem Punkkonzert treffen wollte, sprach für sich. »Als ich zehn Jahre später nach Bali kam, hatte ich nichts außer dieser Lederjacke und meiner Gitarre dabei. Aber ich bin mir treu geblieben und arbeite mittlerweile als Booker. Ich liebe es, Musiker miteinander zu connecten und coole Bands auf die Insel zu holen.«

Als die Show begann, platzte der Laden mit rund 500 Besuchern aus allen Nähten. Eko lotste mich durch die Menge und stellte mir einige Leute vor, während die Hardcore-Band alle an die Wand zockte. Ein willkommener Kontrast nach meinem stillen Inselleben. Die Band Devildice schaltete im Anschluss einen Gang zurück. Oberkörperfrei stand der Sänger in bester Mike-Ness-Manier am Mikro und hatte das Publikum vom ersten Song an im Griff. Ein charismatischer Typ, zu dem Eko mir später unbedingt mehr erzählen musste. Apropos, wo war der überhaupt? Während ich mich zum Bierstand vorkämpfte, fiel mir auf, dass ich den ganzen Abend noch keiner einzigen

Die Shows von Ripper Clown (oben) und The Djihard (unten) sprengten alle Erwartunge
Folgeseite: JRX von Superman Is Dead mit seiner zweiten Band Devildic

Torpedo

Frau begegnet war. Klar, das Genre ist sehr männlich besetzt, aber dass auf 500 Besucher nicht eine Frau kam, fand ich ehrlich gesagt etwas befremdlich. Vielleicht sah es auf der Empore in der ersten Etage ja anders aus. Geduldig bahnte ich mir einen Weg nach oben und war überrascht. Denn dort hatte ich das Gefühl, auf einer dieser WG-Partys gelandet zu sein, bei denen die coolen Gäste in der Küche abhingen. Auf einem kleinen Tisch wurde eifrig frittiert und die Anwesenden unterhielten sich entspannt mit freiem Blick auf die Bühne. Schließlich entdeckte ich auch Eko. Er saß ein paar Meter weiter mit übereinandergeschlagenen Beinen an einem Tisch, während sich fünf Meter unter ihm hunderte schweißnasse Oberkörper Schulter an Schulter durch die Halle schoben.

Auf die nächste Band war ich sehr gespannt. The Djihard machten nämlich genau die Art Streetpunk, mit der ich aufgewachsen war – und mit der ich im Urlaubsparadies Bali niemals gerechnet hätte. Im nächsten Moment hallten auch schon die ersten Powerchords durch den Club und die Band ballerte nur so drauf los. Gespannt trat ich an das Geländer und warf einen Blick auf das voranschreitende Chaos hinab. Eine Bühne gab es nicht. Die Band befand sich auf Augenhöhe mit der Crowd, und die trieb die Musiker immer weiter in die Enge. Dem Sänger blieb bloß die Flucht nach vorn. Nach seinem ersten Bad in der Menge waren bereits ein paar der langen Liberty-Spikes eingeknickt, die ihm vom Kopf abstanden. Doch das hinderte ihn nicht daran, weiter Vollgas zu geben. Als die Bassdrum den nächsten Song ankündigte, riss er seine lederbehandschuhte Faust in die Luft und in meinem Kopf knallte eine Sicherung durch. Wie von Sinnen rannte ich die Treppe hinunter und warf mich in die Menge. Der Pogo um mich herum suchte seinesgleichen. Menschen flogen durch Luft, ein paar Hardcore-Kids übten Karate-Tricks und über unseren Köpfen schossen weggeschnipste Zigarettenkippen wie Sternschnuppen hinweg.

Ich war im Bulldozer-Modus. Mein Ziel war es, mich samt Kamera bis in die erste Reihe vorzuarbeiten, um ein paar Aufnahmen von dem irren Szenario zu machen. Vorne angekommen, traute ich meinen Augen nicht. Mittendrin im größten Tumult sah ich die erste Frau des Abends. Sie trug ein Kopftuch und schien tatsächlich weit und breit die einzige Vertreterin ihres Geschlechts zu sein. Starke Nummer! Ich versuchte, so viel wie möglich von dem Chaos mit der Kamera einzufangen, doch dank der anhaltenden Schläge und Tritte in sämtliche Körperregionen gelang mir das bloß so semi. Irgendwann hielt ich dem Druck nicht mehr Stand und ich ließ mich zurück nach hinten treiben. Das war also die berühmte Insel, auf der die Menschen beim Yoga zu sich selbst fanden. Als der Wahnsinn beendet war, ging ich wieder nach oben und rauchte ein paar Nelkenzigaretten mit Eko. »Komm mit, ich will dir noch jemanden vorstellen«, sagte er plötzlich und schliff mich hinter sich her. »Das ist JRX.« Vor mir stand der Sänger von Devildice, nach dem ich Eko sowieso

JRX und Roy beim Smalltalk nach ihren Shows.

Booker Eko Ramone (rechts), der Felix einige Kontakte einbrachte.

noch hatte fragen wollen. JRX nickte mir zu, war aber etwas kurz angebunden, da er am laufenden Band Autogramme geben musste.

»Hast du Bock, mich morgen in meiner Kneipe in ›Kuta Rock City‹ besuchen zu kommen?«, er schaute mich erwartungsvoll an. »Da habe ich mehr Zeit und es spielen auch ein paar Rancid-Cover-Bands.« Das klang nach einem Plan. Ich schlug ein und machte mich wieder auf den Weg nach unten. Der nächste, der meinen Weg kreuzte, war Roy, der Frontmann der Streetpunk-Band mit der Stachelfrisur. »Geiler Abriss«, begrüßte ich ihn. »Das ist Bali-Punkrock«, entgegnete er. Wir quatschten über seine Band The Djihard und er erzählte mir von einer Asientour, die bereits eine Weile zurück lag. Roy war ein netter Typ, daher fiel ich gleich mit der Tür ins Haus und fragte ihn, ob die Wahl des Bandnamens religiöse Hintergründe hatte. »Als wir uns 1997 gegründet haben, hießen wir tatsächlich noch Djihad, weil wir fanden, dass das ein starker Name für eine Punkband war«, klärte Roy mich auf. »Aber nach den Terroranschlägen hier auf Bali und in New York änderte sich alles. Die Leute assoziierten mit Djihad plötzlich islamistischen Terror, womit wir natürlich nichts zu tun haben wollten. Also änderten wir den Bandnamen in The Djihard.« Mittlerweile hatte sich neben uns eine Schlange von Jungs gebildet, die alle ein Selfie mit Roy machen wollten. Ich verabschiedete mich und überließ ihnen das Feld.

Der Rückweg zum Hotel versprach etwas angenehmer zu werden. Der Verkehr hatte stark nachgelassen, sodass ich auf die Fahrbahn ausweichen und den offenen Gullilöchern aus dem Weg gehen konnte. Hunde waren auch keine in Sicht. Die nächste Überraschung wartete jedoch bereits. Während ich die zwei Kilometer auf dem Hinweg einfach geradeaus geschlurft war, fand ich mich nun vor einer heruntergelassenen Schranke wieder. »Where do you go?«, fragte mich der größte von drei uniformierten Männern, die in der Dunkelheit vor einem Häuschen standen. »I'm on my way to the hotel«, antwortete ich. Seine Kollegen musterten mich skeptisch. Klar, auf den Philippinen hatte man mich auch irritiert angestarrt, wenn ich zu Fuß außerhalb des Stadtzentrums unterwegs war. Doch in Anbetracht der Uhrzeit und der Abgeschiedenheit, in der ich mich befand, wurde mir zunehmend mulmiger zumute. Wo kam die verdammte Schranke plötzlich her und was bewachten die Typen überhaupt? Links und rechts von uns gab es nichts als Felder. Inzwischen berieten sie sich murmelnd und für den Bruchteil einer Sekunde wünschte ich mir die Straßenhunde zurück. Bei denen wusste ich wenigstens, woran war. Nach einer gefühlten Ewigkeit teilte man mir mit, dass ich weitergehen durfte. Das ließ ich mir nicht zweimal sagen.

Sei vorsichtig mit dem, was du dir wünschst. Keine hundert Meter weiter nahm ich das erste Jaulen wahr. Das hatte mir gerade noch gefehlt. Wie weit war es noch bis zum Hotel? Ich wusste es nicht. Durch das Intermezzo an der Schranke hatte ich jegliches Gefühl für Zeit und Entfernung verloren.

Schließlich trat der erste Köter aus der Böschung hervor. Dann der zweite. Und schließlich waren sie zu dritt. Ich ging strammen Schrittes weiter, ignorierte sie und versuchte direkten Blickkontakt zu vermeiden. Doch sie hefteten sich an meine Fersen und verfolgten mich. Dabei jaulten sie wie hungrige Wölfe und lockten immer mehr von ihresgleichen an. Mittlerweile ging mir echt die Düse. An jeder Straßenecke kamen neue Hunde dazu, bis mir schließlich ein komplettes Rudel hinterhertrabte. Ich hatte Diana ausgelacht, als sie mir mit einer Tollwutimpfung kam – und jetzt würde ich ausgerechnet daran zugrunde gehen. In einem indonesischen Straßengraben.

Als hätte der Anführer meine Gedanken gelesen, machte er einen Satz in meine Richtung und fletschte die Zähne. Erschrocken sprang ich zur Seite, doch dort wartete bereits sein räudiger Komplize auf mich. Er schnappte, aber erwischte zum Glück nur meine Hose. Mir brach der Schweiß aus. Als ich das Hotel mit weichen Knien erreichte, war ich in Begleitung von zwölf kläffenden Straßenkötern. Der Mitarbeiter, der sich offenbar gerade eine Zigarette angesteckt hatte, traute seinen Augen nicht. »Was hast du gemacht?!«, brüllte er fassungslos und schmiss seine Kippe weg. »Sowas habe ich ja noch nie erlebt!« Hastig sprintete ich die letzten Meter zur Tür und antworte im Vorbeigehen: »Ich habe ihnen nichts getan, die Scheißviecher hassen mich einfach!« Dann rannte ich ohne mich umzudrehen die Stufen im Treppenhaus hinauf und knallte meine Zimmertür hinter mir zu. Atemlos ging ich zum Fenster und schaute auf die Straße herunter. Der Hotelmitarbeiter gab noch immer sein Bestes, um das Rudel mit einem Besen zu verscheuchen, doch der heulende Mob war außer Rand und Band. Schließlich gab er auf und zog sich hinter die Rezeption zurück. Die Bestien hingegen blieben noch eine volle Stunde unter meinem Fenster sitzen und jaulten.

DER BALLERMANN VON BALI

Felix, KUTA

Am nächsten Morgen packte ich meine Sachen und konnte es nicht erwarten, die Stadt zu verlassen. Die Grab-App sagte mir, dass die 15 Kilometer nach Kuta umgerechnet zehn Euro kosteten. Das ging auf jeden Fall klar, Hauptsache weg von den Straßenkötern. Nachdem ich meinen Schlüssel abgegeben hatte, suchte die App noch immer nach einem Fahrer. Das war ungewöhnlich, doch mir blieb nichts anderes übrig, als zu warten. Nach einer Viertelstunde erkundigte sich ein Mitarbeiter des Hotels, ob er mir helfen könne und ich schilderte ihm das Problem. »Oh, Grab funktioniert hier nicht«, klärte er mich auf. »Soll ich vielleicht ein Taxi rufen?« Eine geniale Idee, auf die ein Millennial wie ich erst mal kommen musste. Ich bedankte mich und versank wieder in meinen Apps. Als ich das nächste Mal aufschaute, telefonierte der junge Mann ganz aufgeregt und es hatten sich auch bereits ein paar seiner Kollegen um die Rezeption versammelt. »Gibt es ein Problem?«, fragte ich. Gab es. Das örtliche Taxiunternehmen war nicht erreichbar und Busse gab es auch keine. Der Rezeptionist war sichtlich geknickt. »Aber der Bekannte eines Mitarbeiters hat ein Auto und der ist bereit, dich morgen nach Kuta zu fahren«, erklärte er mir. Das war natürlich überaus freundlich, doch ich war in ein paar Stunden mit JRX verabredet und nach letzter Nacht stand mir wirklich nicht der Sinn nach einer Verlängerung.

Mein Gehirn ratterte. In der Hitze waren 15 Kilometer mit Gepäck zwar kein Spaziergang, aber es war machbar. »Kein Problem, dann laufe ich eben«, verkündete ich und schaute in verwirrte Gesichter. Wortlos ging ich zu meinem Rucksack zurück und kramte meine Laufschuhe hervor. Plötzlich baute sich vor mir ein vielleicht 50-jähriger tätowierter Typ auf, den ich bisher gar nicht wahrgenommen hatte. »Ist das alles?«, fragte er und zeigte auf meine beiden Rucksäcke. Ich nickte. »Alles klar, ich fahr dich mit meinem Motorrad.« Die meisten Menschen hätten in ihm wahrscheinlich den Retter in der Not gesehen. Ich hingegen sah den sicheren Tod. Ich hasse es, auf Motorrädern mitzufahren. Bei jeder einzelnen Kurve bin ich mir sicher, auf die Straße zu klatschen und ich sterbe tausend Tode, sobald andere Verkehrsteilnehmer ins Spiel kommen. Auf den Philippinen bin ich zwar selbst viel Roller gefahren, aber das war etwas anderes, denn die Betonung liegt auf SELBST. Auf gar keinen Fall wollte ich die Kontrolle aus der Hand geben und 15 Kilometer mit Gepäck auf einem Motorradrücksitz zittern. »Danke, das ist nett, aber ich möchte lieber laufen«, antwortete ich und sah ihm an, dass ich ihm leidtat. »Bist du sicher? Es ist wirklich kein Problem.« Zögernd warf ich einen letzten Blick nach draußen. Der dort herumstolzierende Straßenköter änderte meine Meinung.

Der Mann schnallte sich meinen Equipmentrucksack um den Bauch und nahm auf der riesigen Maschine Platz. Ich setzte den großen Rucksack auf und kletterte hinter ihn. Er startete das Motorrad und mein kompletter Körper verkrampfte sich innerhalb von drei Sekunden. Worauf hatte ich mich da bloß eingelassen? Als wir losfuhren, liefen uns noch ein paar Hunde hinterher, doch es dauerte nicht lange und der Abstand zu ihnen wurde immer größer. Am liebsten hätte ich ihnen den Stinkefinger gezeigt, doch um nichts in der Welt wollte ich den Haltegriff loslassen. Zu allem Übel herrschte dichter Verkehr auf den Straßen und der Mann gab sein Bestes, mich schnell ans Ziel zu bringen. Er schlängelte sich durch die Staus, bremste hin und wieder abrupt ab und beschleunigte dann wieder so stark, dass ich am liebsten um Hilfe gerufen hätte. Ich habe von Leuten gehört, die auf einem Motorrad von ganz allein die richtigen Bewegungen machten, wenn sich der Fahrer in die Kurve legt. Ich gehöre nicht dazu. Der Typ hätte genauso gut eine Standuhr

nach Kuta fahren können. Als wir endlich ankamen, waren meine schweißnassen Hände so verkrampft, dass ich nicht wusste, wie ich den Griff loslassen sollte. Dennoch war ich froh, dass der freundliche Mann mich gefahren und mir den Marsch durch die Mittagshitze erspart hatte. »Was schulde ich dir?«, fragte ich, als ich wieder festen Boden unter den Füßen hatte. Er lächelte und erwiderte: »What comes around, goes around.«

Kuta war genau der Ort, an den ich nie wollte. Die ganze Atmosphäre hatte etwas ballermannartiges. Überall waren Kneipen, aus denen Touristenscharen strömten, laute Musik schallte durch die Straßen und alle fünf Meter wurde ich von irgendwelchen Promotern angequatscht. Ich schwor mir, nur eine Nacht zu bleiben und am nächsten Morgen einen Flug nach Jakarta zu buchen. Das Konzert, zu dem JRX mich eingeladen hatte, fand bei ihm in der *Twice Bar* statt. Als ich mich am Abend auf den Weg dorthin machte, hatte der Exzess um mich herum ein neues Ausmaß erreicht. Die allgegenwärtige Happy-Hour hatte erste Spuren bei den Party-People hinterlassen und beim Anblick einiger Gesichter fragte ich mich, ob es in ihren Hotels Eimersaufen statt Halbpension gab. Ich muss zugeben, dass ich mich mit dieser Facette der Insel im Vorfeld kaum auseinandergesetzt hatte. In meiner Vorstellung

ARTIFA

Die Twice Bar ist auch als das CBGB's von Bali bekannt.

war Bali ein ruhiger und esoterischer Ort, an dem meditierende Yogis zu sich selbst fanden. Doch das hier war die reinste Orgie. Die *Twice Bar* befand sich am Ende der Partymeile, wo sich der Rummel etwas lichtete. »Hey Felix«, rief mir ein kleiner Punk zu, den ich bei der Show am Vorabend kennengelernt hatte. Er saß auf einer der Bierbänke und winkte mich zu sich herüber. Endlich normale Leute.

»Let's gooooo!«, fiel schließlich der Startschuss für die Rancid-Cover-Night, von der JRX mir bereits am Abend zuvor erzählt hatte. Ich war gespannt wie Hölle. Die Band Radio Eighteen versuchte keineswegs nur ein Abklatsch der Legenden aus Berkeley zu sein. Auch wenn man ihnen ansah, dass sie den Hellcat-Lifestyle aus allen Poren schwitzten. Sie mixten die Lieder unserer gemeinsamen Helden mit ihrem eigenen Style und genau dieser Authentizität war es zu verdanken, dass ich zwischendurch glaubte, den jungen Tim Armstrong und seinen Kumpel Lars Frederiksen vor mir zu haben. Ich wusste an jenem Abend noch nicht, dass es der erste von vielen war, den ich in der *Twice Bar* verbringen sollte. Denn kurz darauf wütete auf der Insel ein Vulkan, der den gesamten Flugverkehr lahmlegte. Ich war nicht böse drum, da mir die Aschewolke noch ein paar weitere unvergessliche Tage und vor allem Nächte in der liebevoll eingerichteten Tikibar bescherte. Eines Abends

Der Auftritt von Scared of Bums ließ die Stimmung an dem Abend überkochen.

spielte eine Band namens Scared of Bums, die die Stimmung mit ihren teils melodischen, teils brachialen Songs zum Kochen brachte. Nach der Show saß ich noch eine Weile mit den Jungs bei Bier und Fluppen zusammen und einer von ihnen traf es auf den Punkt: »Die Bedeutung von Bali ist für unser Land enorm, da die Insel in der ganzen Welt als tropisches Urlaubsparadies bekannt ist. Aber nur die wenigsten wissen, dass es hier neben schönen Stränden auch richtig guten Punkrock gibt!«

Drummer JRX (Mitte) hat die Twice Bar mit seinem ersten Scheck von Sony eröffnet, nachdem seine Band Superman Is Dead einen Majorvertrag bekommen hat.

KUTA ROCK CITY

Interview mit JRX – Drummer von Superman Is Dead und Sänger von Devildice

Superman Is Dead (SID) gehören in Asien zu den Superstars unter den Punkrockern. 1995 waren sie die erste indonesische Punkrockband, die bei einem Majorlabel unterschrieb. Heute haben sie unfassbare 5,7 Millionen Fans auf Facebook (zum Vergleich: Heidi Klum hat 4,1 Mio.). Im Interview hat der Schlagzeuger JRX auf seine Karriere zurückgeblickt und von Morddrohungen berichtet, die ihm seine sozialkritische Haltung und sein Engagement für den Umweltschutz in regelmäßigen Abständen einbringen.

Kuta ist stark vom Mainstream-Partytourismus geprägt. Wie ist es, inmitten des Trubels zu leben und wie viel Rock steckt tatsächlich in »Kuta Rock City«?

JRX: »Kuta Rock City« ist der Titel unseres ersten Majoralbums (Superman Is Dead, Sony, 2003). Die Stadt ist mein Zuhause und ich bin wahrscheinlich einer der wenigen, die sich mit diesem Ort wirklich verbunden fühlen. Der Grund dafür sind meine beiden Bands. Ich bin Schlagzeuger bei Superman Is Dead sowie Gitarrist und Sänger bei Devildice. Außerdem betreibe ich die *Twice Bar*, in der es mehrmals die Woche Live-Musik gibt. Um die Jahrtausendwende hatten wir dreimal die Woche Bandprobe über einem Plattenladen. Wenn die Kunden das mitbekamen, sind sie hochgekommen und haben uns zugehört. Das waren mal Locals, mal Touristen und jedes Mal kam die Frage auf, ob wir ihnen ein Bier verkaufen könnten. Da wir nie welches hatten, liefen sie zum Kiosk hinüber und kamen mit ein paar Flaschen zurück. Irgendwann witterten wir eine Geschäftsidee, Kundschaft gab es schließlich schon. Das war die Geburtsstunde der *Twice Bar*.

Wie bist du zu all dem gekommen?

Das muss 1994 gewesen sein. Einer meiner Freunde gründete damals die erste Punkband auf Bali überhaupt: Knucklehead Nation, eine Ramones-Cover-Band. Bis dahin wusste ich nicht mal, dass ein solches Genre existiert. Ich spielte zwar selbst in einer Band, aber wir coverten bloß Rockbands wie Nirvana und Pearl Jam. Das klingt heute vielleicht etwas lahm, aber damals gab es noch kein Internet und das war alles, was wir an Rockmusik kannten. Das änderte sich 1996, als Green Day nach Jakarta kamen. Ich bin mir nicht sicher, aber es muss das erste internationale Punkkonzert auf indonesischem Boden gewesen sein. Mein Freund Bobby und ich waren damals dort und danach war es um uns geschehen. Von da an tauchten wir immer tiefer in die Punkwelt ein und entdeckten Bands wie NOFX, Bad Religion, AFI und später dann auch noch Minor Threat, Black Flag und so weiter. Es war so ein breites Genre und die Faszination ist bis heute geblieben. Die Musik ist so einfach und gleichzeitig so facettenreich. Nimmt man dann noch den sozialkritischen Aspekt dazu, ergibt sich eine Mischung, die in keinem anderen Genre zu finden ist. Es kann sich einfach jeder ein Instrument schnappen und loslegen.

Genau das habt ihr damals getan. Welche Bedeutung steckt hinter dem Namen Superman Is Dead?

Bei unserer Gründung 1995 hießen wir noch Superman Silvergun. Doch irgendwann fanden Bobby und ich das unpassend, weil uns klar wurde, dass wir an das Konzept »Superman« überhaupt nicht glauben. Du weißt schon, dieser perfekte Typ, den gibt es doch gar nicht. Wir sind Punks, wir glauben nicht an den perfekten Menschen. Es geht ja nicht nur um die Comicfigur, sondern auch darum, dass so viele Leute versuchen, makellos zu sein. Also haben wir Superman sterben lassen. Mittlerweile ist die Bedeutung relevanter denn je, weil Selbstdarstellung einen immer höheren Stellenwert bekommt. Alle wollen super schön und freundlich wirken, dabei tun sie ihren Mitmenschen parallel die grausamsten Dinge an. Es ist nur ein Image, das sie aufrechterhalten wollen. Dasselbe trifft auf viele religiöse Menschen zu. Vielen ist es wichtiger, sich an religiöse Gebote zu halten, als im realen Leben nett zueinander zu sein. Ich habe dafür kein Verständnis.

Superman Is Dead gehört zu den ersten Punkbands der Insel. Welche Bands haben euch Mitte der Neunzigerjahre am meisten beeinflusst?

Am Anfang haben wir ja bloß Bands wie Green Day, NOFX und AFI gecovert. Der Einfluss aus Kalifornien ist bis heute sehr groß, wahrscheinlich weil der amerikanische Westküstenstaat und Bali sich so ähnlich sind. Besonders in Kuta, denn hier treiben sich die ganzen Skater und Surfer herum. Es gibt viele Bars, Strände, Palmen und Entertainment. Auch Alkohol und Drogen gibt es an jeder Ecke. Vor allem damals, da hat man Gras und Pilze noch hinterhergeworfen bekommen. Aufgrund dieser Ähnlichkeiten fühlen wir uns kalifornischen Bands näher als The Clash oder den Sex Pistols. Hinzu kommt, dass wir damals nicht so sehr das Bedürfnis hatten, politische Texte zu schreiben. Wir hatten kaum Wut auf die Regierung, weil hier alles so gechillt war. Wir haben die Probleme unserer Insel, des Landes und der Welt ignoriert, weil es uns so gut ging.

Wann hat sich das geändert?

Wir hatten Scheuklappen auf, weil wir in unserer Kuta-Blase lebten. Mehr gab es für uns nicht, weil wir nie rauskamen. Aber dann kamen die Tourneen und wir sahen das erste Mal die anderen indonesischen Inseln. Das öffnete uns die Augen. Wir merkten, dass es den Leuten dort richtig schlecht ging und dass unsere Fans aus diesen Teilen des Landes echte Probleme hatten. Unsere Musik war für sie ein Zufluchtsort, denn wir haben damals nur über Partys, Alkohol und Spaß mit Freunden gesungen. Die meisten kamen aus extrem konservativen Regionen, in denen Tätowierungen und Alkohol ein absolutes Tabu waren. Besonders Frauen hatten unter dem strengen Regelwerk zu leiden. Diese Probleme kannten wir von Bali nicht, doch mit der Erkenntnis änderten sich auch unsere Lyrics. Wir wollten den Leuten eine Stimme geben, damit sie sich nicht mehr so einsam fühlten. Wir befassten uns fortan mit ernsten Themen und wurden so zur ersten indonesischen Band, die im Fernsehen Songs gegen Korruption und Faschismus zum Besten gab.

Ihr habt allein auf Facebook 5,7 Millionen Fans. Wann seid ihr so groß geworden?

Als wir anfingen, in Indonesien zu touren, coverten wir noch Punkrocksongs von Bands wie Green Day, NOFX und AFI. Die Kids in Indonesien kannten nichts davon und waren total begeistert, weil die Musik schneller und härter war als alles, was sie kannten. So erspielten wir uns eine immer größere Fangemeinde. 1997 fingen wir dann an, eigene Lieder zu schreiben. Das war übrigens auch die Zeit, in der ich mein Nebenprojekt Devildice gründete. Im selben Jahr spielten wir ein Konzert im Norden der Insel, das wir selbst organisierten. Es kamen 2.000 Leute zu der Show und mit den Einnahmen konnten wir unser erstes Album finanzieren. Ich werde nie vergessen, wie ich damals um vier Uhr morgens die Eintrittsgelder zählte. 180 US$ hatten wir eingenommen, das war damals viel Geld. Von da an ging es mit der Band bergauf, doch berühmt geworden sind wir aus einem vollkommen anderen Grund. Ich weiß bis heute nicht, wie ich dazu stehe.

Was ist passiert?

Ein Jahr nach 9/11 gab es einen schlimmen Terroranschlag hier in Kuta. Über 200 Menschen starben bei einem Bom-

benattentat und das nur 100 Meter von meinem Haus entfernt. Glücklicherweise war ich nicht zuhause. Die Tragödie bescherte Kuta große internationale Aufmerksamkeit und die Regierung hatte ein großes Interesse daran, Bali und der Tourismusbranche wieder auf die Beine zu helfen. Deshalb wurden viele Musikfestivals organisiert, auf denen auch wir auftraten. Bei den Shows war viel Presse vor Ort und die hatte einen Narren an unserem Bandnamen gefressen, was viele Stories und Artikel zur Folge hatte. Danach kamen die Anrufe der Majorlabels. Die ersten vier Angebote lehnten wir ab. Doch 2003 machte Sony uns dann ein faires Angebot, das wir annahmen. So wurden wir die erste Punkband Indonesiens, die bei einem Majorlabel unter Vertrag war. Sie gaben uns jede künstlerische Freiheit, die wir haben wollten, solange wir einen Bogen um das Thema Religion machten. Wir sind bis heute bei ihnen geblieben, aber dieses Jahr läuft der Deal aus und wir wissen noch nicht, wie es weitergeht. Hätten wir den Vertrag damals nicht bekommen, hätten wir bestimmt irgendwann aufgehört, um normalen Jobs nachzugehen. Der Deal hat es uns ermöglicht, zu machen, was wir wollen.

Erinnerst du dich noch, was du mit dem ersten Scheck der Plattenfirma gemacht hast?

»Kuta Rock City« war unsere erste Majorplatte. Als wir die erste Abrechnung von Sony bekamen, habe ich mit dem Geld die *Twice Bar* eröffnet. Damals haben die Leute noch CDs gekauft, da ging sowas noch. In vielen Bars auf Bali werden die Locals anders behandelt als die Touristen. Denn wenn du als Einheimischer in eine Bar oder ein Restaurant gehst, gehen die Betreiber oft davon aus, dass du nicht genug Geld hast. Touristen werden hingegen wie Könige behandelt. Diese Mentalität hat dazu beigetragen, die *Twice Bar* aufrecht zu halten, denn sie sorgt für eine Balance gegenüber den üblichen Touristenschuppen. Bei uns werden alle gleich behandelt, wir machen keine Unterschiede aufgrund der Herkunft unserer Gäste. Es mag auf den ersten Blick oberflächlich wirken, weil es in der Szene natürlich auch viel um Tattoos und Klamotten geht, doch bei genauerem Hinsehen merkt man, dass mehr dahintersteckt. Der Punk- und Rock'n'Roll-Lifestyle verbindet uns weltweit. Und das liebe ich!

Zu eurer aktuellen Single »Batas Cahaya« gibt es ein Musikvideo, in dem ich Drehorte aus Amsterdam und Deutschland erkenne. Wie kam es dazu und worum geht es in dem Lied?

Die Single heißt übersetzt »Am Ende des Lichts«. Es geht darum, dass du niemals allein bist, auch wenn es dir schlecht geht. Denn irgendwo da draußen gibt es immer jemanden, der deine Sorgen teilt und dir vielleicht sogar helfen kann. Teile des Videos wurden in Hamburg und Amsterdam gedreht, weil wir die Gelegenheit hatten, dort Gigs zu spielen. Wir haben die Ausschnitte nur ins Video gepackt, weil wir schöne Erinnerungen damit verbinden. Sie haben nichts mit dem Song zu tun. Besonders cool war es übrigens im Ramones-Museum in Berlin.

Dennoch habt ihr eure politische Botschaft nie aus den Augen verloren. Was steht aktuell auf eurer Agenda?

Wir mussten die Insel damals erst verlassen, um zu merken, dass auch auf Bali nicht alles mit rechten Dingen zugeht. In dieser Zeit fingen wir an, Kampagnen zu unterstützen und auf die Straße zu gehen. Wir demonstrierten hauptsächlich gegen Faschisten, gierige Politiker und Korruption. Seit fünf Jahren engagiere ich mich besonders für umweltpolitische Themen. Die Regierung will neben Bali eine künstliche Insel aufschütten, um ein zweites Urlaubsparadies zu schaffen. Dabei geht es natürlich nur ums Geld, die Zerstörung der Meeresfauna ist ihnen egal. Wir sind die »Poster-Boys« der Prostest-Kampagne und nutzen unsere Reichweite, um auf das Projekt aufmerksam zu machen. Ich halte dafür gerne mein Gesicht hin, doch auf unsere Band wird enormer Druck ausgeübt. Seit wir uns für die Rettung der Benoa-Bucht engagieren, werden wir nicht mehr zu Festivals eingeladen und ich bekomme Morddrohungen. Einmal hat auch jemand versucht, sie in die Tat umzusetzen. So fühlt es sich an, wenn man gegen die Mächtigen kämpft. Aber es ist an der Zeit, dass wir Verantwortung übernehmen!

AUSZEIT AUF DEM MOND

Felix, PROBOLINGGO

Ich hatte Frieden mit Kuta geschlossen und war nun bereit, die verstörende Stadt mit schönen Erinnerungen zu verlassen. Irgendwo zwischen Full-Moon-Partys und Meditationscamps hatte ich eine weitere Facette Balis gefunden: eine brodelnde Punkrockszene, in der sich unfassbar engagierte Leute tummelten. Meine Mission war somit erfüllt und der Weiterreise stand nichts mehr im Wege – wäre da nicht der brodelnde Vulkan gewesen, der noch immer den Flugverkehr beeinträchtigte. Um keine Zeit zu verlieren, nahm ich kurzerhand den Bus Richtung Norden, wo es einen kleinen Fährhafen geben sollte. Mir schossen tausend Gedanken durch den Kopf, als ich über die schmale Landstraße schepperte. An meinem Fenster rauschte eine Postkartenlandschaft nach der anderen vorbei und insgeheim ärgerte ich mich, kaum etwas von der Insel gesehen zu haben. Klar, ich war aus anderen Gründen gekommen. Doch die Natur ist vergänglicher denn je und ich fragte mich, ob sich mir irgendwann eine zweite Gelegenheit bieten würde. Schließlich erreichten wir den Hafen und es war an der Zeit, dass ich mich von Bali verabschiedete. Ich dachte an all die tollen Leute zurück, die mir auf der Insel begegnet waren und als ich über die Gangway an Bord ging, überkam mich wieder die vertraute Aufregung, die mich seit Beginn der Reise begleitete. In ein paar Stunden würde ich Java erreichen, eine der vier Hauptinseln des Landes. Und von JRX wusste ich, dass kein anderer Teil Indonesiens mit Bali vergleichbar war. Wenn selbst sein Weltbild ins Wanken geraten war, als er Bali zum ersten Mal verlassen hatte, wie würde es mir dann gehen? Als die Fähre ablegte und mir der Wind um die Ohren blies, stieg mit einem Mal ein überwältigendes Gefühl der Freiheit in mir auf. Was auch immer mich auf Java erwartete, ich freute mich drauf.

Als ich von Bord ging, merkte ich sofort, dass Java und Bali nur auf dem Papier miteinander verwandt waren. Ich wusste zwar, dass ich mich noch im

selben Land befand, doch gleichzeitig war es, als würde ich eine andere Welt betreten. Anstelle der Partymusik hallten Gebetsrufe aus Lautsprechern, der Großteil der Frauen war in Hidschābs gehüllt und selbst die Gebäude sahen vollkommen anders aus. Augenblicklich fiel der unterschwellige Stress von mir ab, der mir auf Kutas Partymeile stets im Nacken saß und ich schlenderte ziellos drauflos. Da ich noch einigermaßen fit war, verzichtete ich auf eine Zwischenübernachtung und ging direkt zum Bahnhof weiter. Wenige Stunden später saß ich im Zug nach Probolinggo. In der Region sollte es einige Nationalparks und Vulkane geben und da ich keine Termine hatte, gab ich meinem inneren Bedürfnis nach, ein paar Tage in der Natur zu verbringen. Als ich in Probolinggo ankam, war es bereits mitten in der Nacht. Doch ich hatte Glück und fand auf Anhieb ein Hotel, in dem noch Licht brannte. Müde betrat ich das kleine Zimmer und ließ mich aufs Bett fallen. Die Reise von Kuta hierher hatte 20 Stunden gedauert.

Am nächsten Morgen machte ich mich auf den Weg zum 50 Kilometer entfernten Bromo-Tengger-Semeru-Nationalpark. Die Überlandfahrt in dem klimatisierten Omnibus war wesentlich angenehmer als der letzte Teil der Reise und als ich in dem kleinen Dorf auch noch eine nette Familie fand, die mir ein

Zimmer vermietete, war die Sache perfekt. Unter der ganzen Vulkangeschichte konnte ich mir hingegen noch nicht wirklich etwas vorstellen. Natürlich hatte ich mir schon mal eine Doku über »Wilde Feuerberge« auf YouTube gegeben und auf Bali hatte die Aschewolke des Agung mich sogar an meiner Weiterreise gehindert. Dennoch fand ich die Vorstellung, einen Vulkan in Aktion zu sehen, ganz schön abstrakt. Lavaspuckende Berge – das war doch was für Dinosaurier. Mit ziemlich genau dieser Einstellung betrat ich kurz darauf den Nationalpark und stiefelte los. Als ich schließlich die erste Aussichtsplattform erreichte, stockte mir der Atem. Der Vulkan war bloß noch drei oder vier Kilometer entfernt und ragte aus einer surreal wirkenden Staubwüste empor. Beim Anblick der riesigen Rauchwolke, die über ihm waberte, bekam ich Gänsehaut und plötzlich fühlte ich mich auf unerklärliche Weise von dem qualmenden Riesen angezogen. Wie ferngesteuert setzte ich einen Fuß vor den anderen und machte mich auf den Weg durch die surreale Science-Fiction-Kulisse. Zum ersten Mal seit Wochen herrschte Stille in meinem Kopf.

Die von Lava geformte Mondlandschaft schien eine beruhigende Wirkung auf mich zu haben und ich entspannte mit jedem Schritt etwas mehr. Als ich den rauchenden Mount Bromo schließlich erreichte, schaute ich zum ersten Mal auf die Uhr.

Es war bereits nach fünf und kurz davor, dunkel zu werden. Doch jetzt war ich schon so weit gekommen und ich wollte es auch zum Krater hinaufschaffen. Ohne groß nachzudenken, folgte ich einem kleinen Pfad den Berg hinauf. Glücklicherweise neige ich nicht zu Schwindelattacken, denn der Aufstieg hatte es in sich. Oben angekommen, traute ich meinen Augen nicht. Ich stand direkt an dem schwarzen Abgrund und schaute in den rauchenden Schlund hinunter. Außer mir war niemand dort und ehrlich gesagt war es mir ein Rätsel, wie es überhaupt möglich sein konnte, so nah an den Krater heranzukommen. Ich meine, ein falscher Schritt und ich hätte mir den Vulkan von innen angeguckt. Das Gefühl, dort oben zu stehen, war unbeschreiblich. Doch die Dämmerung hatte bereits eingesetzt und ich musste zusehen, dass ich zügig ins Dorf zurückkam. Denn so gut vorbereitet wie ich war, hatte ich natürlich nicht mal eine richtige Taschenlampe dabei. Der Abstieg klappte besser als erwartet und schließlich erreichte ich das Dorf, das ich am Morgen so naiv verlassen hatte – über und über mit schwarzer Asche bedeckt. Am nächsten Morgen stand ich in aller Frühe auf, um auf den nächsten Berg zu klettern. Denn ich hatte mir in den Kopf gesetzt, bei Sonnenaufgang auf dem Gipfel zu sein. Die Aussicht war atemberaubend und ich merkte, wie gut mir das Kontrastprogramm zu der SubkulTour der vergangenen Wochen tat. Mit aufgeladenen Akkus machte ich mich schließlich auf den Weg nach Surabaya.

Die weitläufige Hafenmetropole mit 2,7 Millionen Einwohnern befindet sich im Nordosten der Hauptinsel Java und ist nach Jakarta die zweitgrößte Stadt Indonesiens. Nach der ruhigen Auszeit der letzten Tage ein eher gewöhnungsbedürftiger Ort. In den Straßen ging es drunter und drüber und alles, was ich wahrnahm, war die allgegenwärtige Hektik, die lediglich von der immensen Geräuschkulisse getoppt wurde. Im Internet hatte ich ein günstiges Hostel entdeckt, doch das war zehn Kilometer vom Busbahnhof entfernt. Die Taxipreis-Tabelle für Surabaya, die ich online gefunden hatte, veranschlagte für zehn Kilometer 43.000 Rupiah. Das entsprach ungefähr 2,60 Euro und lag somit voll im Budget. Als wir losfuhren, atmete ich tief durch. Wenn ich eins in den letzten Wochen gelernt hatte, dann dass der erste Eindruck meistens nichts zu sagen hatte – also bloß keine voreiligen Schlüsse ziehen. Nach einer Weile schaute ich beiläufig aufs Taxameter und mich traf der Schlag. Wir hatten erst zwei Kilometer zurückgelegt und der Fahrpreis lag bereits bei umgerechnet 16 Euro. »Excuse me, but I think there is something wrong with the price«, versuchte ich den Fahrer auf die Fehlanzeige aufmerksam zu machen. »No, no«, antwortete er. »Far away, right price.« Wir diskutierten eine Weile, doch es hatte keinen Zweck. Er zog mich ab, so viel war klar, aber ich hatte auch keinen Bock auf Stress. Also gab ich ihm 160.000 Rupiah, was zehn Euro und einer Taxistrecke von 43 Kilometern entsprach und stieg aus. Die restlichen sieben Kilometer bis zum Hostel legte ich zu Fuß zurück. Willkommen in Surabaya.

LETZTE VORBEREITUNGEN

E-Mail von Diana an Felix,
Essen–Surabaya

Hi Partner,
die letzten Wochen vor meiner Abreise gestalten sich gerade ziemlich chaotisch. Es stehen noch einige Aufträge aus, die ich bis dahin abarbeiten muss und parallel dazu stecke ich natürlich mitten in den Reisevorbereitungen. Meine Impfungen habe ich mittlerweile alle und das Malaria-Medikament habe ich auch schon abgeholt. Als nächstes werde ich mich um den technischen Kram kümmern und noch ein paar Dinge fürs Equipment besorgen, damit wir auf der sicheren Seite sind – Speichermedien, Festplatte, Handmikrofon für Interviews und sowas. Sag Bescheid, wenn dir noch was einfällt.

Meine Anreise wird nun folgendermaßen ablaufen: Ich bin dieses Jahr als Backstage-Reporterin auf dem Ruhrpott Rodeo – sobald das Festival durch ist, machen wir uns auf den Weg nach Portugal. Insgesamt haben wir zehn Tage Zeit, um mit dem Bulli nach Lissabon zu fahren. Das ist echt cool, denn so können wir unterwegs in Frankreich noch ein paar entspannte Urlaubstage miteinander verbringen und uns vom Stress der letzten Wochen erholen. In Lissabon gehen wir dann auf die Hochzeit unserer Freunde und am Abend darauf fliege ich von dort aus zu dir nach Singapur.

Oh Mann, das wird jetzt alles ganz schnell gehen … Aber ich freue mich auch total, dass es endlich losgeht. Ich habe mich in den letzten Tagen auch noch mal intensiv hinter die Recherche geklemmt und stehe nun mit der Bassistin der Radigals in Kontakt. Du weißt schon, die All-Girl-Hardcore-Band aus Singapur. Jedenfalls heißt sie Esty und hat sich bereiterklärt, uns für ein Interview zu treffen. Ich glaube, das könnte ein guter Einstieg in die dortige Szene sein und die Band hat bestimmt einiges zum Thema »Riot Grrrls & Feminismus« zu erzählen.

So, das war's erst mal.
Bis die Tage,
Diana

GÖTTLICHE FÜGUNG

Felix, SURABAYA

Die günstigste Unterbringung der Stadt trug den Namen »The Hostel«, was vermuten ließ, dass man sich dort aufs Wesentliche konzentrierte. Aber das war okay, denn alles was ich brauchte, waren ein Bett und eine Dusche. Nach einer guten Stunde Fußmarsch bei 40 Grad fand ich mich an der angegebenen Adresse vor verschlossenen Türen wieder. Neben der Klingel klebte eine Handynummer. Erst die Taxi-Abzocke und jetzt das. Ich hatte keinen Bock mehr, diese Stadt machte mich fertig. Da mir nichts Besseres einfiel, rief ich die Nummer an und ein Mann erklärte mir, dass er eine Nachbarin bitten würde, mir aufzuschließen. Immerhin kreuzte zehn Minuten später tatsächlich eine junge Frau mit Schlüssel auf. Kaum hatte ich den Fuß über die Schwelle gesetzt, war sie auch schon wieder verschwunden. Außer mir schien niemand dort zu sein. Kein Angestellter. Kein Gast. Wirklich niemand. Etwas verunsichert schaute ich mich um und machte es mir schließlich in einem leeren Schlafsaal bequem. Kurz darauf fiel ich in einen tiefen traumlosen Schlaf.

Es dauerte einen Moment, bis ich realisierte, wo ich war. Irgendwo schien jemand fernzusehen, also folgte ich den eingespielten Lachern und machte mich auf den Weg zum Empfang hinunter. Der Betreiber des Hostels saß auf einer Couch und verfolgte gespannt das Comedy-Programm, das über den kleinen Bildschirm flimmerte. »Hey, tut mir leid, dass ich mich schon ausgebreitet habe, ohne einzuchecken«, begann ich vorsichtig. »Wie machen wir das mit dem Bezahlen? Ich bleibe wahrscheinlich für zwei Nächte.« Er lachte noch zu Ende, dann antwortete er: »Bleib so lang du willst und zahl am letzten Tag.« Offenbar rechnete er nicht damit, dass das Zimmer in absehbarer Zeit ausgebucht sein könnte. Die Tür öffnete sich und ein langer, schlanker Typ mit weißblonden, schulterlangen Haaren kam herein. Er trug einen alten Armeerucksack bei sich und wirkte wie ein Klischee-Backpacker aus einer anderen Zeit. Sein Name war Gustav und er war auf der Suche nach einem Bett für die kommende Nacht. »Holiday?«, fragte der Hostelbesitzer, während er einen Schlüssel für seinen neuen Gast heraussuchte. »Nein«, antwortete Gustav. »Ich habe nicht vor, nach Schweden zurückzugehen. Alles, was ich besitze, ist in diesem Rucksack.« Es folgte ein kurzes Gespräch über seine nächsten Ziele und ich bekam beiläufig mit, dass er schon am nächsten Tag nach Bali weiterreisen wollte. Gutes Stichwort! Eko hatte gesagt, dass ich mich melden sollte, sobald ich im Osten von Java ankam. Er kannte ein paar Leute hier und hatte angeboten, mich zu connecten. Wie gut er darin war, hatte er ja bereits an dem Abend im *Broadcast* unter Beweis gestellt. Ich schrieb ihm eine WhatsApp-Nachricht und ging zurück auf mein Zimmer.

The Hydrants bei ihrer Shopping-Mall-Show.

Kurz darauf kam auch Gustav nach oben. Er konnte sein Geld nicht finden und begann, den kompletten Inhalt seines Rucksacks auf einem der Betten auszubreiten. »Machst du heute noch was?«, wollte er wissen. Ich verneinte. »Ich auch nicht«, antwortete er. »Ich muss morgen früh raus und gucken, wie ich nach Bali komme.« Inzwischen hatte er sein gesamtes Hab und Gut auf der Matratze verteilt. Allerdings bestand der überwiegende Teil davon nicht etwa aus Klamotten, sondern aus Notizbüchern. Die Dinger waren einfach überall. »Ich schreibe immer alles auf«, rechtfertigte er sich, ohne dass ich etwas gesagt hatte. »Das meiste davon sind Geschichten aus meinem Leben, die ich eines Tages auf der Bühne erzählen möchte. Ich will nämlich Comedian werden.« Ich nickte. Mehr fiel mir dazu nicht ein. Im selben Moment vibrierte mein Handy und eine Nachricht von Eko kam herein: »Lustig, bin auch gerade in Surabaya gelandet! Mache das Tourmanagement für The Hydrants. Würde mich freuen, dich morgen Abend auf der Show zu sehen!« Ich war sprachlos. Offenbar gab es einen Gott – und sie war Punk! Aufgeregt tippte ich auf meinem Handy herum und googelte die Band. »Alles klar?«, fragte Gustav. Offenbar wartete er noch immer auf eine Antwort.

»Ja, ich habe bloß gerade von einem Konzert erfahren.«

»Was denn für ein Konzert?«

»Von einer Rock 'n' Roll-Band.«

»Hier in Surabaya?«

Es ist furchtbar. Manchmal muss man mir alles aus der Nase ziehen. Ich legte das Handy zur Seite und erzählte Gustav von »A Global Mess« und dem absurden Zufall, dass gerade ein Typ, den ich auf Bali kennengelernt hatte, in Surabaya gelandet war. Je mehr ich erzählte, desto breiter wurde sein Grinsen.

»Cool, kann ich mit?«

»Du willst doch morgen früh nach Bali, oder nicht?«

»Willst du mich verarschen? Ich will aufs Konzert!«

Und so war es beschlossene Sache. Das Konzert fand in einem der Außenbezirke statt und wir waren etwas irritiert, als die *Grab*-Fahrerin uns auf dem Parkplatz eines Einkaufszentrums herausließ. Ich überprüfte die Adresse, doch es schien alles seine Richtigkeit zu haben. Also gingen wir zur Mall hinüber und tatsächlich, vor den großen Glastüren gab es eine Taschenkontrolle. Die Bühne stand direkt im Eingangsbereich des hochmodernen Shoppingcenters und es waren ungefähr 200 Leute vor Ort. Die meisten von ihnen trugen Hawaii-Hemden zu hochgeschlagener Jeans und massig Pomade im Haar. Eko hetzte mit einem Walkie-Talkie in der Hand durch die Menge und sah sehr beschäftigt aus. Doch als er mich entdeckte, kam er sofort zu uns herübergerannt. »Schön, dass du da bist«, begrüßte er mich. »Wir sehen uns nach der Show, okay?« Ich versicherte ihm, dass wir eine Weile bleiben würden und er ließ es sich nicht nehmen, uns noch in Windeseile ein paar Leuten vorzustellen. Kurz darauf betrat die Band auch schon die Bühne und lieferte eine gut inszenierte Rock-'n'-Roll-Show ab. Das Setting war beeindruckend. Es erinnerte an eins dieser Nordpol-Santa-Claus-Dörfer, die in den USA zur Weihnachtszeit in jedem Einkaufszentrum aufgebaut werden. Bloß mit einer balinesischen Rock-'n'-Roll-Band und 200 Rockabillys statt Weihnachtselfen. »Warst du schon auf vielen Shopping-Mall-Konzerten?«, rief Gustav mir zu und tanzte wild umher. »Nein!« lachte ich. Der Ausflug hatte sich schon jetzt gelohnt. Nach dem letzten Song setzten wir uns an den Bühnenrand und quatschten mit den Jungs, die Eko uns zwischen Tür und Angel vorgestellt hatte. Sie waren aus Sura-

Felix' erster gemeinsamer Konzertbesuch mit seinem schwedischen Zimmergenossen Gustav (hinten).

baya und scheinbar keine unbeschriebenen Blätter in der Szene. Abastian erzählte von seiner Rockband X60 Jaran und sein Kumpel Bima berichtete von seinem Shop, dem Dominion Store, in dem er Skaterklamotten und Platten verkaufte. Ich ahnte bereits, dass es nicht bei einem zweitägigen Aufenthalt bleiben würde.

DIE BASSLINE DES LEBENS

Interview mit Bima,
Sänger von Timeless und Betreiber
des Dominion-Stores

Superman Is Dead (SID) sind die großen Ikonen der südostasiatischen Punkrockszene. Welchen Einfluss die »erste Major-Punkband Indonesiens« damals tatsächlich auf junge Menschen hatte, beschreibt Bima von der Band Timeless im folgenden Interview. Ein Gespräch über die Macht von Punk und den Mut, sein Leben selbst in die Hand zu nehmen.

Punkrock hat Bimas Leben verändert.

Du bist mit den Jungs von SID befreundet. Wie habt ihr euch kennengelernt?

Bima: Ich bin ein großer Fan. Angefangen hat alles mit dem Album »Kuta Rock City«. Das war die erste Platte, die ich mir von ihnen gekauft habe und sie hat mein Leben für immer verändert. JRX, der Drummer, hat auch eine Kneipe namens *Twice Bar*. Der Laden ist so was wie das CBGBs von Bali. Als ich zum ersten Mal dort war, hat mich die Atmosphäre total geflasht. Es haben irre gute Bands an dem Abend gespielt und plötzlich habe ich JRX an der Bar entdeckt. Ich bin zu ihm hin und habe mich ihm als sein größter Fan aus Surabaya vorgestellt. Danach haben wir uns lange unterhalten und wurden schließlich Freunde. Durch ihn habe ich viele wichtige Leute aus Bali kennengelernt. Eko zum Beispiel. Heute ist er Booker, aber früher war er der Manager der *Twice Bar*. Ich habe mit meiner Band schon schon dreimal dort gespielt. Es war immer toll.

Und jetzt hast du deinen eigenen Laden. Wie kam es dazu?

Früher war ich offizieller Vertriebler von SID-Merchandise. Doch vor sieben Jahren habe ich dann mit *Dominion* mein eigenes Label gegründet. Damals war ich 23 Jahre alt. Aber ich verkaufe auch andere Klamotten, Dickies-Hosen

dominionstore

zum Beispiel. Ich liebe diese Klassiker, da sie nie aus der Mode kommen. Außerdem verkaufe ich CDs von lokalen Bands aus Surabaya und anderen Teilen Indonesiens. Und da drüben, wo jetzt das Café ist, wollte ich ursprünglich eine Bühne hinbauen und Shows veranstalten. Aber die Nachbarn haben das nicht mitgemacht, deshalb verkaufen wir jetzt auch Kaffee aus indonesischen Bohnen. Aber den Leuten gefällt's. Es ist eine Art Szenetreffpunkt geworden.

Wann hast du angefangen, dich für Rockmusik zu begeistern?

Angefangen hat alles mit den Beatles. Damals war ich noch richtig jung, nicht mal ein Teenager – aber es war die erste Band, die mich in ihren Bann gezogen hat. Danach kam Nirvana. Und kurz darauf lieh mir ein Freund eine Kassette von Green Day. Ich hatte keine Ahnung, worum es in den Texten ging. Aber ich spürte ihre Wut und stand auf die verzerrten Gitarren. Deshalb fand ich Green Day auch schon immer besser als Blink 182.

Das heißt, du hast die englischen Texte überhaupt nicht verstanden und konntest nur aus der Musik Rückschlüsse auf den Inhalt ziehen?

Genau. Englisch habe ich erst später durch Filme und Songs gelernt. Ich hatte in meinem ganzen Leben nicht eine Stunde Englischunterricht. Irgendwann habe ich Superman Is Dead auf MTV gesehen. Ich kann bis heute nicht in Worte fassen, was das mit mir gemacht hat. Plötzlich gab es eine Band aus Indonesien, die Punkmusik machte und im Fernsehen auftrat. Drei tätowierte Typen, drei Akkorde. Wow! Das Album war zu 70 Prozent auf Englisch und zu 30 Prozent auf Indonesisch. Damals habe ich zum ersten Mal die Message einer Punkband verstanden. Es ging um Wut auf die Regierung, um Rebellion, aber auch um Spaß auf einer Party. Das hat mich alles total abgeholt und auf einmal verstand ich, was Punk bedeutet. Von da an habe ich mich mit der Ideologie dahinter beschäftigt und meine eigenen Schlüsse daraus gezogen. Für mich steht Punk für Meinungsfreiheit, Unabhängigkeit und Verantwortung. Denn wenn du sagst, was du denkst, musst du auch Verantwortung übernehmen.

War das auch der Grund dafür, deine eigene Band zu gründen?

Klar, ich war erst in einer Hardcore- und später in einer Post-Hardcore-Band. Aber im Herzen war ich immer Punk, deswegen habe ich später Timeless gegründet. Mir schwebte ein Mix aus modernem Punkrock, Nostalgie und Romantik vor, ohne cheesy zu klingen. Das Ergebnis kennst du. Einmal haben wir eine Platte komplett analog aufgenommen, so wie früher. Wir haben hier in Surabaya ein legendäres Studio, das sich auf solche Aufnahmen spezialisiert hat. Das war etwas sehr Besonderes für uns. Außerdem liebe ich es, mit Timeless auf Tour zu gehen, auch wenn es aufgrund der geregelten Arbeitszeiten der anderen oft nur für ein paar Tage möglich ist. Aber es ist toll zu sehen, wie die Leute auf unsere Musik reagieren und es ist ein gutes Gefühl, wenn sie im Anschluss unsere CD oder etwas vom Merch kaufen. Nicht des Geldes wegen – es ist bloß schön, dass sie unsere Kunst wertschätzen und etwas mit nach Hause nehmen wollen.

Der Dominion Store ist zu einem Szenetreffpunkt in Surabaya geworden.

Bringt ihr eure Platten selber raus oder habt ihr ein Label?
Selbst natürlich. Jeder von uns hat neben seinem Instrument noch einen weiteren Job in der Band. Unser Bassspieler ist zum Beispiel der Grafiker, er hat das Layout für die Platten gemacht. Unser Gitarrist kümmert sich um Social Media und so weiter. Aber mal eine Frage an dich. Müssen die Punkbands in Europa auch nebenbei arbeiten gehen?
Ich würde sagen, 99 Prozent der Musiker haben einen normalen Job. Es ist sehr schwer von der Musik zu leben.
Also eigentlich genau wie hier. Ich hätte gedacht, dass es in Europa einfacher ist.
Wie geht die indonesische Gesellschaft mit Punk um und inwiefern ist die Subkultur mit dem Islam vereinbar?
Natürlich haben einige Leute Vorurteile. Sie glauben, dass Punks ständig besoffen und aggressiv sind. Aber das sind Leute, die sich mit dem Thema nicht beschäftigen und über Dinge urteilen, die sie nicht verstehen. Es ist aber schon besser geworden, auch Tätowierungen sind mittlerweile viel akzeptierter als noch vor ein paar Jahren. Was Gott angeht, ich glaube schon, dass es ihn gibt. Ich habe allerdings keine Ahnung, wer er ist und was er von uns will. Aber um deine Frage zu beantworten: In meinem Pass steht, dass ich Moslem bin. Für mich besteht zwischen Punk und Religion jedoch keine Verbindung. Punk ist die Bassline in meinem Leben, was so viel heißt wie: Sei unabhängig. Sei nett. Und denk an die Umwelt. That's it.

MESSERSTECHEREI IM MOSHPIT

Felix, SURABAYA

Bali hatte sich für Gustav erst mal erledigt. Und auch ich wollte Surabaya so schnell nicht wieder verlassen. Wir tauchten in eine riesige und aktive Undergroundszene ein, die mich stark an meine Anfangszeit in Manila erinnerte. Langweilig wurde uns nie. Meistens hingen wir mit der Clique aus dem Einkaufszentrum ab oder besuchten kleine Konzerte. Doch für diesen Abend war ein echtes Highlight geplant. In der Nähe unseres Hostels sollte ein großes Open-Air-Festival stattfinden. Die Location kannten wir bereits von einem unserer Ausflüge zum nahegelegenen Skatepark und allein deshalb versprach das Event ein Knaller zu werden. Denn unten am Fluss stand ein monströses U-Boot, das in der Nacht bunt beleuchtet wurde. Das Patua-Youth-Crew-Festival sollte auf dem Platz davor stattfinden. Als Gustav und ich eintrudelten, sprangen uns bereits zahlreiche Kids mit Iros und Lederjacken entgegen und die Musik dröhnte über das ganze Gelände. Das wirk-

Gustav stellte sich bald als beliebtes Selfie-Objekt heraus.

liche Ausmaß der Veranstaltung wurde uns jedoch erst bewusst, als wir die andere Seite des U-Boots erreichten. Auf der Bühne grölte eine Hardcore-Band und in der Menge hatten sich bereits mehrere Moshpits gebildet. Mindestens 2.000 Zuschauer sprangen ohne Rücksicht auf Verluste ineinander und zelebrierten den Pogo ihres Lebens – einige sogar barfuß. Allein der Gedanke, dass einer der nackten Füße zwischen Beton und Springerstiefel geraten konnte, löste Schmerzen in mir aus. Es war absolut irre.

Mit Gustav verhielt es sich so ähnlich wie mit einem jungen Hund, der aufgeregt durchs hohe Gras sprang. Wenn man ihn verloren hatte, musste man auf den Moment warten, in dem er sich auf die Hinterpfoten stellte und man die langen Schlappohren sehen konnte – in Gustavs Fall waren es die weißblonden Haare, die aus der Menge herausstachen. Als die zweite Band anfing, bekam ich eine Nachricht von Abastian. Er hatte Zugang zum

Backstage-Bereich und schrieb, dass er uns ebenfalls hereinlassen würde. Als ich Gustav die frohe Botschaft überbringen wollte, fand ich einen sehr aufgewühlten Schweden vor. »Irgendein Arschloch hat mir mein Handy geklaut«, sagte er fassungslos. »Jemand hat von hinten in meine Hosentasche gegriffen und es herausgezogen. Ich habe mich sofort umgedreht, aber es war so voll, ich konnte unmöglich sagen, wer es war.« Im Backstage angekommen, erzählte Gustav auch Abastian was passiert war. Wie sich herausstellte, waren bereits mehrere Diebstähle gemeldet worden. »Es ist immer dasselbe, wenn ein Konzert keinen Eintritt kostet«, klagte dieser. »Es tauchen Gangs auf, die ihr Unwesen treiben. Bei kleinen Clubkonzerten passiert sowas nie.«

Wir beschlossen, uns nicht die Laune durch den Vorfall verderben zu lassen und der Abend nahm seinen Lauf. Ich filmte ein paar Bands von der Bühne aus und stürzte mich zwischendurch immer wieder mal selbst ins Getümmel. Das ging ein paar Stunden so, bis ich irgendwann quatschend mit Gustav am Rand stand und Abastian zu uns stieß. »Ihr müsst jetzt gehen«, sagte er bestimmt. »Aber nicht durch die Menge.« Okay, auf dieses abrupte Ende waren wir nicht gefasst, aber wenn wir Backstage nicht länger willkommen waren, war das okay für uns. Gerade im Begriff zu gehen, hielt Abastian uns zurück und wiederholte noch einmal: »Nicht durch die Menge! Ihr müsst das Gelände hintenrum verlassen.« Ich hatte nicht die geringste Ahnung, was plötzlich los war, aber beschloss, seine Anweisung nicht weiter zu hinterfragen. Wir folgten ihm hinter die Bühne, wo er auf eine kleine Anhöhe zeigte, auf der ein Zaun stand. »Darüber«, sagte er und machte den Anfang. Hektisch verstaute ich meinen Kamerakram und kletterte den Zaun hoch. Auf der anderen Seite befand sich ein Kinderfreibad und für einen Augenblick erinnerte ich mich an die lauen Sommernächte, in denen wir als Teenies ins Freibad eingebrochen waren. Doch irgendetwas sagte mir, dass der Plan diesmal ein anderer war. Gustav und Abastian waren bereits drüben, also sprang ich hinterher. Mein schwedischer Freund sah genauso verwirrt aus, wie ich mich fühlte. Was sollte das alles? Dann liefen wir weiter bis zum nächsten Zaun und wiederholten unser Klettermanöver.

Abastian (2. v. r.) brachte Felix und Gustav nach der Messerstecherei in Sicherheit

Nun befanden wir uns wieder auf dem Weg über den Gustav und ich vor Stunden gekommen waren. »Hier ist es gut«, sagte Abastian und steuerte die Sitzgruppe vor einem Kiosk an. »Und was ist mit dir?«, fragte ich. »Gehst du zurück zur Show?« Er warf einen Blick auf sein Handy und schüttelte den Kopf. »Das Konzert ist vorbei. Die Polizei hat es gerade abgebrochen.« Erst da fiel mir auf, dass die Musik verstummt war und an der Außenwand des U-Boots das Flackern von Blaulichtern reflektierte. »In der Menge ist jemand abgestochen worden«, vollendete Abastian seinen Satz. Nun begriff ich, weshalb wir nicht durchs Publikum laufen sollten. Unser Freund hatte von dem Unglück Wind bekommen, noch bevor die Polizei da war und uns in aller Ruhe aus dem Gefahrenbereich eskortiert. Gustav und ich beschlossen, den Umweg über die beleuchtete Straße in Kauf zu nehmen und machten uns auf den Heimweg. Der Schreck saß uns noch in den Knochen, als ein Moped vor uns hielt. Der Fahrer schaute mich durch das Visier seines Helms an und zeigte auf meine Kamera. »Bitte nicht«, dachte ich und machte mich auf das Schlimmste gefasst. »Can you take my picture?« Moment, fragte er mich gerade ernsthaft, ob ich ihn fotografieren wollte? Ich lachte nervös und stimmte zu. Nun stieg der junge Mann von seinem Motorrad ab und zog den Helm aus. Sein Iro richtete sich auf wie ein Stehaufmännchen – plopp, plopp, plopp! Dann zog er eine Grimasse und ich drückte auf den Auslöser. Das Foto wurde Cover dieses Buches.

DIE BULLI-ODYSSEE

Diana, SPANISCHE PYRENÄEN

Bisher war alles nach Plan verlaufen. Wir hatten Frankreich innerhalb weniger Tage mit unserem VW Bus durchquert und lagen gut in der Zeit. Also beschlossen wir, an der südlichen Atlantikküste einen Zwischenstopp einzulegen. Der Campingplatz, auf dem wir landeten, befand sich auf einer Klippe hoch über dem Meer. Es war sehr windig und wenn wir abends unter unserer flatternden Markise saßen und Rotwein aus Emaille-Tassen tranken, hörten wir die Wellen weit unter uns gegen die Felsen schlagen. Der perfekte Ort, um den Stress der vergangenen Wochen zu vergessen und den Kopf freizukriegen. Neben meinem Mann war auch mein Bruder mit an Bord. Die beiden hatten zwei Jahre zuvor bereits einen Männertrip nach Schweden unternommen. Diesmal hatten sie vor, einen gemeinsamen Freund an der Algarve zu besuchen, sobald ich die Weiterreise nach Asien antrat. Am Atlantik kam endlich Urlaubsstimmung auf. Die vergangenen Tage auf der Straße hatten uns ziemlich geschlaucht, denn 1.400 Navi-Kilometer sind gefühlte 3.000 Bulli-Kilometer. Daher freuten wir uns, zur Abwechslung mal ein richtiges Lager aufschlagen

zu können. Tagsüber kraxelten wir mit Chewbacca – unserem Hund – über Trampelpfade zur Küste hinab. Abends grillten wir frischen Fisch und eskalierten in Sachen »Baguette et Fromage« bis uns schlecht wurde. Ein Traum. Erholt und bester Laune setzten wir nach drei Tagen im Käsehimmel die Fahrt nach Lissabon fort. Denn dort stand ja noch die Hochzeit zweier Freunde auf dem Programm, bevor sich unsere Wege am Flughafen trennen sollten.

Im Radio liefen gerade die Rolling Stones, als die Temperaturanzeige des alten T3-Motors anfing, verrückt zu spielen. »You can't always get what you want«, trällerte Jagger, als wir auf dem Seitenstreifen zum Stehen kamen. Leider sollte er Recht behalten, denn als wir ausstiegen, folgte ein lauter Knall. Von einem Moment auf den anderen war der Bulli in eine weiße Wolke gehüllt. Ein Blick in den zischenden Motorraum verriet, dass der Deckel des Überdruckbehälters abgeplatzt und die Kühlflüssigkeit bereits komplett übergekocht war. Nicht gut. Gar nicht gut. Wortlos schlugen wir unsere Campingstühle 20 Meter weiter in dem winzigen Schatten einer Pinie auf und warteten auf den ADAC. Wir befanden uns am Arsch der Welt, irgendwo in den spanischen Pyrenäen und eins stand fest: Mit jeder verstreichenden Minute wurde es unwahrscheinlicher, unser Tagesziel zu erreichen – denn mit dem alten Postbus waren wir sehr gemächlich unterwegs und dank der Steigungen und regelmäßigen Hunde-Pausen mussten wir für die 350 Kilometer sieben bis acht Stunden einplanen. Die Uhr tickte. Als der Abschleppwagen endlich eintraf, saßen wir bereits so lange in der spanischen Mittagshitze, dass ich ihn im ersten Moment für eine Fata Morgana hielt. Das änderte sich jedoch, als unser Camper oben auf der Ladefläche stand und ich dazu aufgefordert wurde, mit dem Hund hineinzuklettern.

Anfangs dachte ich mir nichts dabei, denn in der Fahrerkabine des Abschleppwagens war lediglich für weitere zwei Personen Platz. Also stieg ich mit Hilfe einer Räuberleiter hinauf und nahm in etwa zweieinhalb Metern Höhe den aufgeregten Hund entgegen. »Eigentlich ganz lustig hier oben«, scherzte ich und machte es mir mit Chewie auf der Beifahrerbank bequem. »Da kommt direkt ein bisschen Karussell-Feeling auf.« Als wir losfuhren, verwandelte sich die Abschleppkonstruktion prompt in das schlimmste Fahrgeschäft von allen – Die Wilde Maus. Aus der schaukelnden Kabine heraus konnte ich weder die Ladefläche sehen, an der wir mit den Reifen festgeschnallt waren, noch die Leitplanken, die uns von den tiefen Abgründen jenseits des Straßenrandes trennten. Daher hatte ich in jeder Kurve das Gefühl, über die Fahrbahn hinauszuschießen und in die Tiefe zu stürzen. Das laute Ächzen des Metalls um uns herum machte es nicht besser. Zitternd presste Chewie sich an mich und hechelte mir panisch ins Gesicht. Ich selbst versuchte durch geschickte Gewichtsverlagerungen zu verhindern, mit dem Bus vom Laster zu kippen – denn diese Technik hatte sich bereits in den frühen Neunzigern bei »Super Mario Kart« bewährt. Als wir die Werkstatt schließlich erreichten und die anderen nach einem gemütlichen Smalltalk mit dem Mechaniker unsere Tür öffneten, müssen wir ein Bild des Schreckens abgegeben haben. Chewie hatte uns beide von oben bis unten vollgesabbert und vor lauter Stress die Hälfte seines weißen Fells abgeworfen, das nun an meinem nassen Kleid, meinen Armen und sogar in meinem Gesicht klebte. Mit anderen Worten: Ich sah aus wie der »Kevin allein zu Haus«-Einbrecher nach der Nummer mit der Federkanone.

Die Verständigung in der Werkstatt gestaltete sich schwierig, da keiner der Mitarbeiter Englisch sprach. Informationen rund um die Reparatur konnten wir daher bloß mit Hilfe eines Dolmetschers an der ADAC-Hotline austauschen. Ein nerviges Prozedere, das nicht gerade zur Stimmung beitrug. Doch nach vier Stunden dann die gute Nachricht: Wir durften weiterfahren. »Und die Zylinderkopfdichtung hat wirklich

Nach der Bulli-Panne in den Pyrenäen stand es in den Sternen, ob Diana ihren Flug nach Asien kriegen würde.

nichts abbekommen?«, hakten wir ein letztes Mal nach. »Nein«, versicherte uns der Dolmetscher. »Ich habe auf ihren Wunsch mehrfach nachgefragt. Der Meister sagt, sie brauchen sich keine Sorgen zu machen.« Etwas skeptisch, aber dennoch erleichtert setzten wir unsere Reise nach sechsstündiger Unterbrechung fort. Allerdings nicht lange, denn genau an der Stelle, wo der Albtraum am Vormittag begonnen hatte, flog uns der Motor mit einem lauten Bumms um die Ohren. »Das klang endgültig«, murmelte ich. Wieder stiegen weiße Rauchwolken auf, wieder blubberte und zischte es in unserem Motorraum. Willkommen im Déjà-vu aus der Hölle. Bloß die Sonne schien nicht mehr, stattdessen schüttete es wie aus Eimern. Nach einer weiteren Stunde Wartezeit wurden wir zurück auf den Hof der Werkstatt geschleppt. Erneut steckte der Meister den Kopf unter die Motorhaube, dann reichte er uns mit zerknirschtem Gesichtsausdruck das Telefon. »Er sagt, es sei die Zylinderkopfdichtung«, erklärte der Dolmetscher. »Die Reparaturzeit beträgt mindestens eine Woche.«

Als die Mechaniker Feierabend machten, saßen wir mit unserem Gepäck auf der Straße. Ohne Bulli waren wir obdachlos und das einzige hundefreundliche Hotel, das wir online finden konnten, befand sich irgendwo in den Bergen – 40 Kilometer von uns entfernt. »Ist mir scheißegal, was es kostet, dahinzukommen«, fluchte ich. »Hauptsache dieser katastrophale Tag nimmt endlich ein Ende.« Nahm er nicht. Denn als das bestellte Taxi für drei Personen und Hund endlich eintraf, bekam der Fahrer einen Tobsuchtsanfall. »Demasiado grande«, schimpfte er immer wieder auf Chewie zeigend und raste schließlich ohne uns davon. Ich war fassungslos. Soviel Pech an einem Tag musste doch gesetzlich verboten sein. »What an asshole«, murmelte ein Spanier, der gerade hinter uns aus der Kneipe gekommen war, um eine Zigarette zu rauchen. »Give me the address, I drive you.« Ungläubig drehten wir uns um. Der Mann war vielleicht Ende vierzig und geschäftsmännisch gekleidet. Dass er einen Gin-Tonic in der Hand hielt und es gegebenenfalls nicht sein erster war, interessierte uns in Anbetracht der Sachlage nicht. Wir wollten den verfluchten Tag einfach hinter uns bringen.

Raúl fuhr einen schwarzen Jaguar mit weißer Lederausstattung. Dementsprechend unangenehm wurde es, als Chewie vor lauter Aufregung in den Modus der hechelnden Pusteblume zurückverfiel. Innerhalb kürzester Zeit hatte er, vom Fußraum des Beifahrersitzes aus, das gesamte Armaturenbrett und die Gangschaltung vollgesabbert. Seine abgeworfenen Haare tanzten währenddessen zu den Klängen klassischer Musik durch den Wagen. Wir fühlten uns wie drei räudige Straßenpunks, die ihren eigenen Köter nicht im Griff hatten. Doch Raúl schien das alles nicht so eng zu sehen. Souverän lenkte er die Limousine die Serpentinen hinauf und kraulte Chewie gelegentlich hinter den Ohren. »Good boy«, lobte er ihn dann immer wieder, was das Ganze noch absurder machte. Natürlich wollte unser Retter kein Geld annehmen, als wir das Hotel erreichten. Stattdessen half er, unsere Rücksäcke hineinzutragen und wünschte uns auf allen erdenklichen Sprachen eine gute Weiterreise. Plötzlich hatte ich eine Idee und öffnete meinen Rucksack. »Die ist für dich«, sagte ich und reichte ihm eine Flasche Gin, die ich am Tag zuvor gekauft hatte. Raúl strahlte über das ganze Gesicht und schloss uns nacheinander in die Arme. Dann rauschte er in seinem Jaguar davon. Da standen wir also, gestrandet in den spanischen Pyrenäen. Ich hatte keine Ahnung, wie ich es in drei Tagen zu der Hochzeit nach Lissabon schaffen und meinem Flug nach Asien kriegen sollte.

KOLLEKTIVE ABSTINENZ

Felix, SURABAYA

Es gibt zwei Punkte, in denen sich indonesische und deutsche Undergroundkonzerte grundlegend unterscheiden. Zum einen habe ich in Deutschland noch nie eine Frau mit Kopftuch im Moshpit gesehen. Zum anderen bin ich zuvor noch nie bei einer Punkshow gewesen, bei der alle Beteiligten nüchtern waren. Beide Punkte haben mich nachdenklich gestimmt. Denn sie führten mir vor Augen, in was für einer kleinen Blase wir leben und mit welcher Selbstverständlichkeit wir gewisse Gegebenheiten als normal hinnehmen. Indonesien ist ein streng muslimisches Land, weshalb der Großteil der Frauen Hidschāb trägt. Auch fast alle Männer, mit denen ich auf Konzerten sprach, waren traditionelle, gläubige Muslime. Dennoch hielt die gelebte Religion in Surabaya weder die Frauen noch die Männer davon ab, zu harter Gitarrenmusik abzugehen. Was mich direkt

zum nächsten Punkt bringt: Nirgends gab es Alkohol. Es wurde einfach nicht getrunken. Anfangs geriet meine Welt richtig aus dem Gleichgewicht. Nicht weil ich selbst zwingend trinken wollte, sondern weil Punk und kollektive Abstinenz in meinem Kopf einfach nicht zusammengingen. Das Schöne war allerdings, dass es trotzdem immer eskalierte und ausartete. Wohin ich auch kam, es wurde laut gelacht, hemmungslos getanzt und nach der Show blieb man länger zusammensitzen als geplant. Die Energie war dieselbe, es hatte bloß niemand eine Fahne.

So verlief auch meine Zeit in Surabaya weitestgehend trocken. Ich hörte jedoch immer wieder von gewissen »Ausnahmefällen«, in denen auch die Indonesier tranken. Überhaupt war es auffallend, wie viele meiner neuen Bekannten mit mir über das Thema »Alkohol« sprechen wollten. Deutschlands Ruf eilte mir offenbar voraus. Schließlich stand das »Surabaya Death Fest« an und wann immer im Vorfeld das Thema darauf kam, wurde mir versichert, dass dort ordentlich gebechert wurde. Als es soweit war, holten unsere neuen Freunde Boker und Asyiqun uns mit dem Auto ab. Das machten sie häufig. Im Normalfall fuhren wir dann irgendwohin und gingen etwas essen. Doch heute wollten wir Death Metal hören und trinken! Das Auto hatte einen Motorschaden, weshalb wir nicht schneller als 30 km/h fahren konnten. Doch daran waren Gustav und ich bereits gewöhnt. Zwischendurch hielten wir immer wieder an und die Jungs fachsimpelten unter der Motorhaube. Doch ich verstehe weder indonesisch noch etwas von Autos – daher blieb ich einfach sitzen und irgendwann kamen wir an.

Schon auf dem Parkplatz musste ich das erste Mal laut lachen. Denn das »Surabaya Death Fest«, zu dem all die dunkel gekleideten Metaller strömten, fand in einem Club namens »Happy Puppy« statt. Ein Bild für die Götter. Ich fragte mich, was die Cannibal Corpse wohl davon halten würden, wenn man sie für eine Show im »Fröhlichen Welpen« buchte und pisste mir fast in die Hose vor Lachen. Das Logo des Clubs flackerte in gelben und pinken Neonröhren über der Tür und auch drinnen strahlte mich der farbenfrohe Schriftzug von allen Seiten an. Die roten Ledersofas verrieten zudem, dass hier normalerweise ein lebensbejahenderes Publikum feiern ging. Auf der Bühne grunzte schon die erste Band ihre – höchstwahrscheinlich – apokalyptischen Lyrics ins Mikrofon, während die Crowd sich im Headbangen übte. Na das versprach doch ein lustiger Abend zu werden. Auf dem Tisch, an dem wir den Rest unserer Clique fanden, standen bereits ein Johnnie Walker und diverse Bierflaschen herum. Ein ungewöhnliches Bild in Indonesien, aber wie gesagt, beim Death-Fest schienen andere Regeln zu gelten. Und tatsächlich, außerhalb des Moshpits wurde ordentlich getrunken. Die Whiskeyflasche stand nie still, ständig wurde nachgeschenkt und irgendwann bemerkte ich, dass die zwölf Bierflaschen auf dem Tisch alle noch voll waren. Das war wieder ty-

Gute Stimmung auf dem »Surabaya Death Fest« im Happy Puppy.

pisch für Indonesien, wahrscheinlich hatte einer zur Begrüßung für alle Bier und Whiskey gekauft und jeder konnte sich nehmen, worauf er Lust hatte.

»Heute schütten wir uns mal so richtig zu«, erklärte Boker euphorisch. Bier und Schnaps machten die Runde, doch ich lehnte ab, da ich erst noch ein paar Fotos machen wollte, bevor es zum gemütlichen Teil überging. An den anderen Tischen sah es ähnlich aus. Auch die Bar war in vollem Betrieb. Ich lief ein bisschen herum, fotografierte die Bühne, unterhielt mich am Merchandise-Stand und kam nach vierzig Minuten in Feier(abend)stimmung an den Tisch zurück. Die Flaschen waren inzwischen leer, also bot ich an, die nächste Runde zu holen. Doch die Begeisterung in den betrunkenen Gesichtern hielt sich in Grenzen. Druckbetankung abgeschlossen. Um halb neun. Die Schlange an der Bar war verschwunden und das Personal wischte bereits über den Tresen, als ich mein erstes Bier bestellte. Ich drehte noch eine Runde durch den »Fröhlichen Welpen« und fand mich damit ab, dass die Leute das Kapitel »Saufen« nach einer Stunde abgeschlossen hatten. Wer noch stehen konnte, widmete sich wieder der Musik und als ich gegen 23 Uhr mit meinem zweiten (!) Bier zu den anderen zurückkehrte, wurde ich das Gefühl nicht los, dass sie mich für einen Irren hielten, der den Hals nicht vollkriegte.

Am nächsten Tag holten Boker und Asyiqun uns ab, um zu einer Bandprobe von X60 Jaran zu fahren. Abastian erwartete uns bereits auf einer überdachten Veranda und bot uns einen Kaffee an. Er war in Gesellschaft einer ganzen Reihe anderer Musiker und stellte sie uns alle vor. Eine der schönsten Erinnerungen an Surabaya ist das zelebrierte Zusammensein. So war auch diese Bandprobe nicht nur eine Probe, sondern ein herzliches Get-together.

Ein paar Tage später lud Abastian uns zum Essen zu sich nach Hause ein. Er lebte gemeinsam mit seiner Tochter, seiner Mutter und seiner Oma in einem Haus am Stadtrand und Gustav und mir war klar, dass diese Einladung etwas Besonderes war. Während seine Großmutter drinnen das Essen vorbereitete, saßen wir draußen zusammen auf der Terrasse und spielten mit den Katzen. Nach einer Weile rief die alte Frau uns herein. Nacheinander zogen wir an der Tür unsere Schuhe aus und folgten Abastian ins Wohnzimmer, wo wir uns zu den anderen auf den Teppich setzten. In der Mitte standen Schüsseln mit Reis, frittiertem Fisch, Hühnchen, Tofu und Gewürzen und die drei Frauen schauten uns erwartungsvoll an. »Thank you«, versuchte ich meinen Dank auszudrücken, sie verstanden kein Wort, aber lächelten trotzdem. Abastian verteilte den Reis und erklärte uns, was es mit den verschiedenen Saucen auf sich hatte. Dazu gab es selbstgemachten Eistee. Während wir es uns schmecken ließen, überlegte ich, ob ich in Deutschland jemals mit vier Generationen aus der Familie eines Freundes an einem Tisch gesessen hatte. Es war das erste Mal.

Vier-Generationen-Essen mit Abastians Familie.

ZWEI HERZEN IN DER BRUST

Felix, SURABAYA

Eines Tages bekam ich eine Nachricht über Instagram. Der Account gehörte einer Band namens Caustic Fear und der Sänger bot an, mir ein bisschen was von Java zu zeigen. Was für ein Glück! Wir verabredeten uns zum Frühstück und Rizqi versprach, mich am nächsten Morgen in meinem Hostel abzuholen. Pünktlich um halb neun stand er in einem Totenkopf-Shirt auf der Matte und strahlte. Als wir losfuhren, erzählte er mir, dass er meine Reise schon länger verfolgte und dass er sich freute, einen Teil zu meinem Vorhaben beitragen zu können. Er war ein angenehmer Zeitgenosse und ich freute mich über seine Gesellschaft. »Ich wohne in einem Vorort von Surabaya, circa eine Stunde von hier«, klärte er mich auf. »Wenn wir ankommen, macht uns meine Frau Frühstück und danach zeige ich dir ein nahegelegenes Naturschutzgebiet.« Nach all den Konzerten klang das nach einer willkommenen Abwechslung. Wir plauderten über meine Reise und seine Familie und schließlich kam die allseits beliebte Frage auf: »Trinkt ihr in Deutschland eigentlich wirklich so viel Bier, wie man immer hört?« Ich antwortete ihm, dass bei uns auf jeden Fall mehr getrunken wird als in Indonesien und er gab zu, dass er zwei- bis dreimal im Jahr auch etwas trank. Damit war das Thema für mich abgehakt und ich erkundigte mich nach seinem kleinen Sohn, den er zuvor kurz erwähnt hatte. Plötzlich hielten wir an.

»Bleib ruhig sitzen, ich spring nur kurz rein, um noch was fürs Frühstück zu besorgen«, erklärte Rizqi. Sichtlich geknickt kehrte er fünf Minuten später zum Wagen zurück. »Es tut mir so leid«, begann er sich zu entschuldigen.

»Ich war schon in drei verschiedenen Supermärkten, weil du doch bestimmt ein Bier zum Frühstück trinken willst. Aber ich weiß einfach nicht, wo man welches kaufen kann.« Jetzt musste ich lachen. Unser Ruf war schlimmer als gedacht. Ich erklärte ihm, dass wir auch in Deutschland nicht täglich Bier trinken, vor allem nicht zum Frühstück. Das beruhigte ihn etwas, dennoch schien er peinlich berührt zu sein, weil er mir ein besserer Gastgeber hatte sein wollen. Es war tatsächlich nicht so leicht, in Indonesien an Bier heranzukommen. Bisher hatte ich erst in einem einzigen sehr schnieken Supermarkt eine Theke mit Bedienung entdeckt, an der einem die einzelnen Bierflaschen gereicht wurden wie Hustensaft in einer Apotheke. Wer weiß, vielleicht musste man ja sogar ein Rezept vorzeigen. Die Stadt lag mittlerweile hinter uns und die Umgebung wirkte deutlich ländlicher als alles, was ich in der letzten Zeit zu Gesicht bekommen hatte. Kurz darauf erreichten wir eine Einfahrt mit Pförtnerhäuschen. Rizqi winkte dem Mann in der Hütte zu, der erwiderte den Gruß mit einem Lächeln und ließ uns passieren.

Dahinter verbarg sich das Äquivalent zu einer deutschen Reihenhaussiedlung. Im Schritttempo fuhren wir an einer Reihe kleiner Häuser mit Vorgärten vorbei und hielten schließlich vor einem davon an. Rizqis Frau empfing uns lachend in der Haustür und versuchte, den quiekenden Dreijährigen zu bändigen, der zwischen ihren Beinen herumsprang. Ihr Hidschāb war farblich perfekt auf ihr restliches Outfit abgestimmt und sie schien sich über meinen Besuch zu freuen. Vielleicht war sie aber auch einfach nur erleichtert, dass ich den Tag nicht bereits mit einem zünftigen Dosenstechen begonnen hatte. Beim Frühstück erfuhr ich, dass die beiden aus demselben Dorf kamen und sich bereits aus der Schule kannten. »Nur Husna und ich sind damals zum Studieren nach Surabaya gezogen«, erklärte Rizqi, während er mir Kaffee einschüttete. »In dem Vorort hier sind wir erst später gelandet.« Ihr Heimatort Blitar lag etwa 160 Kilometer von Surabaya entfernt. Umso verwunderter war ich, als er mir erzählte, dass es die Band noch gab, die er vor zehn Jahren dort gegründet hatte. »Wir proben dieses Wochenende. Willst du mitkommen?«

Natürlich wollte ich, aber eins nach dem anderen. Nach dem Frühstück fuhren wir mit der ganzen Familie in das angekündigte Naturschutzgebiet. Es lag nicht mehr als zwei Kilometer vom Haus entfernt und war ein wahres Paradies. Äffchen sprangen zwischen den Palmen herum und ein ruhiger Fluss schlängelte sich durch das satte Grün. »Hier gehe ich morgens immer joggen, bevor es zu heiß wird«, Rizqi zeigte den flachen Weg hinunter, der vor uns lag. Es gab definitiv schlechtere Methoden, seinen Tag zu beginnen. Schließlich nahmen wir eins der vorbeikommenden Boote und ließen uns ein paar Kilometer flussabwärts treiben. Dort war es sumpfig und wir spazierten einen langen Holzsteg entlang, bis der Boden wieder fester wurde. Ich genoss die Zeit jenseits des Großstadtlärms und war froh, dass die beiden mich hergebracht hatten. Zurück in der Reihenhaussiedlung verschwand

Familienausflug ins Naturschutzgebiet mit Rizqi und seiner Frau Nur Husna.

Rizqi im Schlafzimmer. Ich wartete eine Weile und befürchtete irgendwann, er sei ins Bett gegangen. Daher fragte ich Nur Husna wo ihr Mann abgeblieben war. »Er betet«, entgegnete sie. Erst jetzt schnallte ich, dass die beiden im Laufe des Tages schon öfter nacheinander verschwunden waren. Ich hatte bloß vergessen, eins und eins zusammenzuzählen.

Ein paar Tage später saß ich mit meiner neuen Familie im Auto und war auf dem Weg nach Blitar. Der Verkehr war übel und wir brauchten geschlagene fünf Stunden für die 160 Kilometer. Unterwegs machten wir zwei Pausen. Einmal um zu beten und einmal um zu essen. Bei letzterem machte ich mit. Das nächste Mal hielten wir vor Nur Husnas Elternhaus. Ihre Mutter und ihr Vater waren traditionell gekleidet und sprachen kein Englisch. Dennoch nahmen sie mich freundlich in Empfang und boten mir etwas zu trinken an. Da Rizqi und ich im Haus seiner Eltern unterkamen, brachen wir schon bald wieder auf. Seine Mutter kam uns bereits in der Einfahrt entgegen, wie Mütter das eben tun, wenn ihr ausgeflogenes Kind heimkehrt. Ihr Auftreten überraschte mich. Sie trug eine kurze Hose, ein buntes T-Shirt, Make-Up und offene Haare. Kaum ausgestiegen, begrüßte sie mich herzlich und führte mich in Rizqis altes Kinderzimmer, in dem ich mich ausbreiten durfte. Nachdem wir gegessen hatten, setzten wir uns wieder ins Auto und fuhren ein bisschen herum. Unser erster Stopp war eine alte Scheune, in der zwei Typen an alten Motorrädern herumschraubten. Leider sprachen sie kein Englisch, aber Rizqi erklärte mir, dass sie Umweltaktivisten seien, die regelmäßig Demos organisierten. Als hätte er auf das Stichwort gewartet, holte einer der beiden einen Laptop hervor und zeigte mir Bilder einer Demonstration.

Auf den Fotos waren ein paar Punks zu sehen, die gemeinsam mit Leuten aus der »bürgerlichen Mittelschicht« auf der Straße standen. »Wir dürfen die Bürgerlichen nicht vergraulen, sondern müssen sie für unsere Seite gewinnen«, übersetzte Rizqi, was sein Freund auf Indonesisch sagte. Ich erinnerte mich an das Naturschutzgebiet zurück, in dem wir ein paar Tage zuvor spazieren waren. Selbst dort war mir stellenweise der Plastikmüll aufgefallen, den der Fluss angespült hatte und ich war froh, dass es Menschen gab, die sich dem Problem annahmen. Die Scheune stellte sich als eine Art Kollektiv heraus, das für alle offen stand. Es gab einen Billardtisch und eine Theke, an der man sich Kaffee und Cola holen konnte. Ein wirklich cooler Ort, um mit Freunden abzuhängen. »So, und jetzt gehen wir eine Kaffeeplantage besichtigen«, kündigte Rizqi den nächsten Punkt auf seiner Liste an. Ich liebte es, wie unkompliziert er zwischen den beiden Welten umhersprang, die für manche so schwer zu kombinieren waren. Die beiden Jungs kamen mit und wir gaben uns das volle Programm. Erst schlenderten wir über die Plantage, dann besuchten wir das dazugehörige Museum und schließlich schauten wir uns noch die europäischen Gebäude an, die die Holländer während der Kolonialzeit erbaut hatten. Zum Abschied

schenkten mir die Jungs einen Aufnäher, auf dem »Blitar Punk Movement« stand. Ich versprach, ihn in Ehren zu halten.

Am Abend fuhren wir mit dem Roller von Rizqis Eltern zur Bandprobe. Caustic Fear hatten sich bereits vor zehn Jahren gegründet und alle Bandmitglieder außer dem Sänger wohnten in Blitar. Die Tatsache, dass die komplette Band streng gläubig war, faszinierte mich. »Sind sich euer Glaube und der Punk jemals in die Quere gekommen?« Diese Frage brannte mir schon die ganze Zeit unter den Nägeln. Doch ich schaute in fragende Gesichter. »Warum? Beim Punk geht es um Musik und Politik, der Islam ist unsere Religion«, begann Rizqi. »Am Ende des Tages soll uns beides zu besseren Menschen machen – das eine auf der weltlichen und das andere auf der geistlichen Ebene.« Es erinnerte mich daran, was Bima mir ein paar Wochen zuvor gesagt hatte: »In meinem Pass steht, dass ich Moslem bin und Punk ist die Bassline in meinem Leben.« Es waren einfach zwei verschiedene Aspekte des Lebens. Als wenige Minuten später die Probe startete, war es unbegreiflich für mich, dass diese Band nicht auf Mülltonnenschubsen und Steineschmeißen stand. Sie prügelten knüppelharten Hardcore-Punk mit doppeltem Gesang durch die PA und bliesen mir fast das Trommelfell weg. Frei nach dem Motto: »Alles, was einen Refrain zum Mitsingen hat, ist Pop!« Ich war Fan. Ein paar Tage später nähte ich den »Blitar Punk Movement«-Aufnäher mit Gustavs Zwirn auf meine Umhängetasche. Irgendwie symbolisiert er für mich eine Art Geschwisterlichkeit zwischen Punk und Bürgertum. Das bindende Glied zweier Welten, denen auch ich zu gleichen Teilen angehöre und die immer im Konflikt zueinander stehen. Außer in Blitar.

EINFÜHRUNGSKURS

Singapur ist mit 720 Quadratkilometern der flächenmäßig kleinste Staat Südostasiens | Dank der unmittelbaren Äquatornähe herrscht ganzjährig ein tropisch-feuchtes Klima mit hohen Temperaturen | Mehr als elf Millionen Touristen pro Jahr machen Singapur zu einer der meistbesuchten Städte der Welt | 1 Singapur-Dollar (SGD) entspricht 0,65 Euro | Küssen und Rauchen ist in der Öffentlichkeit weitestgehend untersagt | Die meistgesprochenen Sprachen sind Englisch, Mandarin, Malaiisch und Tamilisch | Das Wahrzeichen der „Löwenstadt“ ist eine wasserspeiende Statue namens Merlion – mit dem Körper eines Fisches und dem Kopf eines Löwen | Die Zollvorschriften verbieten u. a. die Einfuhr von pornografischen Artikeln, Waffen und Kaugummis | Mit einem Bruttoinlandsprodukt von rund 324 Milliarden US$ zählt der Inselstaat zu den zehn reichsten Ländern der Welt | Homosexuelle Handlungen unter Männern sind strafbar | Der multiethnische Staat setzt sich hauptsächlich aus Chinesen, Malaien und Indern zusammen | Die Luftfeuchtigkeit liegt im Schnitt zwischen 80 und 85 Prozent

சிங்கப்பூர் குடியரசு
(SINGAPUR)

BÖSES ERWACHEN

Diana, LISSABON

Die Türen des französischen Balkons unserer Ferienwohnung standen weit offen und die weißen Vorhänge flatterten zu meinem Bett herüber. Meine Schläfen pochten. Keine Ahnung, wie ich es schaffen sollte, in wenigen Stunden mit gepackter Tasche die Reise nach Singapur anzutreten. Zu groß der Kater, an dem ich bis in die frühen Morgenstunden gearbeitet hatte. Mit der Hochzeitsfeier unserer Freunde war nun auch der letzte Punkt meiner Vor-Abflug-To-do-Liste erledigt. Ich dachte an die kalte Nacht des Konzerts im Kölner *Sonic Ballroom* zurück, in der Felix und ich ein halbes Jahr zuvor den Plan zu »A Global Mess« geschmiedet hatten. Wo war bloß die Zeit geblieben? Im selben Moment hörte ich den Schlüssel in der Tür und der Hund kam mit fliegenden Ohren zu mir ans Bett gerannt. Dann erschien auch der dazugehörige Mann im Türrahmen. »Alter, wie konnte das denn passieren?«, krächzte er und fuchtelte mit einem Reisepass in der Luft herum. »Das ist deiner, hab' ihn gerade beim Gassigehen auf der Straße gefunden.« BITTE WAS?!

Ich dachte an die nächtliche Taxifahrt zurück: Mann und Bruder schlafend auf der Rücksitzbank – ich vorne, in meiner Handtasche kramend, um das Geld für den Fahrer zusammenzusuchen. Irgendwo zwischen Wechselgeld und Haustür musste der Pass auf der Straße gelandet sein. Und dort hatte er nun offenbar acht Stunden im Rinnstein einer belebten Altstadtgasse gelegen – mitten in Lissabon. Bei der Vorstellung, dass ich meinen lang geplanten Interkontinentalflug um ein Haar hätte verfallen lassen und Felix beichten müssen, dass ich es im letzten Moment verkackt hatte, drehte sich mir der Magen um. Ich beschloss, eine Tablette gegen die Kopfschmerzen einzuwerfen und mich noch mal umzudrehen. Was für ein Albtraum! Als ich sechs Stunden später schließlich an derselben Stelle in ein Taxi stieg, an der mich in der Nacht zuvor ein anderes ausgespuckt hatte, überkam mich ein ziemlich ungutes Gefühl. Einer meiner Auftraggeber hatte die letzten zwei Honorare nicht bezahlt und wie ich soeben bemerkt hatte, war auch bei der Freischaltung meiner neuen Kreditkarte irgendetwas schiefgelaufen. Ich war also im Begriff mit 5,78 Euro in der Tasche ans andere Ende der Welt zu fliegen und fragte ich mich langsam, weshalb irgendeine höhere Macht mich unbedingt davon abhalten wollte. Erst der kaputte Bulli, dann der verlorene Pass, nun die Sache mit dem Geld. Das unheilvolle Gefühl einer schlechten Vorahnung verfolgte mich bis zum Check-in-Schalter. Als mein Rucksack schließlich auf dem Kofferband davonfuhr und ich meine Bordkarte in der Hand hielt, dämmerte es mir: Ich hätte all die Zeichen niemals ignorieren dürfen. Nun würde die Maschine abstürzen und schon nächste Woche war meine Geschichte ein Fall für Galileo Mystery.

Aufgrund einer Verkettung unglücklicher Zufälle machte Diana sich mit gemischten Gefühlen auf den Weg nach Asien.

Doch der Flug nach Helsinki verlief ohne besondere Vorkommnisse und so strandete ich vorerst in Finnland, wo ich einen zehnstündigen Aufenthalt ohne Geld aussitzen musste. Zum Nachdenken verdammt, fragte ich mich zum ersten Mal, ob sich wohl etwas zwischen uns verändert hatte, seit Felix vor zwei Monaten aufgebrochen war. Teilten wir noch dieselbe Vision? So lange hatten wir gemeinsam auf dieses Vorhaben hingearbeitet. Doch möglicherweise verfolgte er längst ein anderes Ziel, denn Reisen verändern Menschen. Das wusste ich aus eigener Erfahrung. Vierzehn Jahre war es her, dass ich nach dem Abi durch Australien gereist war und auf dem Rückweg einen Zwischenstopp in Singapur eingelegt hatte. Danach war nichts mehr wie es war. Ich kehrte in ein vollkommen anderes Leben zurück – als anderer Mensch, mit neuen Zielen und Prioritäten. Vielleicht hatte Felix sich also längst an das Alleinreisen gewöhnt und bereits neue Pläne geschmiedet. Ich würde es herausfinden müssen. Zu meiner Verwunderung verlief auch der Weiterflug ohne Triebwerkschaden oder Kabinenbrand. So landete ich 36 Stunden nach meinem Abflug wohlbehalten in Singapur. Die gefürchtete Einreise in den strengen Inselstaat verlief ungefähr so kompliziert wie eine Grenzkontrolle in Palma de Mallorca:

»What is the purpose of your visit?«

»Vacation.«

»Welcome to Singapore.«

Als mein Rucksack dann auch noch der erste auf dem Kofferband war, fand ich langsam Gefallen an dem Gedanken, dass es sich um das Ende meiner Pechsträhne handeln könnte. Felix erwartete mich bereits hinter dem Zollbereich. Er war um einiges bärtiger als ich ihn vor acht Wochen verabschiedet hatte, doch irgendwo unter dem Wollknäuel in seinem Gesicht verbarg sich ein breites Grinsen. Erleichtert folgte ich ihm durch das Flughafengebäude in die tropische Schwüle hinaus und begann im selben Augen-

blick auf eine dermaßen übertriebene Art und Weise zu schwitzen wie ich es bisher erst einmal in einer finnischen Sauna nach dem Aufguss erlebt hatte. Es war absurd. Die rote Haarfarbe lief mir in Rinnsalen durchs Gesicht und vom Schlüssel- bis zum Schienbein legte sich ein feiner glänzender Film auf meinen Körper, gegen den in den folgenden Wochen weder Deo noch Handtuch helfen sollten. Felix erzählte mir währenddessen voller Begeisterung von dem selbsterklärenden U-Bahn-System und seinen Plänen für meine ersten Stunden in Südostasien. Ich lief wie in Trance hinter ihm her und fragte mich, seit wie vielen Stunden ich schon auf den Beinen war. Um ehrlich zu sein, hatte ich nicht die geringste Ahnung, denn Flugzeit, Zwischenstopp und Zeitverschiebung hatten mir jegliches Zeitgefühl geraubt. Doch das war mir egal. Ich war angekommen.

Unser Hostel befand sich in im *Geylang District* – dem Rotlichtbezirk der Löwenmetropole. Eine andere Gegend hatten wir uns aufgrund des hohen Preisniveaus der Stadt nicht leisten können. Doch irgendwie fühlten wir uns zwischen den zwielichtigen Straßenständen, an denen einzelne Viagra-Tabletten verkauft und illegales Glücksspiel betrieben wurde, ganz gut aufgehoben. Unser fensterloses Zimmer teilten wir mit zehn anderen Reisenden. Hinter den Vorhängen der Hochbettkojen war hier und da ein Schnarchen zu hören, hinter einem anderen drang die gedämpfte Stimme eines Telefonats hervor. Felix zeigte mir mein Bett und schlug vor, einen Ausflug zur Marina Bay zu machen, um meinen Jetlag auszutricksen. Doch zuerst musste ich duschen. Das ebenfalls fensterlose Bad befand sich im hinteren Bereich des schlauchigen Zimmers. Langsam zog ich die Kunststoff-Falttür hinter mir zu und begutachtete die verschimmelten Wände, von denen mir ein muffiger Waschküchengeruch entgegenschlug. Das war der Moment, in dem ich realisierte, dass es kein Zurück mehr gab. Wir hatten unsere Jobs gekündigt und waren ans andere Ende der Welt geflogen, um unsere Schnapsidee in die Tat umzusetzen. Ich drehte das Wasser auf und trat unter den lauwarmen Strahl, der daraufhin aus der ranzigen Wand plätscherte. Vor uns lag das Abenteuer, das ich mir seit Monaten vor dem Einschlafen ausgemalt hatte. Schlagartig fiel das ungute Gefühl, mit dem ich losgeflogen war, von mir ab und versickerte in dem haarigen Abfluss zu meinen Füßen. Jetzt mussten wir unseren Plänen Taten folgen lassen. Zeit, sich in der Stadt umzusehen.

TEAMBUILDING-MASSNAHME »TIGER BEER«

Felix, SINGAPUR

Ich war nun schon seit zwei Monaten alleine unterwegs. Eine völlig neue Erfahrung für mich, denn zuhause gehe ich nicht mal alleine in die Kneipe. Klar, anfangs war es ungewohnt, aber ich habe die Zeit, in der ich niemandem Rechenschaft ablegen musste, wirklich genossen. Einsam war ich dank meiner vielen Bekanntschaften nie. Trotzdem waren die letzten Wochen eine One-Man-Show, denn sobald ich jemanden besser kennenlernte, musste ich auch schon wieder weiterziehen. Das hatte auch durchaus seine Vorteile. Ich musste im Alltag auf niemanden Rücksicht nehmen und konnte ins Bett gehen und aufstehen wann immer mir danach war – ich konnte mich treiben lassen. Aber jetzt freute ich mich darauf, den zweiten Teil der Reise gemeinsam mit der Person zu bewältigen, mit der ich die ganze Sache ausgeheckt hatte. Ich war wirklich gespannt darauf, wie es mit Diana werden würde, denn gewisse Dinge machen zu zweit einfach mehr Spaß. Und natürlich gefiel mir auch der praktische Hintergedanke, denn mit ihr an meiner Seite würde ich nicht mehr als Fotograf, Kameramann, Reporter und Koordinator gleichzeitig herhalten müssen.

Am Tag ihrer Landung fuhr ich überpünktlich zum Flughafen, um sie einzusammeln. Auch bei ihr lief alles reibungslos – bereits wenige Minuten nach der Landung kam sie durch die Customs und lief mir direkt in die Arme. So unkompliziert durfte es gerne weitergehen. Nach einer kurzen Begrüßung machten wir uns über die kilometerlangen Teppichböden auf den Weg zur

U-Bahn. Ich gab mich gekonnt reiseerfahren und geübt in Singapurs Metronetz – jedenfalls so lange, bis ich uns beim Umsteigen in die falsche Bahn lotste. Doch Diana konnte trotz der 36-stündigen Reise, die hinter ihr lag, herzlich über meinen nicht vorhandenen Orientierungssinn lachen. Als sie sich wieder eingekriegt hatte, klärte ich sie darüber auf, dass sie nur eine Chance hatte, direkt in den richtigen Schlafrhythmus zu kommen: Sie musste bis zum Abend wachbleiben. Bei ihrem Anblick war ich mir jedoch nicht sicher, ob das überhaupt im Bereich des Möglichen lag. Momentan sah sie eher aus, als würde sie gleich mit offenen Augen zu schnarchen beginnen. Als wir die U-Bahn verließen und uns die gnadenlose Hitze Singapurs entgegenschlug, gab ihr das den Rest. Doch das war okay, denn nach eineinhalb Tagen in klimatisierten Verkehrsmitteln konnten einen die Treibhaustemperaturen schon mal umhauen.

Irgendwie schaffte sie es trotzdem, sich nach dem Einchecken im Hostel und einer ausgiebigen Dusche noch mal aufzuraffen. Wir nahmen die Bahn und fuhren zur Marina Bay, dem glanzvollen Aushängeschild des Stadtstaates. Dort spazierten wir in Front der surreal schönen Skyline über die Promenade und stellten erste Überlegungen an, wie es in den kommenden Wochen mit »A Global Mess« weitergehen sollte. Als wir uns das nächste Mal bewusst umsahen, waren wir bereits in den Straßen von Down Town angekommen und beschlossen, an einem Food-Court Halt zu machten. Diana schien mit dem kulinarischen Angebot etwas überfordert, daher schlug ich vor, mich um das Essen zu kümmern, während sie uns irgendwo Bier besorgte. Zehn Minuten später saßen wir schwitzend in der überdachten Fressmeile und aßen indisches Curry mit Naan. Den ersten Pitcher Tiger Beer tranken wir in Windeseile aus. Vielleicht lag das zügige Tempo am warmen Wetter, vielleicht tranken wir aber auch einfach bloß doppelt so schnell, weil wir uns so sehr über unseren ersten gemeinsamen Abend in Asien freuten. Nach dem zweiten Pitcher schlenderten wir weiter durch die schwüle Nacht und strandeten schließlich an einem wackeligen Tisch vor einem kleinen Imbiss. In Indonesien hatte ich so gut wie keinen Alkohol getrunken, und was soll ich sagen – langsam aber

Diana und Felix: fünf Monate nach der gemeinsamen SubkulTour-Idee endlich in Singapur vereint.

sicher kam ich wieder auf den Geschmack. Diana hingegen schien einfach ihre Müdigkeit wegzutrinken. Da es in dem Imbiss keine Toilette gab, war es irgendwann an der Zeit für uns, der kleinen Disco gegenüber einen Besuch abzustatten. Lachend stiegen wir die schmale Treppe hinauf, an deren Ende ein breiter Türsteher auf uns wartete.

»Hey guys, where are from?«, begrüßte er uns. »Germany«, antwortete Diana und ließ sich einen Stempel aufs Handgelenk drücken. »Germany? Oh, I'm so sorry for you guys«, entgegnete der Stiernacken und hielt uns die Tür auf. Interessant, so war ich auch noch nicht begrüßt worden. Diana folgte zielstrebig ihrem inneren Toilettenkompass und war erst mal verschwunden. Ich setzte mich an die Bar und studierte die Cocktailpreise. Doch das führte zu nichts, denn Cocktails waren in Singapur offenbar unbezahlbar. Nervös trommelte der Bartender vor mir auf dem Tresen herum und wartete auf meine Bestellung, was ziemlich absurd war, da ich der einzige Gast an der Bar war. »How much is a beer?«, fragte ich. »Fiveteen«, schrie er gegen die nervige House-Musik an. Das lag zwar im Bereich des Möglichen, doch zehn Euro für ein Bier erschien mir selbst für Singapur überzogen. »Auf dem Klo gibt's ein Hinweisschild, auf dem steht, dass man nicht ins Waschbecken kotzen soll«, freute sich Diana, als sie zurückkam. »Keine Sorge, das wird uns bei den Preisen hier auch nicht passieren«, antwortete ich und zeigte auf die Karte. Ratlos sahen wir uns in dem leeren Club um. »Lass abhauen!« Als wir wieder am Türsteher vorbeikamen, blieb Diana abrupt stehen: »Sag mal, wieso tut es dir eigentlich leid, dass wir aus Deutschland kommen?« Verständnislos sah der Stiernacken sie an. »Na weil ihr in der Vorrunde rausgeflogen seid.« In Dianas Gesicht regte sich nichts. »Soccer!«, half er ihr auf die Sprünge. Nun fiel der Groschen auch bei mir. Lachend machten wir uns auf den Weg zum Hostel zurück. »Das war ein guter Anfang«, flüsterte Diana, als wir gegen zwei Uhr morgens in den Schlafsaal schlichen. Mein Plan mit dem Wachhalten war schon mal aufgegangen. Dem Jetlag entkam sie trotzdem nicht.

LOST & FOUND

Diana, SINGAPUR

Klack-Klack. Klack-Klack. Klack-Klack. Seit sechs Stunden trieb mich der Ventilator, der einen Meter über meinem Hochbett rotierte, nun schon in den Wahnsinn. Denn so lange starrte ich bereits die Decke an – gefangen im Jetlag des Todes. Und jetzt zwickte auch noch die Blase. Also gab ich mir einen Ruck und krabbelte so vorsichtig wie möglich zu der Metallleiter am Fußende herüber. Trotz meiner elfengleichen Bewegungen schaukelte und quietschte das Bett unter mir, als würde es jeden Moment zusammenbrechen. Eine Etage tiefer stöhnte Felix genervt auf und auch hinter den Vorhängen der anderen Betten regte sich seufzender Protest. Ich hätte einfach liegenbleiben sollen, doch dafür war es jetzt zu spät. Vorsichtig hangelte ich mich Sprosse für Sprosse die senkrechte Leiter hinunter und versuchte, nicht zu fluchen, als sich die Metallstreben in meine nackten Füße bohrten. Es war die dritte schlaflose Nacht in Folge und langsam wurde ich knatschig. Mein mitteleuropäischer Körper schien unfähig zu sein, sich an die neuen Tageszeiten und Temperaturen zu gewöhnen. Ich war ein übermüdetes Wrack. Unten angekommen, tastete ich nach meinem Handy, das noch oben auf der Matratze lag, um mir den Weg zur Toilette zu leuchten. Der Blick aufs Display war ernüchternd: Halb sieben und ich hatte noch kein Auge zugetan.

Drei Stunden später klingelte der Wecker. Ich musste gerade eingeschlafen sein, denn ich brauchte einen Moment, um zu begreifen, wo ich war. Die Deckenlampe tauchte alles in ein schummriges Licht und hinter meinem Vorhang flüsterten zwei Männer in einer Sprache, die für mich Japanisch klang. Vielleicht sprachen sie aber auch Bayerisch oder Kisuaheli – mein Gehirn war noch dabei hochzufahren. Als die Stimmen schließlich verstummten und die Zimmertür ins Schloss fiel, zwang ich mich aufzustehen. Felix' Bett war leer. Ich sprang noch schnell unter die Dusche und machte mich auf den Weg in den Frühstücksraum. Felix saß an einem kleinen Tisch an der Wand und schmierte sich gerade einen Marmeladentoast. »Hey, gut geschlafen?«, fragte er. »Schlafen würde ich das nicht nennen«, gähnte ich. Zwei Instantkaffee und einen Energydrink später machten wir uns auf den Weg zur U-Bahn, denn immerhin hatten wir ein vielversprechendes Tagesprogramm vor uns: Zuerst wollten wir zu einer 50-stöckigen Wohnanlage mit den längsten Sky-Gärten der Welt und am Nachmittag waren wir mit Esty verabredet – der Bassistin der feministischen All-Girl-Hardcore-Band Radigals.

Noch bevor wir die Public-Transport-Station erreichten, war ich nassgeschwitzt und konzentrierte mich mal wieder aufs Wesentliche: das Einatmen und Ausatmen. Die drückende Schwüle machte mir wirklich zu schaffen und der Schlafentzug der letzten Tage tat sein Übriges. Doch immerhin war es in den Zügen rund 15 Grad kälter als draußen, sodass es sich unterwegs immer ganz gut akklimatisieren ließ. Wir waren schon fast am Ziel, als mir auffiel, dass mein Handy nicht da war. Das hatte nach Felix' geklautem iPad gerade noch gefehlt. Doch weder er noch ich konnten uns daran erinnern, wann ich es zuletzt in der Hand gehabt hatte. In meiner Bauchtasche war es jedenfalls nicht. Also blieb uns nichts anderes übrig als nach 40 Minuten den ganzen Weg zurückzufahren und zu hoffen, dass ich es nicht im Frühstückssaal hatte liegen lassen. Denn da würde ich es garantiert nicht mehr wiederfinden. Zurück im Hostel teilten wir uns auf – Felix ging die Gemeinschaftsräume ab, ich schaute oben auf dem Zimmer nach. Hektisch legte ich meinen Rucksack mit dem Kamera-Equipment ab und begann, meinen Spint auszuräumen. Doch von dem Smartphone keine Spur – weder im Schrank noch im Bad. In einem letzten Akt der Verzweiflung schob ich den Vorhang meines Bettes zur Seite und musste über meine eigene Verpeiltheit lachen: Denn da lag es, mitten auf der Matratze, wo ich es nach dem Aufstehen abgelegt hatte.

Erleichtert machten wir uns wieder auf den Weg zur U-Bahn. Zwar hatten wir rund eineinhalb Stunden mit sinnlosem Herumfahren verschwendet, doch die Erleichterung über das nicht verlorene Handy war größer als der Ärger über die verlorene Zeit. Um es gleich vorweg zu nehmen: Aus irgendeinem Grund war an dem Tag der Wurm drin. Denn ich sollte Felix' Geduld noch einige Male auf die Probe stellen. Zum Beispiel zehn Minuten später, als mir in der brütenden Hitze auffiel, dass ich diesmal den Rucksack vergessen hatte. Und nicht nur das, er lag samt Equipment mitten auf dem Boden unseres Zwölfbettzimmers, dessen Mitbewohner wir noch nie zu Gesicht bekommen hatten. Felix beschloss, im Schatten zu streiken, während ich

Posing auf dem Pinnacle@Duxton-Building.

mich erneut auf den Rückweg machte. Diesmal war mir wirklich schlecht, als ich das dunkle Zimmer betrat. Doch der Rucksack lag noch genau da, wo ich ihn zwanzig Minuten zuvor abgelegt hatte. Glück gehabt. Schon wieder.

So erreichten wir mit schlappen drei Stunden Verspätung schließlich das Pinnacle@Duxton-Building. Sieben 50-stöckige Türme, die man auf der 26. und 50. Etage durch Fußgängerbrücken miteinander verbunden und somit die weltweit größte öffentliche Wohnanlage geschaffen hatte. Wir irrten eine Weile zwischen den imposanten Gebäuden umher, bis wir in einem versteckten Untergeschoss schließlich die öffentlichen Aufzüge samt Kassenhäuschen fanden. Die Liste der Verbote, auf die wir beim Ticketkauf hingewiesen wurden, war lang und somit ziemlich typisch für Singapur. So war es im längsten Dachgarten der Welt nicht nur untersagt, zu rauchen, Musik zu hören und Haustiere mit sich zu führen. Wir mussten unter Vorlage unserer Ausweise auch versichern, im 50. Stock weder Fahrrad noch Skateboard zu fahren, nicht zu essen, nicht zu trinken, nicht zu zelten und keine Wäsche zum Trocknen aufzuhängen.

Zugegeben, die Einhaltung mancher Punkte fiel uns schwerer als die anderer. Wer schon mal auf dem Empire State Building war, weiß wie teuer der Ausblick auf eine Metropole sein kann und wie lange man sich mitunter dafür anstellen muss. Umso erfreuter waren wir über den Eintrittspreis von gerade mal 5 SGD (was ca. 3,20 Euro entspricht) und der Tatsache, dass sich auf der 500 Meter langen Skybridge außer uns gerade mal drei andere Besucher aufhielten. Die Aussicht war spektakulär. Vor uns lagen die bunten Häuschen Chinatowns, hinter denen die Skyscraper des Business-Districts in den Himmel ragten. Auf der anderen Seite konnten wir vom Hafen über die Marina Bay bis Sentosa Island blicken. Die Zeit verging dort oben wie im Flug und so artete es regelrecht in Stress aus, als wir feststellten, dass wir nur noch eine knappe halbe Stunde hatten, um pünktlich zu unserer Verabredung nach Little India zu kommen.

Esty wartete bereits hinter dem Drehkreuz der U-Bahn-Station auf uns. Sie sah genauso aus wie auf den Fotos, die ich im Internet gesehen hatte – sogar ihr T-Shirt erkannte ich wieder. Wir tauschten ein paar Floskeln aus und bahnten uns einen Weg nach draußen. Wie so oft seit meiner Ankunft in Singapur hatte ich auch diesmal das Gefühl, die U-Bahn in einem komplett anderen Land zu verlassen. Die sterile Atmosphäre des Business-Viertels war einer farbenfrohen Bollywood-Kulisse gewichen. Der Geruch von Nelken und Räucherstäbchen hing in der Luft. Frauen in bunten Saris streiften umher und der Straßenlärm der berühmten Serangoon Road vermischte sich mit den Klängen aus dem nahegelegenen Hindutempel zu einem allgegenwärtigen Soundtrack. Esty manövrierte uns durch die Menschenmenge wie nur Einheimische es können. Dabei zeigte sie abwechselnd nach links und rechts, um uns auf die Sehenswürdigkeiten aufmerksam zu machen, für die Touristen normalerweise nach Little India kamen.

Zehn Minuten später erreichten wir etwas abseits des Trubels ihr Lieblingslokal. Der Geruch, der aus der offenen Garküche zu uns herüberwehte, ließ mir das Wasser im Mund zusammenlaufen. Seit dem Frühstück waren bereits Stunden vergangen und die bebilderten Speisekarten machten es nur noch schlimmer. Esty brauchte keine. Sie wusste bereits, was sie wollte, und half uns stattdessen bei der Übersetzung der einzelnen Gerichte. Ich mochte die Art, wie sie sprach und wie sie lachte. Während wir aufs Essen warteten, begannen wir über das naheliegendste aller Themen zu smalltalken: Musik. Immerhin war dieser kleinste gemeinsame Nenner der Grund dafür, dass wir mit einem muslimisch geprägten Riot Grrrl in einer indischen Garküche auf der anderen Seite der Erde saßen und Litschisaft schlürften. Esty erzählte uns von ihrer feministischen Hardcore-Band Radigals, mit der sie sich bereits weit über die Grenzen Singapurs hinaus einen Namen gemacht hatte und von einem Festival, das sie erst zwei Wochen zuvor in Jakarta besucht hatte. Wie sich herausstellte, hatte auch Felix das Festival besuchen wollen, dazu war es jedoch nicht gekommen, da sein Visum abgelaufen war. »Oh Mann, stell dir vor, wir hätten uns da schon kennengelernt«, sagte Esty. »Dann hätten wir zusammen die Dead Kennedys sehen können – die waren unfassbar gut.«

Kurz darauf stand der komplette Tisch voll mit dampfenden Schalen, Soßen und Fladenbrot. Ich schaufelte Curry, Reis und Garnelen auf meinen Teller. Felix riss das aufgeblähte Naan auseinander und bot auch mir ein Stück an. Der Kellner warf ihm einen angewiderten Blick zu und ging wortlos davon. Esty kicherte hinter vorgehaltener Hand. »Hab' ich irgendwas verpasst?«, fragte Felix irritiert. »Naja«, begann unsere neue Freundin zögerlich. »Du hast das Brot mit beiden Händen angefasst, doch die linke benutzen Inder bloß auf der Toilette.« Mir blieb vor Lachen fast der Shrimp im Hals stecken. Einmal das Fettnäpfchen für den Deutschen, bitte! Das Eis war gebrochen und Esty war anzumerken, wie sehr sie sich darüber freute, dass es uns schmeckte. Als der Kellner schließlich die Rechnung brachte, ließ sie es sich nicht nehmen, für uns zu bezahlen. Wir beschlossen, keinen Widerspruch einzulegen, da wir nicht schon wieder gegen eine Regel aus dem Asienknigge verstoßen wollten und bedankten uns vielmals. »Was haltet ihr davon, mich gleich zur Probe meiner neuen Band C.L.A.W. zu begleiten?«, fragte Esty beim Verlassen des Lokals. Den Vorschlag ließen wir uns natürlich nicht zweimal unterbreiten.

So schlenderten wir mit vollen Bäuchen die von zweistöckigen bunten Häuserfronten gesäumte Straße entlang und plauderten über Estys neues Bandprojekt. Nachdem wir eine Weile gelaufen waren, zeigte sie auf ein Fenster zu unserer Linken: »Da ist früher unser Proberaum gewesen. Doch in den letzten Jahren ist Little India immer mehr in Mode gekommen und die Mieten sind mehrfach erhöht worden. Irgendwann konnten wir uns den Raum nicht mehr leisten.« Ich dachte gerade darüber nach, wie ähnlich sich

Am Ende der Straße merkte Diana, dass etwas Entscheidendes fehlte.

unsere Lebensrealitäten waren, als ich Felix hinter mir erschrocken »Ähm, Diana« murmeln hörte. Die Betonung seiner Worte sagte mir bereits, dass dem nichts Gutes folgen konnte. »Wo ist denn dein Rucksack?« Reflexartig griff ich dorthin, wo eigentlich die Träger sitzen sollten, doch da war nichts. Wortlos drehte ich mich zu ihm um und sah in seine fassungslosen Augen. »Nicht dein fucking Ernst«, sagte er. Nun merkte auch Esty, dass etwas nicht stimmte. »Everything okay?« Nein, gar nichts war okay. Ich hatte eines der wenigen Dinge verloren, auf die ich aufpassen musste und das zum dritten Mal an einem Tag. Ich Vollidiotin hatte meinen Rucksack samt Kameras, Mikros und Stativen in einem Straßenlokal stehen lassen. Ich war den Tränen nah und gleichzeitig kurz davor, mich selbst zu ohrfeigen. Der Laden war gut besucht und der Tisch, an dem wir saßen, hatte direkt auf dem Bürgersteig gestanden. Diesmal hatte ich es endgültig verkackt.

Erst auf dem Weg zurück fiel mir auf, wie weit wir schon gelaufen waren. Esty versuchte mich zu beruhigen, doch ich hatte die Hoffnung längst aufgegeben. Zum Glück war meine Bauchtasche noch da, wo sie sein sollte. So musste ich immerhin nicht zur Botschaft, um einen neuen Pass zu beantragen. Esty telefonierte. Ich verstand kein Wort und lief schweigend neben ihr her. Felix ging ein paar Meter voraus. Wahrscheinlich war er sauer – zu Recht. Als das Lokal schließlich am Horizont auftauchte, beendete Esty ihr Telefonat und legte mir eine Hand auf die Schulter. »Ich habe mit dem Küchenchef gesprochen. Sie haben deinen Rucksack gefunden und ihn in Sicherheit gebracht.« Wenn ich alles glaubte, aber so viel Glück konnte nun wirklich kein Mensch haben. Kurz darauf wurden wir von einer versammelten – und vor allem laut lachenden – Belegschaft empfangen. So bekam ich meinen Rucksack ein weiteres Mal mit vollständigem Inhalt zurück. Eins stand fest, ich musste dringend den Schlaf der letzten Nächte nachholen, meinen Jetlag überwinden und wieder zu Verstand kommen, bevor ich im nächsten Blackout meinen Reisepass beim illegalen Glücksspiel hinter dem Hostel verlor.

KLEINE PUNKROCKWELT

Felix, SINGAPUR

Okay. Diana hatte es geschafft, an einem einzigen Tag alles zu verlieren, worauf sie aufpassen musste – und das gefühlt hundertmal. Das Ganze war ihr sichtlich peinlich und wahrscheinlich glaubte sie, dass ich sie für komplett bescheuert hielt. Die Wahrheit war jedoch, dass ich ihre Verpeiltheit als eine Art Deppenvorschuss verbuchte, für den ich insgeheim sehr dankbar war. Es war nur eine Frage der Zeit, bis mir selbst etwas Dummes passierte und ich war froh, dass ich nicht der Erste war. Wobei ich den Anfang ja strenggenommen

Esty will Frauen dazu ermutigen, selbst in der männerdominierten Szene aktiv zu werden.

bereits gemacht hatte, als ich bei meiner Ankunft in Hongkong das Tablet verloren und nie wiedergesehen habe. Diana hatte da deutlich mehr Glück. Als wir wieder im Besitz ihres Rucksacks waren und uns erneut auf den Weg zum Proberaum machten, stieg die Vorfreude wie ein Sektschwips in mir auf. Endlich wieder Punkrock!

Gefühlt waren bereits Monate seit dem letzten Konzertbesuch vergangen. Das war natürlich Quatsch, doch ich freute mich, dass es nun endlich zurück in den Underground ging. Umso verwunderter war ich, als wir nach einem zwanzigminütigen Spaziergang durch die Arab Street vor einem Einkaufszentrum stehenblieben. »Hier ist es«, sagte Esty und ging durch die quietschende Drehtür hinein. Strenggenommen ist ganz Singapur eine riesige Shopping Mall, weshalb ich meine Überraschung rückblickend nicht mehr ganz nachvollziehen kann. Doch in dem Moment verstand ich die Welt nicht mehr. Von außen wirkte das Gebäude deutlich weniger glamourös als wir es von der Stadt gewohnt waren und als wir die Eingangshalle betraten, dämmerte uns auch warum. Bis auf einen kleinen Kiosk, in dem man Getränke und Zigaretten kaufen konnte, waren sämtliche Geschäfte geschlossen. Die lahmgelegten Rolltreppen, die vor uns in die Höhe ragten, hatten etwas von einem Dinosaurier-Skelett und die verbarrikadierten Ladenzeilen, vor denen vereinzelte Securities auf und ab liefen, hatten etwas von einer »Resident Evil«-Kulisse. Ich fragte mich ernsthaft, ob uns hinter der nächsten Ecke ein postapokalyptischer Zombiekampf erwartete.

Esty holte den Aufzug. Klar, der fuhr natürlich noch. Wer nimmt in einem verlassenen Einkaufszentrum auch schon gerne die Treppe? Oben angekommen, waren wir die einzigen Menschen weit und breit. Der Staub auf den heruntergelassenen Gittern verriet, dass sie schon länger nicht bewegt worden waren. »This way«, sagte Esty und deutete in die Richtung einer flackernden Glühbirne. Der Hall unserer Schritte eilte uns durch die langen Gänge voraus. »Have you seen ›Dawn of the Dead‹?«, fragte Diana und lachte. Offenbar war ich nicht der einzige, der die verlassene Mall mit Zombies assoziierte. Am Ende des Korridors blieb Esty stehen und öffnete eine schwere Tür, hinter der sich ein winziger Raum verbarg. Der Rest der Band erwartete uns bereits. »Hey guys, how are you?«, fragte der Drummer und stand von seinem Hocker auf. Wir stellten uns vor und ich inspizierte die Verstärker, während Diana ihre »Lost everything«-Story zum Besten gab. Schlagzeug und Equipment nahmen fast die Hälfte des Raumes ein, in den maximal zwei Smarts gepasst hätten. Neben dem Gitarren-Amp hing ein Zettel, der auf die Instabilität der Wand hinwies und dringend davon abriet, sich anzulehnen. Keine Ahnung, ob es eine gute Idee war, ausgerechnet an Dianas Pechtag herzukommen.

Wie sich herausstellte, probte die Band für ihren ersten Auftritt. Auch für Sängerin Sally sollte es eine Premiere sein, denn sie hatte noch nie vor Publikum performt. Die Nervosität war ihr deutlich anzumerken. Ihre Kappe trug sie tief ins Gesicht gezogen und während der ersten Songs kehrte sie ihren Bandkollegen den Rücken zu und shoutete gegen die Wand. Der Sound war brachial und sie machte ihre Sache gut, doch ich fragte mich, wie sie sich in Front einer Crowd verhalten würde, wenn wir sie bereits aus der Ruhe brachten. Die Luft in dem engen Raum wurde mit jedem Song dünner und nach dem vierten beschloss die Band, eine Pause einzulegen. »Habt ihr schon viele Shows in Asien besucht?«, fragte Sally. Ich erzählte von ein paar Konzerten, die mir besonders in Erinnerung geblieben waren und ihre Miene hellte sich auf. »Habt ihr morgen schon was vor?« Das war mein Stichwort. Schon vor einer Woche hatte mir ein Typ, den ich auf Bandcamp kontaktiert hatte, online einen Flyer zugespielt, der für eine Show mit verschiedenen Punk- und Hardcore-Bands warb. Es gab nur ein Problem: Dort wo eigentlich die Venue stehen sollte, stand »Ask a punk« – und eben jener antwortete mir nicht mehr.

»Wir wollen zu dieser Show gehen, aber haben leider keine Ahnung, wo wir hinmüssen«, schilderte ich das Problem und suchte den Flyer auf meinem Smartphone heraus. »Schade, sonst hättet ihr auch gerne zu uns kommen können«, sagte Sally und nahm mein Handy entgegen. Als sie den Flyer sah, brach sie in schallendes Gelächter aus. »Das ist unser Flyer«, rief sie den

Esty, Ifran und Sally bei der Generalprobe für das erste C.L.A.W.-Konzert.

Der rätselhafte Flyer und Estys Antifa-Bass.

anderen zu. »Hier unten stehen wir«, sie zeigte auf ein handgemaltes Logo. Nicht zu fassen, dort stand tatsächlich »C.L.A.W«. »Ja und wo befindet sich die geheime Venue jetzt?«, hakte Diana nach. »Na, hier«, antwortete Sally. »In der Mall? Wie cool, wo denn genau?« Ihr Finger wanderte von einer Wand zur anderen. »Genau hier«, grinste sie. »Wir räumen den ganzen Kram in den Plattenladen nebenan und lassen nur das Schlagzeug und die Verstärker hier.« Nun war ich verwirrt. Auch wenn sie die Gitarrenkoffer und Drumcases herausräumten – am Ende des Tages handelte es sich trotzdem bloß um eine Zwei-Smart-Garage mit einsturzgefährdeter Rigipswand. Allein die vier angekündigten Bands, Diana und ich waren zusammengerechnet mehr Leute als innerhalb der wackligen Wände atmen konnten – und von welchem Plattenladen redete sie überhaupt?

»Kommt mit«, Esty führte uns in den ebenso kleinen Laden nebenan – einen gut ausgestatteten Record Store, in dem es Vinyl, CDs, Tapes und Patches gab. Sogar deutschsprachige Antifa-Buttons gehörten zum Sortiment. Wir kauften ein paar Aufnäher und gingen wieder zurück, um uns den zweiten Teil der Probe anzusehen. Nach weiteren fünf Songs räumten die Jungs und Mädels schließlich zusammen. »Habt ihr noch Lust, was mit uns essen zu gehen?«, fragte Shafiq und wischte sich mit einem Handtuch den Schweiß von der Stirn. Ich mochte den Drummer mit der Rahmenbrille und Hunger hatte ich ja sowieso immer. »Gerne«, antwortete ich und hoffte, dass das auch in Dianas Sinne war. Doch die war bereits in ein Gespräch mit Ifran und Sally vertieft. Auf dem Weg zur nächsten Garküche erzählte Shafiq mir, dass er gerade zwei Jahre Militärdienst hinter sich gebracht hatte. Die Wehrpflicht gilt in Singapur für alle Männer zwischen sechzehneinhalb und fünfzig Jahren – eine Verweigerung aus Gewissensgründen wird weder gesetzlich noch in der Praxis anerkannt. Der Schlagzeuger berichtete von tagelangen Kriegsübungen im Dschungel, bei denen sie nichts zu essen bekamen und sich weder waschen noch umziehen durften.

Seine sonst so freundlichen Gesichtszüge wurden hart, als er von den schlechten Hygienebedingungen und den Drill-Methoden seiner Vorgesetzten erzählte. »Einmal waren wir fast eine Woche bei der drückenden Schwüle im Regenwald und einem meiner Kameraden ging es von Tag zu Tag schlechter. Als er schließlich mit hohem Fieber ins Krankenhaus kam, war es fast zu spät.« Shafiq schluckte. »Die Schleimhaut seiner Eichel hatte sich so stark entzündet, dass er beinahe an einer Blutvergiftung gestorben wäre.« Dankbar dachte ich an meine eigene unkomplizierte Ausmusterung zurück und fühlte mich schlecht. Shafiq starrte ins Leere. »Ohne Scheiß, das wünsche ich niemandem. Ich bin so froh, wieder zuhause zu sein!« An diesem Abend saßen wir noch lange mit der Band zusammen und sprachen über die Schere zwischen Arm und Reich, missverstandene Religionen und die gewagte Theorie, dass Weißwein zu Sekt wird, wenn man Sprite hineinkippt.

ESKALATION IM EINKAUFSZENTRUM

Diana, SINGAPUR

Unser letzter Tag in Singapur neigte sich dem Ende, ohne dass wir etwas vom Tageslicht gesehen hatten. Seit acht Stunden lungerten wir schon in dem fensterlosen Gemeinschaftsraum unseres Hostels herum und erledigten all die lästigen Dinge, die wir eine Woche vor uns hergeschoben hatten. Wir wuschen unsere Wäsche, sicherten die Daten unserer vier Kameras, schrieben einen längst überfälligen Blog-Artikel und nutzten das Internet, um ein paar Folgen »Family Guy« für die anstehende Busfahrt aufs Tablet zu laden. Denn am nächsten Morgen sollte die Reise nach Malaysia weitergehen. Dummerweise war das mittlerweile so vertraute Zwölfbettzimmer für die kommende Nacht schon seit Wochen ausgebucht. So waren wir gezwungen, vor unserer Weiterreise noch mal umzuziehen. Das nervte. Was ebenfalls nervte, war die Tatsache, dass ein Typ vom Personal Felix' Armbanduhr geklaut hatte. Natürlich war er davon ausgegangen, dass wir den fensterlosen Ort des Schreckens (es gab tatsächlich nicht ein einziges Fenster im ganzen

Gebäude) direkt nach dem Auschecken verlassen und das Fehlen der Uhr erst weit außerhalb seiner Reichweite bemerken würden. Stattdessen hatten wir uns für die Erledigung der unendlichen To-do-Liste neben seiner Rezeption niedergelassen und nun bestand Felix darauf, dass die Uhr vom Personal gefunden worden sein musste. Schließlich hatte er aus dem Hongkong-Vorfall mit dem iPad gelernt, dass man hartnäckig bleiben musste, um nicht für blöd verkauft zu werden. Und siehe da, zwei Stunden später wurde die Armbanduhr dann doch noch gefunden – in der Schublade des Rezeptionisten. Wie sie dort hingekommen war, konnte er sich natürlich auch nicht erklären. Jemand vom Reinigungspersonal musste sie dorthin gelegt haben. Ja, nee, ist klar.

Als wir am Abend unser neues Hotelzimmer bezogen, waren wir fix und fertig: nass geschwitzt von dem Weg durch die Stadt und müde von all den unliebsamen Dingen, die wir erledigt hatten. Das Zimmer war gerade teuer genug, um in den Tripvisitor-Bewertungen keine eindeutigen Hinweise auf Prostitution zu finden – dafür war es sogar ganz gemütlich. Doch an Bett und Schlaf war nicht zu denken, denn nun standen die Shows von C.L.A.W. und den anderen Bands auf dem Programm. Als wir das Einkaufszentrum erreichten, kam es uns noch verlassener vor als am Tag zuvor. Der Kiosk im Erdgeschoss hatte noch geöffnet, alle anderen Läden waren hinter den schweren Gittern und heruntergelassenen Metalljalousien bloß zu erahnen. »Da seid ihr ja«, rief Sally vom Aufzug zu uns herüber und strahlte. Wir umarmten uns zur Begrüßung und fuhren gemeinsam nach oben. Die Frontfrau nahm einen Schluck aus der Weinflasche, die sie zur Feier des Tages mitgebracht hatte. Die Aufregung war ihr anzumerken, schließlich war es ihr erster Auftritt überhaupt. Doch aus irgendeinem Grund wirkte sie cooler und selbstbewusster als bei der Probe am Abend zuvor. Keine Kappe mehr, unter der sie sich versteckte. Kein ausweichender Blick, während wir sprachen. Das Adrenalin stand ihr gut. Mit einem »Bing« öffnete sich die Fahrstuhltür und wir traten nacheinander heraus. In den endlosen Gängen herrschte gähnende Leere und nach wie vor deutete nichts darauf hin, dass zwischen den verbarrikadierten Ladenfronten gleich ein Konzert stattfinden sollte. Im Gegenteil, es schien, als hätten wir den einzigen Lost-Place inmitten der pulsierenden Metropole entdeckt.

Im Record Store hatte sich bereits eine Handvoll Leute eingefunden. Wir gesellten uns zu ihnen und flippten zum Zeitvertreib ein paar Platten durch. Neben einer ordentlichen Auswahl lokaler Hardcore- und Punkrockbands, waren auch Klassiker von den Bad Brains, NOFX und Misfits vertreten. Sogar ein WIZO-Album war darunter, was mich in Anbetracht des Interviews, das ich vor gerade mal drei Wochen mit Sänger Axel geführt hatte, besonders amüsierte. Als wir zurück auf den Gang hinaustraten, hatte es sich in der

Vorglühen mit Esty und Sally auf den leeren Gängen des Einkaufszentrums.

Versteckter Plattenladen, der einige Überraschungen bereithielt.

Fotosession mit Alin und Aisyah von den Radigals (oben) und Sally und Esty von C.L.A.W.

Zwischenzeit gut gefüllt. Überall standen Punks herum und auf dem Boden saßen Leute in kleinen Gruppen zusammen und tranken Dosenbier. »BYOB« lautete das Motto des Abends, was für »Bring your own beer« stand. Auch wir hatten zwei Sixpacks dabei. »Ich glaube, es ist Zeit, auf die nächste Etappe anzustoßen«, verkündete Felix in Hinblick auf die morgige Weiterreise und reichte mir eine Dose aus seinem Rucksack. »Und auf einen unvergesslichen letzten Abend in Singapur«, antwortete ich und prostete ihm zu. Mein Wunsch sollte in Erfüllung gehen.

Der circa 15 Quadratmeter große Raum, platzte aus allen Nähten, als die erste Band zu spielen begann. An die 40 Leute hatten sich hineingezwängt. Vielleicht sogar mehr. Die doppelte Tür war hinter mir ins Schloss gefallen und ich beschloss, in der Nähe zu bleiben, nur für den Fall, dass ich klaustrophobische Beklemmungen bekam. Felix hingegen kämpfte sich mit seiner Kamera den Weg nach vorne. Der Sound, der aus den Boxen dröhnte, war rau und dreckig. Die Wände wackelten im Takt der Bassdrum und die heiße Luft war so schwer, dass sie uns beinahe erdrückte. Nach dem dritten Song siegte die Platzangst und ich musste raus. Meiner Begeisterung tat das jedoch keinen Abbruch – das Ganze war eine Underground-Show aus dem Bilderbuch. Zwanzig Minuten später öffnete sich die Tür und spuckte einen triefenden Punk nach dem anderen aus. Felix war einer von ihnen. »Wahnsinn, oder?«, keuchte er und klickte sich mit leuchtenden Augen durch die Fotos, die er gemacht hatte. Bis C.L.A.W. dran waren, hatten wir noch ein bisschen Zeit. Also mischten wir uns unters Volk, um ein paar Leute kennenzulernen. Die meisten von ihnen hatten sich bereits gefragt, wie die Europäer von der geheimen Show erfahren hatten. Wir erzählten ihnen von unserem Vorhaben und dem Treffen mit Esty und eh wir uns versahen, gehörten wir einfach dazu. Der Rest des Abends glich einem Konzert im Essener *Don't Panic* – egal an welchem Grüppchen wir vorbeikamen, irgendwer rief immer unsere Namen und wollte quatschen.

Es war der erste C.L.A.W.-Auftritt überhaupt. Daher überwand ich für Sally, Esty, Ifran und Shafiq meine Platzangst und platzierte mich rechtzeitig vor der Bühne (die streng genommen gar keine war). »Geht ja«, dachte ich und atmete tief durch. Wie schlimm konnte es schon werden? Der Typ vor mir hatte immerhin ein Kleinkind auf den Schultern. Doch die Leute strömten weiter hinter mir herein und keine fünf Minuten später war der Raum genauso rappelvoll wie beim Konzert davor. Ein letztes Mal drehte ich mich zu der Tür um, die nun von einem wabernden Menschenpfropf versperrt war. Spontan rausgehen war diesmal nicht drin, da musste ich jetzt durch. Sally war wie ausgewechselt. Die Sängerin, die bei der Probe zum Teil mit geschlossenen Augen gegen die Wand gesungen hatte, war dem Publikum nun auf Augenhöhe zugewandt und schrie ihre Lyrics mit einer Aggression heraus, die ich ihr niemals zugetraut hätte. Da ich kurz davor war, dem Baby auf den Schultern vor mir den Gehörschutz zu klauen, stopfte ich mir stattdessen Taschentücher in die Ohren und holte meine Kamera heraus. Sally hatte die Crowd fest im Griff: Die Stimmung war Bombe und der Schweiß begann bereits von der niedrigen Decke zu tropfen. Beim nächsten Song brachten die ersten Reihen plötzlich

Bewegung in die Sache. Zu meinem Entsetzen wurde ich dabei immer wieder gegen das Schild geschleudert, das auf die Instabilität der Wand hinwies, an der es befestigt war. Meine Punkrock-Attitüde in allen Ehren, doch ich wollte nicht als die Europäerin in die singapurische Underground-Geschichte eingehen, die beim C.L.A.W.-Debüt durch die Wand gebrochen und im benachbarten Plattenladen gelandet war. Also rempelte ich mit aller Kraft zurück und plötzlich war ich mittendrin. Nach der Show war ich es, die durch die Tür flutschte und irgendwas von »Wahnsinn« faselte. Genau dafür war ich hergekommen.

Aus dem Plattenladen dröhnte mittlerweile asiatische Popmusik und einige Leute waren bei »Macarena«-ähnlichen Gruppentänzen angelangt. Aber auch auf den Gängen wurde die Stimmung immer ausgelassener. Wir setzten uns zu Esty und Sally auf den Boden und beglückwünschten sie zu ihrer gelungenen Show. Beide sahen überglücklich aus und nahmen abwechselnd einen Schluck aus der Weinflasche, die noch immer halbvoll war. »Was hat es eigentlich mit denen auf sich?«, fragte Felix in die Runde und deutete auf zwei Frauen am Ende des Ganges, die aussahen wie fleischgewordene Disney-Prinzessinnen. Ihre bodenlangen Kleider waren mit unzähligen Pailletten und funkelnden Steinchen besetzt. Die toupierten Haare fielen ihnen in perfekten Wellen über die Schultern und dank der künstlichen Wimpern schauten sie aus unwirklichen Puppengesichtern zu uns herüber. »Ach, die aufgetakelten Ladys gehen alle in den Club am Ende des Ganges«, erklärte Esty. »Ist eine der ältesten Discos Singapurs, aber da gehen nur alte Leute hin. Da läuft ganz furchtbare Musik.« Auch mir waren schon ein paar dieser Schönheitsköniginnen auf der Toilette begegnet – das Rätsel ihrer Herkunft war somit gelüftet.

Schließlich zogen wir uns mit Sally, Esty und Alin, der Gitarristin der Radigals, für ein Interview ins benachbarte Parkhaus zurück. Sie brauchten einen Moment, um mit der Kamera warm zu werden. Doch als sie sich erst mal an die Situation gewöhnt hatten, erzählten sie unbefangen von ihrer Rolle als Frau in der südostasiatischen Hardcore-Szene und sprachen über alltägliche Vorurteile, Mobbing und Sexismus. Es war ein Gespräch, das mich bereits

Das südkoreanische Hardcore-Trio My Man Mike bei ihrem Tour-Abschluss in Singapur.

während ich es führte gleichermaßen beeindruckte wie irritierte. Denn zum einen saßen mir drei junge Frauen aus dem streng reglementierten Singapur gegenüber, die unter einem »Smoking Prohibited«-Schild selbstgedrehte Zigaretten rauchten und sich ihren Gesellschaftsnormen zum Trotz öffentlich gegen das Patriarchat auflehnten. Zum anderen ließen sie auch ihre verletzlichen Seiten durchblicken und trafen Aussagen, die ich von feministischen Hardcore-Musikerinnen ehrlich gesagt nicht erwartet hatte.

So fragte ich sie unter anderem nach den Plänen und Zielen ihrer Bands und ob sie die Musik als Hobby begriffen oder vom großen Durchbruch träumten. Estys Antwort will mir bis heute nicht aus dem Kopf gehen: »Wir machen das bis wir heiraten und Kinder kriegen.« Die Absurdität ihrer Worte war ihr vollkommen bewusst. Doch an den Reaktionen der anderen beiden merkte ich sofort, dass diese ihre Ansicht nicht unbedingt teilten. Vielleicht war Estys Ehrlichkeit ihnen aber auch einfach bloß unangenehm. Je länger ich über ihre Aussage nachdenke, desto mehr Grundsatzfragen stellen sich mir: Ist es Verrat an der Sache, ein Herzensprojekt für ein anderes aufzugeben? Sind Feminismus, Heirat und Familiengründung überhaupt miteinander vereinbar? Oder unterliegt man als Feministin gar einer Art emanzipatorischer

Zensur, sobald man sich nach einem bürgerlichen Lebenskonzept sehnt? Ich habe bisher noch keine allgemeingültige Antwort auf diese Fragen gefunden, doch das Interview mit Esty, Alin und Sally hat mir gezeigt, dass wir als Feministinnen trotz aller Unterschiede in Bezug auf unsere Herkunft an dieser Front alle mit denselben Problemen und Gewissensfragen kämpfen.

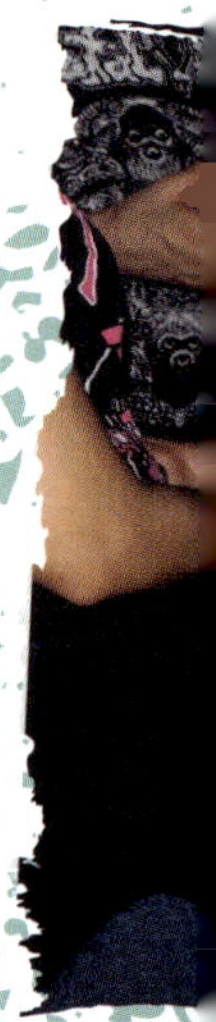

Zufrieden mit dem Verlauf des Interviews und etwas aufgekratzt kehrten wir schließlich zu den anderen zurück – gerade rechtzeitig zur Show von My Man Mike. Das südkoreanische Hardcore-Trio feierte an dem Abend den Abschluss einer erfolgreichen Tour, dementsprechend ausgelassen war die Stimmung in dem prall gefüllten Kabuff. Sänger Sunwoon schrie sich um Kopf und Kragen, während sich in den ersten Reihen ein Moshpit zusammenbraute. Irgendwo mittendrin ragte Felix' Arm samt Kamera heraus. Im nächsten Moment wurde er nach vorne geschleudert und kaum hatte ich ihn aus den Augen verloren, tauchte er am anderen Ende des Raums wieder auf. Ich zog es hingegen vor, in Türnähe zu transpirieren. Als wir uns nach dem Konzert wieder am Plattenladen trafen, trauten wir unseren Augen nicht. Wo eben noch ausgelassen zu Popmusik getanzt wurde, saßen die Leute nun gesittet an einem Tisch, aßen Yum-Yum-Suppen und spielten Karten. Okay, das war mal eine After-Show-Party der anderen Art. Doch wir sollten nicht enttäuscht werden, denn als wir das nächste Mal im Konzertraum vorbeischauten, eskalierten die Punks darin gerade zu den Backstreet Boys. Geil! Zum Woo-Girl mutierend schmiss ich meinen Rucksack in die Ecke und stürmte die Tanzfläche. Felix folgte mir. »Everybooody!« Sämtliche Arme um uns herum flogen in die Luft. »Yeah! Yeah!« In der folgenden Stunde jagte ein Hit den nächsten und wir packten unsere coolsten Dance-Moves aus, bis schließlich unser Bier alle war.

Als wir eine Viertelstunde später vom Kiosk zurückkamen, war die Party beendet. Ifran fegte bereits um die letzten Besucher herum und die Musik war auf Zimmerlautstärke heruntergedreht. Esty und Sally saßen mit dem Rücken zur instabilen Wand auf dem Boden und reichten noch immer dieselbe Weinflasche umher. Ich setzte mich zu ihnen. »Wie sieht denn der weitere Plan für heute aus?«, fragte ich mit einem Blick auf die Uhr. Es war kurz vor Mitternacht. Fragende Gesichter. »Nun, die Show ist vorbei«, erklärte Esty. »Normalerweise gehen wir jetzt nach Hause.« Darauf war ich nicht gefasst. Es war Samstag und mein Gehirn sagte mir, dass wir gerade mit dem Vorglühen fertig waren. Im selben Moment stürmte ein aufgeregter Felix zu uns herein: »Die Jungs von My Man Mike und ich haben beschlossen, uns den asiatischen Schlager-Club am Ende des Ganges anzusehen! Kommst du mit?« Das war genau der Aktionismus, auf den ich gewartet hatte. Ich erklärte den anderen, was wir vorhatten, doch die kamen aus dem Lachen gar nicht mehr heraus. »Für kein Geld der Welt«, rief Sally. »Das ist so ziemlich der spießigste und

Die Punkerbande in der Schlager-Bar.

uncoolste Laden, den Singapur zu bieten hat.« Fünf Minuten später staunte man in dem besagten Etablissement nicht schlecht, als sich eine Gruppe von 15 Punks in einer der plüschigen Sofaecken niederließ. Die Schönheitsköniginnen, die uns im Laufe des Abends immer wieder auf dem Flur begegnet waren, standen in Reih und Glied auf der Bühne und gaben abwechselnd asiatische Klassiker zum Besten. Auf der Tanzfläche schwoften ein paar angeschwipste Mittvierziger zu den Melodien, die mich allesamt an den »Super Mario«-Soundtrack des Asien-Levels erinnerten.

»Je mehr Leute tanzen und je größer der Applaus, desto mehr Blumenkränze bekommen die Frauen von der Jury«, klärte mich die freundliche Punkerin neben mir auf. »Und am Ende des Abends bekommen sie für jeden Kranz 100 SGD (63 Euro). Manche kommen dafür sogar extra aus dem Ausland angereist, doch wenn es blöd läuft, gehen sie leer aus.« Mit einem Mal wirkten die Prinzessinnen-Klone ziemlich traurig auf mich. »Wenn das so ist, sollten wir die Tanzfläche ein bisschen aufmischen und den Ladys ein paar Blumenkränze verschaffen«, verkündete der Gitarrist von My Man Mike und trank den Rest seines Biers auf Ex. So kam es, dass wir an unserem letzten Abend in Singapur mit einem Haufen Punks auf einer Schlagerparty tanzten, um für bessere Zahlungsbedingungen bei einer Misswahl zu sorgen. Ausgelassen sprangen wir mit Luftschlangen behangen zwischen dem amüsierten Stammpublikum umher und waren uns sicher: Dieser Abschluss würde unvergessen bleiben.

DIE RIOT GRRRLS DER LÖWENMETROPOLE

Interview mit Alin, ESTY
und Sally von den Bands
Radigals und C.L.A.W.

Die Radigals sind eine All-Girl-Hardcore-Band, die sich längst über die heimischen Grenzen hinaus einen Namen in Sachen Female Empowerment erspielt hat. Und auch bei C.L.A.W. steht Gender Equality im Mittelpunkt. Im Gespräch erzählten uns Sally, Esty und Alin von den alternativen Strukturen in Singapur und den Vorurteilen, denen sie in der männerdominierten Szene regelmäßig begegnen. Es war das erste Interview, das wir als Team geführt haben – und zwar nachts, im Parkhaus der verlassenen Shopping Mall.

Der Frauenanteil in Hardcorekreisen ist nicht sehr groß – wie seid ihr mit der Szene in Kontakt gekommen?

Sally: Meine Wurzeln liegen im Punkrock. Ich war damals 15 und stand auf die typischen Einstiegssongs von Blink 182 und Green Day. Doch obwohl mir die Musik gefiel, wollte der Funke nicht so richtig überspringen. Erst als ich begann, zu Punkrock- und Hardcore-Shows zu gehen, realisierte ich, dass viel mehr dahintersteckt als Mainstream-Bands vermitteln können.

Alin: Mein Interesse wurde durch eine Hardcore-Show der Band Xibalba geweckt. Das muss 2012 gewesen sein. Danach begann ich, mich mit der Szene auseinanderzusetzen. Ich schaute mir viele Fotos an und las einige Bandbiografien. Dabei stellte sich schnell heraus, dass es sehr wohl aktive Frauen in der Szene gibt – sie bekommen nur leider nicht genug Aufmerksamkeit.

Esty: Bei mir fing es ebenfalls mit Konzertbesuchen an. Meine erste Show war die einer lokalen Ska-Punk-Band namens Cesspit. Sie waren wirklich gut und obwohl ich erst 14 Jahre alt war, habe ich daraufhin angefangen, regelmäßig zu Ska-Konzerten zu gehen. In dieser Zeit lernte ich viele neue Leute kennen und kam ich schließlich auch mit der Hardcore-Szene in Berührung. Seitdem ist es um mich geschehen. Meistens sind es die Lyrics und die unverblümten Botschaften, die mich begeistern. Sie geben mir die Kraft, immer nach vorne zu schauen und meinen eigenen Weg zu gehen. Doch ich erinnere mich, dass mir damals direkt der Frauenmangel aufgefallen ist. Seither hat sich zum Glück einiges getan – es sind noch immer nicht viele Bands, in denen Frauen aktiv sind, doch mittlerweile gibt es immerhin ein paar. Das ist ein Anfang.

Was genau hat sich dahingehend in den letzten Jahren verändert?

Sally: Es rücken immer mehr junge Frauen nach. Sie trauen sich aus ihrer Komfortzone heraus, machen Musik oder sind anderweitig in der Szene aktiv. Man liest auch immer mehr über Female-Fronted-Bands, wobei ich persönlich kein Fan von dieser Schublade bin. Es sollte nicht darum gehen, ob du eine Frau oder ein Kerl bist – die Hauptsache ist doch, dass du in der Szene akzeptiert wirst und dass alle gleichberechtigt sind. Niemand sollte Vorurteilen aufgrund seines Geschlechts begegnen.

Wie sah das in eurer Jugend aus, seid ihr anders behandelt worden als gleichaltrige Jungs?

Sally: Als heranwachsendes Mädchen bist du von sehr vielen Regeln und gesellschaftlichen Normen umgeben, die dir vorgeben, was du zu tun und zu lassen hast. Ich kann mich noch gut an den Tag erinnern, an dem ich meiner Mutter erzählte, dass ich E-Bass lernen möchte. »Das ist nichts für dich«, hat sie damals gesagt. »Warum interessiert dich das überhaupt, versuchst du ein Junge zu sein?« Auch wenn sie es nicht schaffte, mich von der Idee abzubringen, etwas verunsichert war ich schon. Kurz darauf traf ich die anderen Mädels. Sie brannten für Feminismus und Girl Power und öffneten mir die Augen. An diesem Punkt dachte ich: »Fuck it! Ich werde Bass lernen und ich tue es für mich.«

Wie stehen eure Familien heute zu den Radigals und C.L.A.W.?

Alin: Meiner Mutter gefällt der Gedanke bis heute nicht, dass ich in einer Band spiele. Doch sie hat sich damit arrangiert. Mein Vater hat mich hingegen von Anfang an unterstützt.

Esty: Meine Eltern haben beide einen musikalischen Background – meine Mutter spielt Schlagzeug und mein Vater Gitarre. Sie fanden es gut, als ich ihnen eröffnete, dass ich mir trotzdem einen Bass kaufen werde. Doch sie befürchten nach wie vor, dass die Leute, die ich durch meine Bands treffe, ein schlechter Umgang für mich sind. Das trug dazu bei, dass ich sie nie um Hilfe gebeten habe, als ich Bassspielen lernte – stattdessen schaute ich mir jede Menge YouTube-Tutorials an.

Haben eure Eltern jemals eine eurer Shows besucht?

Sally: Nein, das versuche ich um jeden Preis zu vermeiden. Sie wissen zwar, dass mein Mann in einer Band spielt und er Auftritte in Indonesien, Malaysia und anderen Ländern hat. Doch in ihrer Vorstellung singt er zu den Klängen einer Akustikgitarre. Sie würden vermutlich tot umfallen, wenn sie hören würden, was er wirklich macht.

Esty: Meine Mutter hat ein paar Freunde, die sich in der Szene bewegen, doch sie will mir nicht verraten, wer es ist. Das macht mich noch ganz paranoid. Aber sie scheinen in Ordnung zu sein, denn sie berichten meiner Mutter nur Gutes über mich, wenn sie mal wieder eine Show besucht haben.

Die heutige Show findet in eurem Proberaum in einer verlassenen Shopping Mall statt. Ist dieser D.I.Y.-Rahmen die Regel oder gab es heute einen speziellen Grund dafür?

Sally: Wir haben definitiv ein Problem mit Venues in Singapur – denn kaum wird ein Laden eröffnet, macht er auch schon wieder zu. Dieser Umstand führt dazu, dass es für uns nicht die eine Location gibt, die einen Treffpunkt für die gesamte Szene darstellt. Das macht es nicht gerade einfach. Andererseits führt der Mangel an Venues zu einem größeren Zusammenhalt. Das beste Beispiel dafür ist der heutige Abend, an dem insgesamt vier Bands in unserem Proberaum auftreten. Klar, die Leute müssen ihre eigenen Getränke mitbringen und der kleine Raum platzt aus allen Nähten. Doch die Stimmung ist großartig und wir sind stolz darauf, auf diese Weise einen Teil zu unserem Kollektiv beitragen zu können. Denn das sind wir – ein Punkrock- und Hardcore-Kollektiv.

Esty, auf deinem Bass klebt ein Sticker der deutschen Antifa und am Merchstand haben wir Buttons mit den deutschen Worten »Gegen Homophobie« entdeckt. Wie kommt das?

Esty: Wir kennen jemanden, der nach Deutschland ausgewandert ist und auch einige Leute, die schon mal in Europa waren – daher gibt es gewisse Einflüsse. Eine direkte Verbindung zur deutschen Antifa existiert nicht, doch ich teile ihre Ideologie. Denn ich bin ganz klar gegen Rassismus, Sexismus, Faschismus und jegliche Form der Unterdrückung. Den Antifa-Sticker hat mir mein Verlobter geschenkt, weil er weiß, dass mir diese Werte viel bedeuten. Rückblickend habe ich diese Denkweise der lokalen Skinheadszene zu verdanken, die mich sehr beeinflusst hat. Denn die Skinheads stehen für genau diese Werte und das kommt in Singapur nicht oft vor. Sie freuen sich immer, wenn sie bei einer Show den Sticker auf meinem Bass entdecken. Das Antifa-Logo ist hier eine Art geheimes Zeichen, das nur Gleichgesinnte erkennen.

Die Radigals stehen für Female Empowerment und Gleichberechtigung, welche Themen hat sich C.L.A.W. auf die Fahnen geschrieben?

Sally: Es ist im Grunde bereits eine Message, dass die Hälfte unserer Band aus Frauen besteht. Es müssen nicht immer Typen sein, die auf der Bühne stehen – Frauen können das auch. Ich habe mich neulich mit einer anderen Musikerin unterhalten und sie fragte mich: »Was ist falsch daran, wenn ich mir auf der Bühne in den Schritt oder an die Brüste fasse? Das ist mein Körper und wenn es das ist, was ich tun will, ist das vollkommen okay.« Und sie hat recht, warum ist es für alle normal, wenn sich ein Typ auf der Bühne an die Eier packt, aber ein Problem, wenn sich eine Frau zwischen die Beine fasst? Fühlen sich Männer dadurch bedroht oder unwohl? Dann müssen sie da durch. Denn eine Band ist eine Band, unabhängig der Geschlechter ihrer Mitglieder.

Wann sind euch diese Ungerechtigkeiten erstmals bewusst geworden?

Sally: Schon sehr früh. Als ich ein junges Mädchen war, bin ich verrückt nach Michael Jackson gewesen. Ich habe es geliebt, wie er zu singen und zu tanzen und natürlich habe ich auch seinen berühmten Crotch-Grab nicht ausgelassen. Die Erwachsenen waren entsetzt. »Du bist ein Mädchen, du darfst so nicht tanzen«, ermahnten sie mich. Das habe ich damals schon nicht verstanden, schließlich hatte ich bloß die Moves meines Lieblingspopstars imitiert.

Esty: Als wir unsere ersten Auftritte hatten, erwarteten einige Leute, dass wir Kleider und Make-up auf der Bühne tragen. Doch wir zogen Jeans und T-Shirts vor. Bis heute müssen wir uns viele Kommentare bezüglich unseres

Äußeren anhören. Die Leute kennen bloß Girl-Bands aus dem Fernsehen, deren Mitglieder alle superschlank und perfekt geschminkt sind. Es scheint sie zu stören, dass wir nicht in dieses Schema passen, größere Kleidergrößen tragen und uns nicht immer ladylike verhalten. Das nervt, denn an einer Band mit ausschließlich männlichen Mitgliedern würde mit Sicherheit niemand Anstoß nehmen, bloß weil einer ein paar Kilos mehr auf die Waage bringt als der andere.

Sally: Es ist sehr frustrierend, ständig so vielen Erwartungen ausgesetzt zu sein: Warte, bis du gefragt wirst, diskutiere nicht, sei feminin, erhebe deine Stimme nicht … Was soll das? Das bin ich und das ist meine Persönlichkeit – all diese Dinge machen mich aus. Ich war mal mit einem Typen zusammen, der mich darauf hinwies, in der Öffentlichkeit meine Stimme zu senken, weil er der Meinung war, dass es sich für eine Frau nicht gehört, laut zu reden. Ich dachte mir bloß: »What the fuck? Das ist das Dümmste, was ich je gehört habe.«

Müsst ihr euch der besagten Kritik auch bei Auftritten stellen oder trauen sich die Leute bloß im Internet ihre Meinung kundzutun?

Esty: Nein, das sind zwei verschiedene Paar Schuhe. Die meisten würden uns nie ins Gesicht sagen, was ihnen nicht passt. Denn die Szene ist sehr klein und man könnte sich anschließend nicht aus dem Weg gehen. Das ist einer der Gründe, weshalb ich Social Media nicht besonders mag. Aber wir versuchen, solche Kommentare nicht an uns heranzulassen und entfolgen oder blockieren die Verfasser solcher Postings.

Alin: Im Internet schaukeln sich die Kommentare einfach gegenseitig hoch. Das ist oft richtig beschissen.

Sally, du bist die einzige von euch, die verheiratet ist. Wie steht dein Mann dazu, dass du neuerdings die Frontfrau einer Hardcore-Band bist?

Sally: Er hat mich von Anfang an in diesem Vorhaben unterstützt. Als unser Gitarrist vor einiger Zeit auf mich zukam und mir vorschlug, mit ihm eine Band zu gründen, dachte ich, er spinnt. Ich hatte Selbstzweifel und wusste nicht, ob ich mir das zutraute. Mein Mann war es, der mich motivierte, über meinen Schatten zu springen. Er sagte: »Go for it! Und wenn es dir keinen Spaß macht, lass es bleiben, aber dann hast du es wenigstens ausprobiert.«

Die Radigals haben sich längst auch über die Grenzen Singapurs hinaus einen Namen in der Szene gemacht. Welche Ambitionen habt ihr als Band?

Esty: Es gibt keine konkreten Ziele, die wir verfolgen. Wir möchten junge Frauen dazu motivieren, zu Hardcore-Shows zu gehen und eine gute Zeit mit ihnen verbringen. Und sollte sich doch mal ein Arschloch im Publikum befinden, das eine der Besucherinnen belästigt, sorgen wir dafür, dass er rausgefischt wird. Wir wollen einfach nur spielen und so oft es geht aus Singapur – und vielleicht auch mal aus Asien – rauskommen. Das ist unser Hauptanliegen und das werden wir solange durchziehen wie es geht. Also bis wir verheiratet sind und schwanger werden.*

* Kurz darauf wurde Sally schwanger. Ihr Mädchen wird ungefähr zur selben Zeit zur Welt kommen wie dieses Buch.

SCHON GEWUSST?

Malaysia ist eine konstitutionelle Wahlmonarchie | Alle fünf Jahre wählen die neun Monarchen des Landes einen neuen König | Die Landessprache ist Malaiisch | Auf den Straßen herrscht Linksverkehr | Die malaysische Insel Penang ist für Kolonialbauten und Streetart bekannt | Zahlreiche Straftaten werden mit der Prügelstrafe geahndet | Den größten Teil der Bevölkerung machen die Malaien aus, welche per Verfassung als Muslime geboren werden | Die Hauptstadt Kuala Lumpur befindet sich bloß 22 Meter über dem Meeresspiegel | Von Reisen in die sogenannte ESSZONE im Osten des Landes wird dringend abgeraten | Malaysia befindet sich auf der Weltbank-Liste der Schwellenländer | Von Ausflügen per Boot wird aufgrund der vorherrschenden Piraterie abgeraten | Die Drogengesetze zählen zu den strengsten der Welt | Der Handel mit Rauschgift wird mit Tod durch Erhängen geahndet | 1 Malaysischer Ringgit (MYR) hat einen Wert von 0,21 Euro | Mit einer Fläche von rund 330.000 Quadratkilometern ist Malaysia nur geringfügig kleiner als Deutschland | Das durchschnittliche Pro-Kopf-Einkommen beläuft sich auf rund 800 US$ brutto im Monat

ملیسیا
(MALAYSIA)

DIE UNENDLICHE BUSFAHRT

Diana, SINGAPUR–KUALA LUMPUR

Die Nachwehen des letzten Abends steckten uns noch in den Knochen, als wir den Busbahnhof erreichten. Rückblickend hätte unser gemeinsamer Start in Singapur nicht besser laufen können. Wir blickten auf eine sagenhafte Hardcore-Show zurück, hatten ein spannendes Interview geführt und mit unseren neuen Freunden bis in die Nacht zu Britney Spears und asiatischen Hits getanzt. Dementsprechend gemischt waren unsere Gefühle am Morgen der Weiterreise. Singapur war gut zu uns gewesen, doch wir freuten uns auch auf das nächste Kapitel. Über den genauen Ablauf der Reise war uns nichts bekannt. Im Internet hatten wir lediglich herausgefunden, dass die Busfahrt in die malaysische Hauptstadt fünf Stunden dauern sollte. Wir suchten uns einen Platz im hinteren Teil des Busses und begannen, uns auszubreiten – Buch, Tablet, Kopfhörer, Getränke. Es konnte losgehen. »Hat dir der Fahrer auch so einen Code aufs Ticket geschrieben?«, fragte Felix und hielt mir seinen Fahrschein unter die Nase. »Ja, glaub' schon«, antwortete ich, ohne den Sinn der Zahlen- und Buchstaben-Kombination weiter zu hinterfragen. Als die Hälfte der Plätze besetzt war, fuhren wir los und ein letztes Mal rauschte die Skyline der Marina Bay an uns vorbei. Keine zehn Minuten später hatten wir die Grenze des Stadtstaates erreicht.

»Take your passports and go«, forderte der Busfahrer uns über die Lautsprecher auf. Irritiert schauten wir zu unseren Mitreisenden herüber, die alle mit einem Pass in der Hand den Bus verließen. Ich war überfordert: »Müssen wir unsere Sachen mitnehmen?« Felix zuckte ratlos mit den Schultern. »Go! Go! Go!«, schrie der Busfahrer in sein Mikro und warf uns über den Rückspiegel einen gestressten Blick zu. Wir waren die letzten. Wortlos gingen wir mit unseren Reisepässen nach vorne. »Excuse me, Sir«, begann Felix an den Fahrer gewandt. »Go out! Go!«, schnitt dieser ihm direkt das Wort ab und deutete auf die offene Tür. »But our luggage …«, startete ich einen letzten Versuch. Wild gestikulierend erhob sich der Fahrer aus seinem Sitz und holte noch einmal alles aus seinen Stimmbändern heraus: »Go out! Passport control! Go! Go!« In der Hoffnung, unser Gepäck auf der anderen Seite des Grenzübergangs wiederzusehen, reihten wir uns schließlich in

die Schlange der Ausreisenden ein und waren auf das Schlimmste gefasst. Doch es stellte sich heraus, dass das Verlassen des strengen Inselstaates mit dem Betreten einer U-Bahn-Station vergleichbar war. Pass scannen, Drehkreuz passieren, Visum abgeben. Fertig. »Glückwunsch, jetzt sind wir staatenlos«, freute sich Felix. Auf der anderen Seite des Gebäudes befand sich ein Parkplatz, auf dem zahlreiche Busse standen. Es dauerte eine Weile, bis wir unseren fanden, doch am Ende schafften wir auch das.

Vor uns lag die Straße von Johor – die etwa ein Kilometer breite Meeresenge, die Singapur von der Malaysischen Halbinsel trennt. Die Fahrt über den künstlichen Damm dauerte bloß wenige Minuten. Dann ging das Geschrei von vorne los. »Everybody out! Go! Go! Go!«, dröhnte es aus den Lautsprechern über uns. »Take your luggage! Go! Go!« Also packten wir unsere Sachen zusammen und folgten den anderen nach draußen. Vor dem geöffneten Kofferraum hatte sich eine Menschentraube versammelt, die unterschiedlichste Gepäckstücke zutage förderte. Unsere Rucksäcke lagen bereits auf der Straße. Ich nutzte die Gelegenheit, um einen Pulli herauszukramen, denn dank der Klimaanlage war es ziemlich kalt im Bus und uns standen ja noch ein paar Stunden bevor. Als der größte Andrang vorbei war, blieben bloß wir und ein älteres Ehepaar zurück. Verzweifelt hielten die beiden nach dem Busfahrer Ausschau, da sie körperlich schlichtweg nicht dazu in der Lage waren, an ihr verrutschtes Gepäck heranzukommen. Doch der Rohrspatz saß hinterm Steuer und machte ein Nickerchen. »Halt mal kurz, ich helfe denen noch schnell«, sagte Felix und drückte mir seinen Reisepass in die Hand. Dann kroch er auf allen vieren in den dunklen Bauch des Busses hinein. Kurz darauf nahm der Opa freudestrahlend das erste Gepäckstück entgegen. Als Felix zum zweiten Mal im Kofferraum verschwand, um nach der Tasche der Frau zu suchen, startete der Fahrer den Motor und schloss die Tür. Ich blickte auf Felix' Pass in meinen Händen und hatte direkt die Schlagzeile vor Augen:

»Mann ohne Ausweis im Kofferraum eines Busses am Grenzübergang aufgegriffen!« Spoiler: Er hat es noch rechtzeitig herausgeschafft und der überglücklichen Oma ihre Reisetasche überreicht.

Die Einreise nach Malaysia verlief ohne besondere Vorkommnisse. Jedoch hatten wir nicht den Hauch einer Ahnung, wie es nun weitergehen sollte. Der Parkplatz, der uns auf der anderen Seite der Landesgrenze erwartete, war um einiges größer als der in Singapur. An die hundert Busse standen dort herum und überall irrten Reisende mit großen Fragezeichen in den Augen umher. »Vielleicht steht ja was auf den Tickets«, mutmaßte ich. Doch der einzige Hinweis, den ich dem Fahrschein entnehmen konnte, war der siebenstellige Code aus drei Buchstaben und vier Zahlen, den der Busfahrer mit Kuli draufgekritzelt hatte. »Sind die Stellplätze vielleicht nummeriert?«, fragte Felix und begann, sich auf dem Parkplatz umzusehen. Doch weder die Parkbuchten noch die Busse waren in irgendeiner Form gekennzeichnet. Nachdem wir eine komplette Runde gedreht hatten und wieder an unserem Ausgangspunkt ankamen, wurden wir nervös. Auch von unseren Mitreisenden war niemand mehr zu sehen. Da wir nicht mehr viel zu trinken hatten, huschte Felix noch schnell in einen Kiosk, bevor die Suche weiterging. Ratlos schaute ich mich um, da fiel es mir wie Schuppen von den Augen. »Der Code ist ein Nummernschild«, verkündete ich, als Felix zurück war. »Sehr gut«, antwortete er. »Die schlechte Nachricht ist allerdings, dass wir erst Geld tauschen müssen, wenn wir was zu trinken kaufen wollen.« Doch die Suche nach dem Bus ging vor.

Reihe für Reihe gingen wir die Kennzeichen durch und unsere Hoffnung schwand mit jeder Reihe, die wir hinter uns ließen. Doch als wir nach einer Viertelstunde das Ende des Parkplatzes erreichten, fanden wir ihn – den Bus, der uns nach Kuala Lumpur bringen sollte. Erleichtert warfen wir unsere Rucksäcke in den Kofferraum und ließen uns in die überraschend komfortablen Sitze fallen. Wir überlegten kurz, ob wir noch schnell Geld wechseln und etwas zu trinken für die Fahrt besorgen sollten. Doch nach einem Blick auf die Uhr entschieden wir uns dagegen. Schließlich sollten wir schon in zweieinhalb Stunden ankommen. Das war den Stress nicht wert. Nach drei Stunden machten wir die erste Pause. Englischsprachige Durchsagen hatte es seit Singapur nicht mehr gegeben, daher fragten wir das Mädchen neben uns, ob der Fahrer sich bereits zur Ankunftszeit geäußert habe. »Around midnight«, antwortete sie. »Aber das ist in fünf Stunden, sollten wir nicht schon längst da sein?«, hakte Felix nach. »Oh, du meinst die Zeiten aus dem Internet«, das Mädchen machte eine abwinkende Handbewegung. »Ich nehme diesen Bus öfter und bin noch nie vor Mitternacht angekommen.« Damit hatte sich unsere Fahrtzeit von jetzt auf gleich verdoppelt. Quengelig sahen wir uns auf dem marktartigen Rasthof um und suchten die Toiletten. Ich reihte mich in der Schlange vorm Damenklo ein und zückte reflexartig mein Handy. Kein Empfang. Logisch, ich hatte ja auch noch keine malaysi-

sche SIM-Karte gekauft. Hinter einem der Bretterverschläge plätscherte es, dann war ich an der Reihe. Um es kurz zu machen: Die Toilette war ein Loch im Boden, die Spülung war ein Eimer und anstelle einer Klopapierhalterung ragte ein Gartenschlauch aus der Wand. Juhu. Als ich Felix draußen wiedertraf, sah ich sofort, dass sich auch sein Knatsch in der Zwischenzeit verdoppelt hatte – wenn nicht verdreifacht. »Hier gibt's weder eine Wechselstube noch einen Geldautomaten«, verkündete er. »Und Kartenzahlung akzeptiert auch niemand.« Meine Wasserflasche war so gut wie leer und bei dem Gedanken daran, weitere fünf Stunden in dem stickigen Bus zu sitzen, begann ich augenblicklich zu verdursten. Was für ein Abfuck!

Als wir die malaysische Hauptstadt schließlich gegen Mitternacht erreichten, standen wir vor dem nächsten Problem: ohne Landeswährung kein Taxi zum Hotel. Zum Glück hatten wir den Weg vom Busbahnhof zur Unterbringung bereits vor unserer Abreise gegoogelt und einen Screenshot gemacht. So wussten wir immerhin in etwa, in welche Richtung wir gehen mussten. Behangen und bepackt wie zwei Esel machten wir uns auf den Weg. Die tropischen Temperaturen zerrten an unseren Kräften und wir hatten seit Stunden nichts getrunken. Keine Ahnung, ob es an der Erschöpfung oder der schlechten Beleuchtung lag, doch mein erster Eindruck von Kuala Lumpur war vergleichbar mit Gotham City. In der Ferne waren die Umrisse imposanter Wolkenkratzer zu erkennen, doch die düsteren Gassen vor uns wirkten dreckig und verlassen.

Straßen und Gehwege waren von einem zwei Meter tiefen Graben getrennt – der offenen Kanalisation. Und bereits nach zehn Minuten hatte ich mehr Ratten gesehen, als in der gesamten Zeit in Singapur. Einige kreuzten fiepend unseren Weg, andere lagen tot auf den Müllbergen am Straßenrand. Schließlich kamen wir an einem 7-Eleven vorbei, in dessen Schaufenster ein ATM-Schild hing. Wir hoben Geld ab und tranken jeder einen Liter Wasser auf Ex. Als das Hotel sich nach einer halben Stunde Fußmarsch schließlich in unmittelbarer Nähe befinden musste, beschlossen wir, noch etwas zu essen. Die meisten Läden hatten bereits geschlossen, daher waren wir froh, an einer Hauptstraße noch eine beleuchtete Garküche zu entdecken. Der Inhaber erklärte uns mit Händen und Füßen, dass wir uns für fünf Malaysische Ringgit (ca. ein Euro) die Teller am Buffet vollschlagen durften. Unschlüssig sah ich zu dem Tisch hinüber, auf dem zahlreiche offene Schüsseln mit gebratenem Fleisch, Gemüse und Soßen standen. »Super, das nehme ich«, sagte Felix. Im selben Moment sausten zwei hamstergroße Schaben unter dem Buffet hervor und meine Entscheidung war gefallen: »Ich nehme ein Stück Fladenbrot.«

AFFENTHEATER VOR DEN TEMPELHÖHLEN

Diana, BATU CAVES

Unser Hotelzimmer befand sich in einem der oberen Stockwerke, doch mit der Freude darüber war es schlagartig vorbei, als wir die Tür aufschlossen. Denn was der Rezeptionist bei der Schlüsselübergabe nicht erwähnt hatte, war das fehlende Fenster – doch an aussichtlose Zustände waren wir ja bereits gewöhnt. Der Luxus eines Doppelzimmers ohne Mitbewohner und das eigene Bad waren sowieso mehr wert als alles andere. Am nächsten Tag besorgten wir uns malaysische SIM-Karten und schlenderten ziellos umher. Kuala Lumpur wirkte auf mich wie die Frankfurter Zeil an Karfreitag – kulissenmäßig gut ausgestattet, doch irgendwie schlecht besetzt. Der Gotham-Vergleich, den ich in der Nacht unserer Ankunft angestellt hatte, hinkte natürlich. Jedoch war der Kontrast zu Singapur nicht von der Hand zu weisen. Immerhin gilt Malaysia wirtschaftlich gesehen als Schwellenland, Singapur hingegen zählt zu den reichsten Nationen der Welt. Gefühlt kamen wir daher aus einem disneylandartigen Ort der Sauberkeit, von dessen Straßen wir hätten essen können, wäre es erlaubt gewesen. Kuala Lumpur versprühte dagegen den Charme einer asiatischen Großstadt, wie man sie aus Reisedokus kennt – mit

verstopften Fahrbahnen, Krabbeltieren und Streetfood-Ständen. Aus irgendeinem Grund nahm niemand den exotischen Namen der Metropole in den Mund, stattdessen sagten alle »KL«. Ist mir bis heute ein Rätsel, weshalb die Kualalumpurianer der schillernden Bezeichnung die nüchternen Initialen vorziehen. Macht in Castrop Rauxel ja auch keiner.*

Nach einer Weile erreichten wir den Petaling Street Market in Chinatown – eine überdachte Einkaufsmeile, in der sich hunderte Stände aneinanderreihen. Kaum hatten wir das Tor durchquert, wurden wir vom Touristenstrom mitgerissen wie in einem Hallenbadstrudel. Die nächste halbe Stunde trieben wir an einem bunten Potpourri gefälschter Markenwaren vorbei. Fake-Vans, Fake-Crocs, Fake-Rolex, Fake-Hello-Kitty, Fake-Fake. Besonders die Louis-Vuitton-Taschen gaben mir Rätsel auf, denn ich fand die Teile schon immer dermaßen hässlich, dass ich mir beim besten Willen nicht erklären kann, wie ein solcher Fälschungsbedarf überhaupt zustande kommt. Felix nutzte schließlich eine Lücke im Getümmel und seilte sich zu den Food-Attraktionen ab. »Essen könnte ich auch langsam was«, dachte ich und folgte ihm. Doch bereits beim Anblick der ersten Delikatesse wurde mir schlecht. In dem flachen Topf, auf den der stolze Koch zeigte, köchelten an die 30 angebrüteten Eier vor sich hin. Die Schalen waren bereits aufgeplatzt und gaben den Blick auf die toten Hühner-Embryos frei, deren Schnäbel und Federn gut zu erkennen waren. »Die Küken-Eier heißen Balut«, sagte Felix. »Kenne ich von den Philippinen, aber keine Sorge, das ist selbst mir zu krass.« Gute Nachrichten, alles andere hätte mich auch ernsthaft überfordert. Ich entschied mich für Roti Canai, ein traditionelles Curry, das mit frischem Fladenbrot und ohne Besteck gegessen wird. Eine unfassbare Sauerei, doch als ich satt und überall mit Sauce beschmiert war, hatte ich ein neues Lieblingsgericht.

* In Los Angeles übrigens auch nicht. (Anmerkung Felix)

Dekadente Zustände im malaysischen Airbnb.

Am dritten Tag zogen wir in eine Ferienwohnung um, die wir vorab im Internet gebucht hatten. Das Preisniveau in Malaysia ist um ein Vielfaches niedriger als in Singapur, daher wollten wir wenigstens einmal in den Genuss kommen, uns richtig ausbreiten, selbst kochen und aus dem Fenster gucken zu können. Das offen gestaltete Apartment lag im 16. Stock und verfügte über einen großzügigen Koch-, Wohn-, Arbeits- und Schlafbereich. Aber das eigentliche Highlight war die verglaste Fensterfront, durch die wir freie Sicht auf die Skyline hatten. »Wahnsinn!«, entfuhr es mir und meine Kinnlade fiel auf die Schuhe hinab. Unter uns bahnten sich ameisengroße Autos ihren Weg durch die Stadt und hinter den Wolkenkratzern braute sich gerade ein gewaltiges Gewitter zusammen. »Hier liegt eine Nachricht für uns«, rief Felix aus der Küche. »Dear guests, please feel like home. You have free access to the pool and the gym on the rooftop. Enjoy your stay.« So kam es, dass wir für denselben Preis, den wir in Singapur für die Unterbringung im Zwölfbettzimmer gezahlt hatten, ein Luxus-Apartment mit Infinity-Pool bezogen. Oder anders ausgedrückt: Nun gehörten wir zu den Airbnb-Heuschrecken, die die Gentrifizierung einer aufstrebenden Stadt vorantrieben. Ein Aspekt der Reise, über den wir noch viel nachdenken sollten. An diesem Abend aßen wir selbstgemachte Sandwiches vor unserer Fensterfront und beobachteten, wie die Blitze in die umliegenden Wolkenkratzer einschlugen. »Tut das gut, einfach mal alleine abhängen zu können, ohne leise sein zu müssen«, sagte ich und drehte die Musik auf. Im selben Moment schlug im Hochhaus gegenüber der Blitz ein und es war taghell. Dann brach ein grollender Donner über uns herein. »Ich glaube, wir nähern uns dem Showdown«, sagte Felix und schlurfte in die Küche. »Noch ein Bier?« Nun schüttete es wie aus Eimern und die Lichter der Stadt flackerten unter uns. »Ein Eimer Popcorn wär geil«, antwortete ich.

Am nächsten Morgen nahmen wir den Zug nach Norden, um zu den 15 Kilometer entfernten Batu Caves und der größten Hindu-Statue Malaysias zu gelangen. Wir waren schon eine Weile unterwegs, als wir zwischen den üblichen Verbotsschildern (Essen, Rauchen, Küssen) auch einen durchgestrichenen Mann entdeckten. »Oh nein, ist das ein Frauenabteil?«, fragte Felix und schaute sich unsicher um. Erst da fielen mir die Blicke unserer Mitreisenden auf. Die meisten von ihnen trugen Kopftücher und schauten skeptisch zu dem tätowierten Europäer mit der großen Kamera herüber. »Lass einfach bei der nächsten Station den Waggon wechseln«, schlug ich vor. »Und pack deine Kamera ein, die wirkt echt fehl am Platz.« Als sich kurz darauf die Türen des Nachbarabteils hinter uns schlossen, war ich es, die alle Blicke auf sich zog. Keine Ahnung, ob es sich diesmal um einen Männerwagen handelte oder bloß Zufall war, doch außer mir befand sich nicht eine einzige Frau unter den Fahrgästen. »Klasse«, flüsterte ich. »All eyes on me.«

Der Vorplatz der Batu Caves erinnerte an die Piazza dei Miracoli in Pisa. Hunderte Selfie-Wütige posierten mit ihren Armverlängerungen für ein Foto vor der goldenen Statue des Kriegsgottes Murugan, während eine Bande langschwänziger Äffchen zwischen ihnen Fangen spielte. »Hier gefällt's mir«, verkündete ich überwältigt von der Kulisse. Doch Felix war bereits in der Menge verschwunden. Als wir uns wiederfanden, war unser Fotobedarf gedeckt und wir machten uns direkt auf den Weg zu den Höhlen hinauf. 272 Stufen lagen vor uns und in Anbetracht der Gewächshaus-Temperaturen ging das Treppensteigen an die Substanz. Doch die Äffchen, die auch auf der Treppe überall herumsprangen, waren große Entertainer. Einer von ihnen schien es sich zur Aufgabe gemacht zu haben, uns anzuspornen, indem er immer ein paar Stufen vorausrannte, um dann unendlich genervt auf uns zu warten. Wir nannten ihn Jimbo.

Jimbo, ambitionierter Reiseleiter für Ausflüge zu den Batu Caves.

Als wir den Eingang der Kalksteinhöhle erreichten, war ich kurz davor, die Reise in kleinen Bildern an mir vorbeiziehen zu sehen. Nach Luft ringend stützte ich meine Hände auf den Kniescheiben ab und sah zu Jimbo hinüber. Er kratzte sich am Kopf und aus irgendeinem Grund wurde ich das Gefühl nicht los, dass der Affe ein Trinkgeld erwartete. Schließlich warf er uns einen letzten missbilligenden Blick zu und eskortierte eine amerikanische Familie die Stufen hinab. »Den sind wir los«, stellte Felix fest und reichte mir seine Wasserflasche. Wortlos nahm ich einen lauwarmen Schluck, der nach Plastik schmeckte, und gab sie ihm zurück. Im Innern des Berges war es angenehm kühl und je weiter wir hineingingen, desto kleiner fühlten wir uns. Das Echo unserer Schritte hallte von der hundert Meter hohen Felsdecke zu uns herab und um uns herum konnten wir es in unterschiedlichen Abständen und Tonlagen tropfen hören. Entlang der feuchten Wände befanden sich zahlreiche Hindu-Schreine, die mit bunten Statuen und Gemälden verziert waren. Vor einigen stapelten sich frische Früchte und Blumenkränze – die Opfergaben der Besucher. Vor anderen kokelten Räucherstäbchen vor sich hin. »Ich sage es nur ungern«, warf Felix ein. »Aber ich sehe noch mehr Stufen.« Die Treppe am Ende der Höhle führte auf eine zweite Ebene. Doch die glich einer Großbaustelle. Zementsäcke, Betonmischer und Bauzäune versperrten die Sicht auf die prunkvollen Schreine und wir beschlossen, den Rückweg anzutreten, bevor unsere vorherigen Eindrücke verloren gingen.

Die Aussicht beim Verlassen der Haupthöhle war atemberaubend. Das Schwindelgefühl auf der 272. Stufe auch. Beim Aufstieg hatte ich die Höhe gar nicht wahrgenommen, doch beim Blick nach unten bekam ich weiche Knie. Die goldene Statue, die uns mit ihren knapp 43 Metern zuvor noch riesig erschienen war, befand sich nun weit unter uns. Mit einer Hand am Geländer trat ich den Rückweg an, doch die atemlosen Menschen, die mir grüppchenweise entgegenkamen, zwangen mich schließlich, in der Mitte der

Leben am Limit: 272 Stufen führen zu den Tempelhöhlen hinauf.

Treppe weiterzugehen. »Ein falscher Schritt und ich ende als Opfergabe am Fuße der Statue«, schoss es mir durch den Kopf, während ich mir einen halsbrecherischen Fehltritt nach dem anderen ausmalte. Felix hingegen schien sich prächtig über meinen kleinen Höhenangstanflug zu amüsieren. »Los Diana, schmeiß die Action-Cam an«, rief er. »Wer als erster unten ist!« Er war wie eins der Äffchen, die einzig und allein auf den schmalen Stufen herumturnten, um Leuten wie mir ihr körperliches Versagen vor Augen zu führen. Doch einer der entgegenkommenden Typen in Radlerhosen toppte selbst das – denn der schleppte offensichtlich nur zum Spaß zwei Eimer voll Sand nach oben und grinste dabei auch noch blöd. Manchmal muss ich mich echt zusammenreißen, um nicht aus heiterem Himmel Ohrfeigen zu verteilen. Ich blieb einen Moment stehen und hoffte, dass meine Beine zu zittern aufhörten. Plötzlich kreischte mich etwas von der Seite an. Es war Jimbo, der auf das Geländer neben mir gesprungen war, um mich anzufeuern. Vielleicht wollte er mir auch bloß die GoPro klauen, doch als ich in seine Knopfaugen sah, riss ich mich wieder zusammen und setzte den Abstieg fort. Felix klopfte mir auf die Schulter, als ich mit zitternden Knien unten ankam. »Komm, ich spendier' dir ne Kokosnuss!«

DIE FLYER-REVOLUTION

Felix, KUALA LUMPUR

Wir waren ganz schön erledigt von den letzten Tagen. Zwar hatten wir in Malaysia noch keine Bekanntschaften gemacht, doch wir waren rund um die Uhr auf den Beinen und machten jeden Tag zig Kilometer innerhalb der Stadt. Wir marschierten von einer Sehenswürdigkeit zur anderen und ich versuchte, nebenbei alles zu essen, was mir in die Quere kam – auch das konnte ziemlich anstrengend sein. An diesem Abend waren wir besonders kaputt, da wir die grandiose Idee hatten, in der Mittagshitze zu den berühmten Petronas Towers zu laufen und danach waren wir in den Untiefen der malaysischen Hauptstadt verlorengegangen. Dementsprechend freuten wir uns nun, endlich unsere müden Füße auf der Couch auszuruhen und einfach mal nichts zu machen. Diana war schon vor einer Ewigkeit unter die Dusche verschwunden und ich rang noch mit mir, ob ich die drei Meter zum Kühlschrank laufen oder einfach regungslos liegenbleiben sollte.

Erschöpft tippte ich auf meinem Handy herum, als eine unerwartete WhatsApp-Nachricht von einem unserer Bekannten aus Singapur aufpoppte. »Hey Felix, there's a punk flyer exhibition in KL tonight.« Wir chatteten eine Weile und es stellte sich heraus, dass es um die Ausstellung eines Künstlers aus Bali ging, der seit einigen Jahren Flyer designte, um auf die Umweltsünden der indonesischen Regierung aufmerksam zu machen. Das klang natürlich spannend. »Wie lange läuft die Ausstellung denn noch?«, fragte ich schließlich. Die Antwort traf mich hart: »Only today. It starts around 8 pm.« Das war in zwanzig Minuten und ziemlich ambitioniert für jemanden, der es nicht mal schaffte, Netflix zu starten und sein Passwort einzugeben. Die Vorstellung, noch mal rauszugehen war unerträglich. Meine Füße drohten mich umzubringen – aber vielleicht erledigte Diana das auch. Im selben Moment ging die Badezimmertür auf und sie trat frischgeduscht in das schummrige Licht unserer Ferienwohnung hinaus. Es klingt verrückt, doch ich schwöre, dass sich die Szene wie folgt zugetragen hat: Sie trug ein langes Nachtgewand und hatte bereits ihre Schlafmütze aufgesetzt. In der Hand hielt sie einen messingfarbenen Kerzenständer. »Der heutige Tag war sehr kräftezehrend«, klagte sie im flackernden Licht der Kerze. »Ich ziehe mich in meine Kammer zurück und gehe zu Bette.« Ich atmete tief durch und antwortete: »Am anderen Ende der Stadt macht gerade irgendein Aktivisten-Punk eine Flyer-Ausstellung.« In ihren Augen blitzte es. »Wann?«, fragte sie. »Jetzt.« Fünf Minuten später stand sie geschminkt neben mir an der Straße und winkte einem Taxi zu.

Wir erreichten das alternative Künstlerkollektiv pünktlich um acht. Es befand sich in einem Apartmentkomplex und die Räumlichkeiten wirkten

Offen gestalteter Innenhof der Künstlerwerkstatt.

neu und modern. Überall saßen alternative Leute in Grüppchen herum und unterhielten sich in Malaiischer Sprache. »Hi, ich bin Gilang Propagila«, begrüßte uns ein Typ mit Pferdeschwanz und Oberlippenbart. »Seid ihr wegen meiner Flyer gekommen?« Na das lief ja wie am Schnürchen. Wir begleiteten ihn in den Ausstellungsraum und betrachteten die bunten Flugblätter und Poster, die dort Kante an Kante hingen. »Die habe ich alle selbst gestaltet«, erklärte er stolz. »Von 2010 bis heute. Auf vielen davon habe ich politische Botschaften untergebracht, denn ich möchte die bestehende D.I.Y.-Kultur für unsere politische Bewegung nutzen.« Gilang erzählte uns, dass er gerade durch Asien tourte, um mit seiner Ausstellung auf die massive Ausbeutung der Umwelt auf seiner Heimatinsel Bali hinzuweisen.

»Ich bin selbst vor sechs Wochen dort gewesen«, warf ich ein. »Es ist wirklich schlimm, was man dort sieht.« Überrascht schaute der Künstler mich an. »Hast du JRX kennengelernt?« Natürlich kannte ich den Drummer von Superman Is Dead. »Klar, ich war Stammgast in seiner Kneipe, der *Twice Bar*«, entgegnete ich. Gilang nickte anerkennend. »JRX und ich, wir kämpfen für dieselbe Sache. Schaut euch diesen Flyer an«, sagte er und zeigte auf ein Motiv mit Fliegerbomben. »Eigentlich ist es Werbung für ein Punkkonzert.

Doch für mich geht es bei einer Show um mehr als nur Musik. Es geht um Empowerment. Hier oben stehen die Worte ›Kapital, Tourismus und Invasion‹ – damit möchte ich darauf aufmerksam machen, dass die Tourismusindustrie die Natur zerstört. Klar, wir brauchen den Tourismus, aber er darf nicht unendlich weiterwachsen, das tut weder der Umwelt noch den Menschen gut.«

Ich wusste, wovon er sprach, denn ich hatte die Probleme der Insel vor wenigen Wochen mit eigenen Augen gesehen. Über fünf Millionen Touristen strömen jedes Jahr nach Bali, um sich in Meditations- und Yoga-Camps selbst zu finden oder um sich für den nächsten Instagram-Post in einem der unzähligen Infinity-Pools zu räkeln. Das Plastikmüllproblem und die schwindenden Wasserreserven werden dabei erfolgreich ausgeblendet. Mir ist bewusst, dass ich als Tourist natürlich auch immer ein Teil dieses Problems bin. Doch wie schlimm es um Bali steht, ist mir erst vor Ort aufgegangen. »Und worum geht es auf diesem Flyer?«, fragte Diana und strich mit dem Finger über eine der vergrößerten Kopien an der Wand. »Zu den ›For Bali‹-Demonstrationen kommen Menschen aus allen sozialen Milieus und Schichten. Auch Familien mit Kindern und ältere Menschen schließen sich uns an, die Punkszene ist nur ein Teil davon. Trotzdem hat man in der Vergangenheit immer wieder versucht uns einzuschüchtern, deshalb steht auf dem Flyer ›Don't be afraid and fight back!‹«

Gilangs unaufgeregte Art beeindruckte uns sehr. Er kämpfte für eine große Sache und schaffte es trotzdem, nicht mit erhobenem Zeigefinger dazustehen. Sein Lieblingsplakat zeigte beispielsweise einen nackten Fuß mit Stinkelinien, der den Kopf eines Anzugträgers zum Platzen bringt. »Ein befreundeter Aktivist hat ziemliche Käsefüße«, lachte er. »Sie sind wie eine Vernichtungswaffe, mit der er alle geldgierigen Investoren der Welt besiegen könnte. Wisst ihr, der Umweltschutz ist uns ein ernstes Anliegen, doch das Leben soll auch Spaß machen, daher versuche ich, manche Dinge mit Humor zu nehmen.« Als wir uns schließlich verabschiedeten, stellte Gilang uns noch eine Freundin von sich vor. »Das ist Syahida, eine talentierte Screenprint-Künstlerin hier aus Kuala Lumpur«, sie lächelte schüchtern und reichte uns die Hand. »Wir veranstalten am Sonntag zusammen einen Siebdruck-Workshop, habt ihr Lust zu kommen?« Wir waren wieder im Spiel.

LOST-PLACE-POGO ÜBER DER STADT

Diana, KUALA LUMPUR

Es war wie verhext. Seit einer halben Stunde standen wir nun schon am Straßenrand vor unserem Airbnb und keiner der im Minutentakt vorbeifahrenden Taxifahrer würdigte uns eines Blickes – dabei winkten wir mittlerweile ziemlich wild. Auch die Grab-App war mal wieder abgeschmiert und ich konnte Felix' mahlenden Kieferknochen ansehen, dass er kurz davorstand, einen seiner »Ich hasse das Internet«-Anfälle zu kriegen. Überhaupt wären wir beide lieber auf der Couch geblieben. Denn durch den ständigen Wechsel zwischen Tropentemperaturen und aggressiv klimatisierten Gebäuden waren wir schon seit einigen Tagen erkältet und hätten eine Auszeit vertragen können. Doch dann hatte uns einer unserer Kontakte den Flyer der Show geschickt, die an eben jenem Abend in einem alternativen Zentrum am Rande Kuala Lumpurs stattfinden sollte. Und da standen wir nun – und kamen nicht weg.

Gerade als ich anmerken wollte, dass wir uns besser unserem Netflix-Schicksal ergeben sollten, hielt ein rotes Taxi neben uns. Wir rutschten auf die mit bunten Decken ausgelegte Rücksitzbank und Felix reichte dem Fahrer sein Handy mit der Adresse. Doch kaum losgefahren, fuhr er auch schon wieder links ran. »I don't drive to that place. Go out!« Wir versuchten noch, ihn umzustimmen, doch sahen schnell ein, dass das sinnlos war. Felix drückte wütend auf seinem Telefon herum und beschloss, es ein letztes Mal über die App zu probieren. Im selben Moment hielt – ganz ohne Winken – ein weiteres Taxi neben uns. »*Hello my friends*«, begrüßte uns der Fahrer. Das klang vielversprechend. Doch als wir losfuhren und ihm die Adresse reichten, stieg auch er direkt auf die Bremse. Immerhin schmiss er uns nicht sofort raus, doch er verlangte einen ordentlichen Zuschlag auf den Taxameter-Preis. Entnervt stimmten wir zu und begannen uns allmählich zu fragen, was eigentlich das Problem mit der Gegend war, in die uns niemand bringen wollte. Die Fahrt dauerte länger als erwartet und endete schließlich in einer dunklen Gasse, in der weit und breit kein Mensch zu sehen war. Schon beim Aussteigen wünschte ich, wir hätten die Sofa-Nummer durchgezogen.

Schweigend gingen wir ein paar Schritte in die Dunkelheit hinein, doch alles, was wir fanden, waren vergitterte Werkstätten und verlassene Fabrikgebäude. Plötzlich tauchten am Ende der engen Gasse zwei dunkle Gestalten auf. Es wäre untertrieben, zu sagen, dass mir zum ersten Mal auf unserer Reise wirklich mulmig zumute wurde. Genauer gesagt, ging mir der Arsch auf Grundeis. Intuitiv rückten wir näher zusammen, doch letztendlich wussten wir beide, dass uns nichts anderes übrigblieb, als weiterzugehen – denn hinter uns war ja bekanntlich nichts. Als ich das nächste Mal vom Boden aufschaute, waren die Silhouetten verschwunden. Fuck, das hatte gerade noch gefehlt. Um uns herum war es stockdunkel und ich wurde das Gefühl nicht los, beobachtet zu werden. Dann sah ich sie. Nur wenige Meter von uns entfernt lehnten zwei junge Typen an einem der Ladengitter – ihre Köpfe waren über ein leuchtendes Handy-Display gebeugt. Als wir näherkamen, konnte ich im bläulichen Lichtschein des Smartphones ein Anarchie-Zeichen an der Jacke des Größeren ausmachen. Ich atmete auf – es waren Punks.

Wie sich kurz darauf herausstellte, waren sie auf der Suche nach derselben Show wie wir. »I will call a friend and ask where it is«, sagte der mit dem Handy und rief jemanden an. Schweigend standen wir da und lauschten dem Telefonat. Keine Ahnung, ob er tatsächlich einen Bekannten nach dem Weg fragte oder sich eine Pizza bestellte – wir verstanden kein Wort. Ein paar Minuten später betraten wir dort, wo das Taxi uns herausgelassen hatte, eins der vermeintlich verlassenen Gebäude. Anarchie-Zeichen-Jacke entschied sich für einen der in die Jahre gekommenen Aufzüge und drückte die »18«. Der Boden des Fahrstuhls war mit alten Zeitungen ausgelegt und die Abgeschiedenheit machte es nicht gerade besser – Dexter hätte an dem Setting auf jeden Fall seine helle Freude gehabt. Für einen Moment fragte ich mich, wie clever es gewesen war, den fremden Typen in ein leerstehendes Hochhaus zu folgen. Schließlich hatten wir keine Ahnung, wen sie angerufen hatten und wer oder was uns im 18. Stock erwartete. Die Kabine setzte sich mit einem lauten Ächzen in Bewegung und keiner sagte ein Wort. Es war unangenehm. Als die Türen sich wieder öffneten, schallte uns lauter Punkrock entgegen. Ich atmete auf.

Der Konzertraum am Ende des Ganges war in zwei Bereiche unterteilt: einen Shop, in dem es jede Menge Band-Shirts und Second-Hand-Klamotten gab sowie einen Teil mit Bühne, vor der gerade die Pogo-Fäuste flogen. Wir

motörhead

Laney
pdp

mischten uns unters Publikum und bereits beim nächsten Song war die Odyssee unserer Anfahrt vergessen. Es waren nicht mal besonders viele Leute, die sich gegenseitig durch den Raum wirbelten, doch ihre Euphorie war ansteckend. Schon bald zogen wir die Aufmerksamkeit der Anwesenden auf uns. Immer wieder wurden wir mit Handschlag begrüßt und um ein gemeinsames Foto gebeten. Viele von ihnen sprachen nur sehr schlecht Englisch, was die Verständigung etwas schwierig machte, doch alle waren sehr nett zu uns und wir fühlten uns rundum wohl. Erst als die Band von der Bühne ging und die Schwitzenden vor den großen Ventilator am Eingang strömten, fiel mir auf, dass ich die einzige Frau dort war. Das war zwar komisch, doch damit konnte ich leben, mein eigentliches Problem war jedoch, dass es an der Bar nicht nur keinen Alkohol, sondern überhaupt keine Getränke zu kaufen gab. Lediglich Yum-Yum-Suppen, doch danach stand mir nun wirklich nicht der Sinn. In der Pause lief ich ein bisschen herum und entdeckte in einem Nebenzimmer einen Record Store, in dem es neben einigen coolen Platten und Tapes auch ein Fenster gab. Erst da fiel mir wieder ein, dass wir uns im 18. Stock befanden.

Für einen Moment blieb ich stehen und schaute über das Lichtermeer, das vor mir lag, da hörte ich auch schon den nächsten Act beginnen. Zu meiner Verwunderung handelte es sich diesmal um einen Rapper. Also ging ich zurück, um mir den Auftritt anzusehen. Dieselben Leute, die sich eben noch in den Moshpit gestürzt hatten, standen nun in der ersten Reihe und nickten zum Beat, der aus den Boxen dröhnte. Verrückt. Ich bahnte mir einen Weg nach vorne und machte eine paar Fotos. Dabei fiel mir ein kopftuchtragendes Mädchen auf, das am Bühnenrand stand und den Refrain des Songs mitrappte. Ich war also doch nicht die einzige Frau. Als sich unsere Blicke trafen, lächelte sie und streckte mir Zeige- und Mittelfinger entgegen. Ich freute mich, eine Verbündete in der Nähe zu wissen und erwiderte ihren Gruß. Nach der Show dauerte es keine zehn Minuten und die komplette Etage war wie leergefegt. Wir streiften durch die verlassenen Räume und setzten uns schließlich mit Abu zusammen, einem der Initiatoren des »Punk House – Rumah Api«. Ein freundlicher Typ, der uns zuvor bereits herumgeführt und uns einigen Leuten vorstellt hatte. Das Interview, das er uns in dieser Nacht gab, verschaffte uns einen guten Überblick über die Situation der alternativen Szene in Kuala Lumpur.

Laney
Hartke

THE VIRUS
STOP WAR

FREIRÄUME FÜR VIELFALT UND DIVERSITÄT

Interview mit Abu von Rumah Api

Rumah Api (House of Fire) ist ein alternatives Zentrum am Rande von Kuala Lumpur, das es sich zur Aufgabe gemacht hat, solidarische Strukturen zu schaffen und der malaysischen Punk-Bewegung ein Zuhause zu geben. Inspiriert von selbstverwalteten Freiräumen wie der Køpi in Berlin oder dem Ungdomshuset in Kopenhagen, setzt sich auch die *Rumah Api*-Gemeinschaft für soziale Gerechtigkeit, autonomes Handeln und einen antikapitalistischen Lebensstil ein. Im Interview sprach Mitinitiator Abu mit uns über die Arbeit im Kollektiv, die Gentrifizierung in Kuala Lumpur und staatliche Repressionen.

Seit wann gibt es* Rumah Api *und wer hat die Gemeinschaft ins Leben gerufen?

Abu: *Rumah Api* hieß ursprünglich *Gudang Noisy* und befand sich in einem Gebäude in der Altstadt. Oben gab es ein Jamming-Studio, unten wurden Shows veranstaltet. Als wir schließlich gezwungen waren, umzuziehen, nahmen wir das zum Anlass, auch einige strukturelle Änderungen vorzunehmen und uns besser zu organisieren. Wir versuchen nun beispielsweise, so viele Shows und Gesprächsrunden wie möglich zu veranstalten. Außerdem haben wir jetzt auch einen Shop, einen Plattenladen, einen Podcast sowie eine Art »Info-Point«. Sogar ein eigenes Magazin ist in Planung.

Weshalb wart ihr gezwungen, das alte Gebäude zu verlassen?

Die Stadt hat beschlossen, einen neuen Highway zu bauen und dafür brauchten sie Platz. Wir haben natürlich gemeinsam mit den anderen Anliegern dagegen protestiert, vor allem, weil sich ein 100 Jahre alter Tempel in dem Gebiet befand. Doch letztendlich haben wir den Kampf verloren. Die Häuserblocks, in denen sich auch *Gudang Noisy* befand, wurden abgerissen – doch immerhin haben sie den Tempel stehenlassen.

Ist es während der Protestaktionen zu Ausschreitungen gekommen?

An dem Abend, bevor wir umgezogen sind, haben wir einen Protest-Gig unter dem Motto »*Party tonight – Revolution tomorrow*« veranstaltet, zu dem mehr als 100 Leute gekommen sind. Die Polizei rückte mit einem LKW an und verhaftete sie alle. Vier Tage lang mussten die Konzertbesucher im Gefängnis bleiben und sich Drogentests unterziehen. Ich und einige andere, die davongekommen waren, organisierten ein Solidaritätscamp in der Nähe der Polizeistation. Wir kontaktierten Anwälte, die bereit waren, zu helfen und bereiteten eine Sammelklage vor. Am Ende wurden alle

Inhaftierten entlassen, da die Gegenseite nicht genug in der Hand hatte, um Anklage zu erheben.

Passiert es in Kuala Lumpur öfter, dass die Polizei wahllos Leute verhaftet?

Ich bin selbst bereits wegen eines Protestes im Gefängnis gewesen. Und ja, ich kenne viele junge Menschen, denen Ähnliches passiert ist. Erst vor kurzem war ich mit einem Freund auf einer Show verabredet, um ein bisschen zusammen zu feiern. Er kaufte ein Fass Bier und machte sich dann mit seinem Kumpel und dessen Freundin auf den Weg zum Konzert. Die Polizei verfolgte ihr Auto von der Spirituosenhandlung bis zur Venue, wo sie die drei direkt von uns anderen separierten und ihr Auto durchsuchten. Dummerweise hatten sie etwas Gras dabei. Die Polizisten versuchten daraufhin, Bestechungsgeld locker zu machen. Doch als sie nichts bekamen, nahmen sie meinen Freund mit, den sie dann über eine Woche einsperrten. So läuft das hier: Wenn du mit Gras erwischt wirst und aus der linken Szene kommst, kann es schnell ernst werden.

Wie ernst?

Wir haben immer noch die Todesstrafe in Malaysia. Ab 200 Gramm Gras giltst du als Dealer und wirst gehängt. Zu Peitschenhieben kannst du jedoch schon ab 20 Gramm verurteilt werden. Mein Freund musste zum Glück nur eine Geldstrafe zahlen. Aber so läuft das hier, wenn du dich politisch links positionierst, wirst du nach einem schärferen Strafgesetz verurteilt. Es gibt einen Mann, der in Schweden politisches Asyl bekommen hat, weil er einem Sultan den Mittelfinger gezeigt hat. Es sind Dinge wie diese, mit denen wir zu kämpfen haben, daher ist es so wichtig für uns, ein internationales Solidaritätsnetzwerk zu schaffen. Als Malaysier musst du Moslem sein – als Punk hingegen kannst du Atheist, Agnostiker oder sonst was sein. Das ist eine Freiheit, die es außerhalb unserer Gemeinschaft nicht gibt.

Wie würdest du die aktuelle politische Lage Malaysias beschreiben?

Tun Mahathir bin Mohamad ist seit dem 10. Mai 2018 der »neue« Premierminister. Er ist gleichzeitig auch der alte, denn er hat das Amt auch schon von 1981 bis 2003 bekleidet. Mahathir gehört zur *United Malays National Organisation*, der nationalkonservativen Partei, die den Faschisten am nächsten steht. Sie sind gewalttätig und machen ausschließlich zugunsten von Malaien Politik, der Mehrheit in diesem Land. Sie heuern Gangster an, sind korrupt, verhalten sich rassistisch gegenüber anderen Mitgliedern des Parlaments und töten sogar Menschen, wenn es sein muss. Mehr habe ich dazu nicht zu sagen.

ZU BESUCH IN DER KREATIVFABRIK

Diana, KUALA LUMPUR

Am Tag des Siebdruck-Workshops im Künstlerkollektiv wachten wir beide mit einer matschigen Birne auf. Die Erkältung, die wir seit Tagen ignorierten, war uns über Nacht in die Knochen gekrochen und wir fühlten uns matt und ausgelaugt. Ein Blick in den Spiegel verriet, dass ich genauso scheiße aussah wie befürchtet. Meine Nase war rot vom Schnäuzen, die Augen glasig und leer. »Ich will liegenbleiben«, murmelte Felix heiser. »Geht mir genauso«, antwortete ich. »Aber wir haben ein paar Shirts gegen Polizeigewalt zu bedrucken.« Eine halbe Stunde später irrten wir ratlos durch eine der unzähligen Shopping Malls. Einfarbige und helle T-Shirts sollten wir mitbringen, doch die waren gar nicht so leicht zu bekommen. Es fühlte sich falsch an, als wir nach zwei Stunden ausgerechnet bei H&M fündig wurden und die Grundlage für unsere Systemkritik zur Kasse trugen. Aber wir waren bereits spät dran und fröstelten schon lange genug im Luftzug der Klimaanlage.

Als wir das Gebäude verließen, parkte ich meinen schwachen Körper auf einer Mauer und träumte von einem Ibuprofen-Rausch im Bett. Felix fuchtelte währenddessen wie ein wild gewordener Formel-1-Lotse am Straßenrand herum und versuchte ein Taxi zu besorgen. Als wir die Künstlerwerkstatt schließlich mit eineinhalb Stunden Verspätung erreichten, hatte der Workshop noch nicht angefangen. »Die beiden sind noch was essen gegangen«, wusste ein Typ mit Pferdeschwanz zu berichten, der uns bereits bei der Flyer-Ausstellung begegnet war. »Und dafür der ganze Stress«, stöhnte ich, allerdings wurde mir im selben Moment bewusst, dass es eben jener asiatischen Gelassenheit zu verdanken war, dass wir nicht bereits alles verpasst hatten. »Schaut euch ruhig um«, sagte der Pferdeschwanzmann. »Wenn ihr durch das Atelier da vorne bis zum Ende durchgeht, kommt ihr automatisch in den Plattenladen. Der wird euch gefallen.« Wir bedankten uns für den Tipp und gingen auf Entdeckungstour. Die einzelnen Werkstätten, Shops und Studios des achtförmigen Gebäudes waren im Innenhof über einen durchgehenden Balkon miteinander verbunden. Vor einigen Eingängen hingen rauchende, junge Leute herum.

»Hi«, sagte Felix, als wir das Atelier betraten. Auf der Couch saß eine junge Frau mit Dreadlocks. »Hey guys, how are you?«, fragte sie und widmete sich wieder ihrer Zeichnung, ohne unsere Antwort abzuwarten. An den Wänden hingen verschiedene Skizzen und Schwarz-Weiß-Fotografien. Doch wir wollten nicht weiter stören und huschten schnell zur Hintertür durch. Der Record

Wo könnte man sich besser die Zeit vertreiben als zwischen Platten und Fanzines?

Store auf der anderen Seite des Flurs war größer als gedacht und aus den Boxen dröhnte etwas, was ich als »Psychedelic Metal« bezeichnen würde. »Guck dir all die Fanzines an«, rief ich und ging zu dem großen Regal hinüber. Da ich selbst mehrere Jahre zur Crew des PUNKROCK! Fanzines gehört habe, interessierten mich die Hefte natürlich besonders. Doch Felix war bereits zu den Platten und Tapes vorgedrungen, wo er sich durch den Rancid-Bestand flippte. Ich war überrascht, wie stylisch der Laden aufgemacht und wie groß die Auswahl war. Denn das Ambiente erinnerte eher an Coretex in Kreuzberg als an den Underground-Store eines Schwellenlandes.

Eine halbe Stunde später steckte der Typ mit dem Pferdeschwanz den Kopf zur Tür herein. »Hey guys, Gilang and Syahida are back«, rief er und winkte uns zu sich herüber. Wir zahlten die Fanzines und Platten, von denen wir uns nicht trennen konnten, und folgten ihm. Das Atelier, in dem Syahida uns

ISSUE#07
SHOCK&AWE!
SPECIAL
GENDER-VERSITY EDITION
SNITCH REPORTS
ALSO BANDS
XRDM
(SABAH)
SCUMRAID
(KOREA)
DAILY RITUAL
(SINGAPORE)
KW13
(INDONESIA)
GEN
DER
VERSITY
Gender is far from binary and in this special issue of gender we've invited various guest writers to help us convey the diversity of gender that have been suppressed from the general knowledge.
OOMK
ZINE
OOMK zine is a collective championing Muslim women and non-white/women in the zine scene. They are based in London and recently did a month-long tour in Malaysia doing research about the zine and print making scene here. They are also the co-organizers of DIY Cultures, a huge annual event in London. By the way, OOMK stands for One Of My Kind.
Hi, so you are still in Malaysia? Where are you now and tell us your activities...
We have just settled back home in London after 1 month in Malaysia. We have gone back to our day jobs (teaching/graphic design/ research)
and we are busy scheduling an exciting programme of OOMK events, publications and residencies for the year and meeting with potential collaborators.
Tell us more about OOMK zine, especially for those who haven't
A WORLD WITHOUT BORDERS
JALAN SEHALA
-Kuala Lumpur-
SNAGGLETOOTH
-Singapore-
SCUMRAID
-Korea-
CRUTCHES
-Sweden-
RECONSTRUCT
-Johore-
THE BOLLOCKS
-Kuala Pilah-
MASS SEPARATION
-Kuala Lumpur-
xSAXONx
-Scotland-
ENDORPHIN LOST
-USA-
MASKBURN
-Kota Kinabalu-
ABRASSION
-Singapore-
KRASS KEPALA
-Indonesia-
CHAOS IN RUMAH A
Pictures by Choi
mosh zine
texts, arts & rock n roll
#18
MILISI KECOA
(Bandung)
PACKMAN!
(Keningau)
BERANTAKAN
(Kuala Lumpur)
BEELZEBUD
(Singapore)
HASRAT
(Kota Kinabalu)
VAARALLINEN
(Singapore)
NOT A FEST
HOWLING MOUNTAINS
Kundasang, Sabah (North Borneo)
*Photos by Kerol & Well Willie
KRAVYAD
(Kuching)
MARJINAL
(Jakarta)
THE NEEDLES

begrüßte, war ein länglicher Raum mit Lamellenfenstern zum Innenhof. An den Wänden hingen verschiedene Siebdrucke und an der Wäscheleine, die quer durch die Werkstatt gespannt war, trockneten bereits ein paar frisch bedruckte Shirts. »Ich habe ein Stipendium bekommen und werde eine Bildungsreise nach Berlin machen«, verkündete Syahida. »Könnt ihr mir vielleicht ein paar coole Orte aufschreiben, die ich dort besuchen kann?« Lächelnd hielt sie mir ihr Notizbuch entgegen. »Klar«, entgegnete ich und kritzelte die Namen einiger Lieblingslocations hinein. »Fischladen, Supamolly, Coretex, Ritrovo, Wild at Heart, Ramones-Museum ...« Damals ahnte ich noch nicht, dass wir sie keine zwei Monate später an einem dieser Orte wiedertreffen sollten. Als ich fertig war, lächelte Syahida ihr schüchternes Zahnlückenlächeln und machte sich noch ein paar Notizen.

»Und hast du zufällig Tipps für die Insel Penang?«, fragte ich mehr um den Smalltalk aufrechtzuhalten als mir Informationen zu unserem nächsten Reiseziel zu erhoffen. Syahidas Gesicht hellte sich auf: »Aber natürlich, ich bin dort aufgewachsen!« Da war sie wieder, die kleine Welt, in der alles miteinander zusammenhing und aus der es kein Entkommen gab. Sorgfältig schrieb sie die Namen einiger Läden und Lokale in meinen Block. Nun waren wir quitt. Von Gilang fehlte noch immer jede Spur, daher quatschten wir weiter, bis Felix uns schließlich unterbrach: »Tut mir leid, wenn ich dazwischenfunke, aber wäre es okay, wenn ich das Gespräch filme?« Syahida nickte. »No problem, go for it.« So nahm eins der wohl stärksten Interviews unserer Reise seinen Lauf, vollkommen spontan und ungeplant. Die Kamera schien ihr nichts auszumachen. Im Gegenteil, sie nutzte die Gelegenheit, um auf die Missstände hinzuweisen, unter denen sie und ihre Freunde seit Jahren zu leiden hatten, als hätte sie schon lange auf diese Gelegenheit gewartet. Bereitwillig erzählte sie uns von den willkürlichen Gesetzen der islamischen Religionspolizei, von einer ungerechtfertigten Verhaftung und den Bewährungsauflagen, an die sie sich seither halten musste. Ich denke oft an diesen Nachmittag zurück. Begegnungen wie diese lassen sich nicht planen. Wir waren erkältet, unvorbereitet und über eineinhalb Stunden zu spät, als wir Syahida an jenem Tag trafen. Doch ihre Geschichte berührt uns bis heute.

Schließlich gesellte sich auch Gilang zu uns und wir durften jeder zwei Motive für unsere mitgebrachten Shirts auswählen. »Manchmal kommt die Polizei in meinem Atelier auf Bali vorbei, um mich über anstehende Demos auszufragen«, berichtete der Künstler, während er schwarze Farbe auf einer der Holzschablonen verteilte, die einen schimpfenden Polizisten zeigte. »Ich sage ihnen natürlich nichts, doch manchmal ist es richtig schwer, sie wieder loszuwerden.« Gilang schmunzelte. Dann positionierte er die Schablone mit der Farbe nach unten auf einem der T-Shirts, das er zuvor auf dem Boden ausgebreitet hatte. »Zieh die Schuhe aus und mach mir das nach«, wies er mich

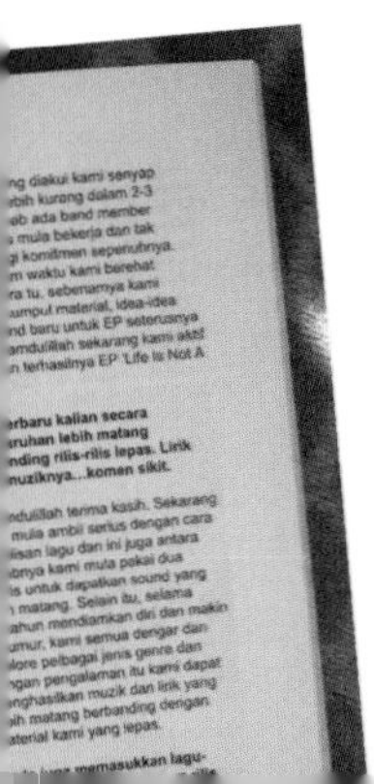

an und stellte sich auf die Schablone, um in Tippelschritten auf ihr herumzutreten. Ich tat wie mir befohlen und er widmete sich direkt dem nächsten Motiv. »Kann es sein, dass es hier drin immer heißer wird oder bekomme ich Fieber?«, fragte ich Felix und musterte den Ventilator über uns. »Nee, stimmt schon, es ist brüllend heiß hier«, antwortete er und wischte sich mit dem Handrücken über die Stirn. »It's getting hot in here, right?« Syahida deutete auf die große Maschine neben sich. »Dieses Gerät funktioniert wie ein riesiges Bügeleisen«, erklärte sie weiter. »Damit werden wir gleich die Farbe auf euren Shirts trocknen, aber die Platte muss erst vorheizen.« Froh über die naheliegende Erklärung für die plötzlichen Hitzewellen, setzte ich mich auf den Boden und begutachtete die fertigen Prints. Sie erzählten Syahidas und Gilangs Geschichte – und nun auch gewissermaßen unsere.

DIE WILLKÜR DER SCHARIA

Interview mit Syahida N.

Syahida lernten wir in einem alternativen Künstlerzentrum in Kuala Lumpur kennen, als wir die Flyer-Ausstellung von Gilang Propagila besuchten. Ein paar Tage später trafen wir sie in ihrem Atelier wieder, um an einem Screen-Printing-Workshop gegen Polizeigewalt teilzunehmen. Das ungeplante Interview, das uns die 33-Jährige an jenem Nachmittag gab, hat Spuren hinterlassen. Bis heute.

Du hast uns erzählt, dass du Kontakte zur Berliner Køpi hast. Wie kam das zustande?

Syahida: Ich habe über drei Jahre im alten *Rumah Api* gewohnt, einem alternativen Zentrum hier in Kuala Lumpur. Zu den Shows dort sind gelegentlich auch Reisende aus unterschiedlichsten Ländern der Welt gekommen. Und manche von ihnen sind geblieben – für ein paar Tage, eine Woche oder einen Monat – so lernten wir uns besser kennen und wurden Freunde. Auch der Kontakt zur Køpi kam auf diese Weise zustande. Die Leute dort sind nicht bloß Freunde, sie sind wie eine Familie.

Gibt es in Malaysia ähnliche kulturelle Freiräume wie beispielsweise in Berlin?

Nein, bei uns gibt es in den größeren Städten meist bloß einen Freiraum dieser Art. Es ist nicht möglich, in Malaysia Gebäude zu besetzen, selbst die Verantwortlichen von *Rumah Api* müssen Miete bezahlen. Die Leute, die sich dort engagieren, müssen daher sehr gut organisiert sein, um am Ende des Monats die Miete zahlen zu können. Das Geld dafür müssen sie über Shows und Veranstaltungen reinbekommen, das bedarf einiger Planung.

RAGE AGAINST
RECLAMATION
OF BENOA
BAY!!!
THE
BATTLE OF
ForBALI
TOLAK REKLAMASI
TELUK BENOA!

YOUR BRAIN IS BAD
CRTX
BLEIBT
CRTX
CORE TEX

Wir haben von der Soli-Show am letzten Abend des alten* Rumah Api *gehört, bei der mehr als 100 Konzertbesucher verhaftet worden sind. Was weißt du darüber?

Das Ganze trug sich kurz nach den Wahlen zu und die Regierung beäugte alle Oppositionellen besonders kritisch. Der Flyer, der für die besagte Soli-Show warb, trug die Aufschrift »Party tonight – Revolution tomorrow!«, wahrscheinlich war das der Grund für das harte Durchgreifen der Polizei. Als ich die Venue erreichte, fiel mir ein weißer großer Van auf, der vor dem Gebäude parkte. Ich dachte erst, es sei ein Bandbus, doch plötzlich gingen die Türen auf und es stürmten unzählige Polizisten heraus, die das Gebäude umstellten. Es war unmöglich, aus dem Kessel herauszukommen.

Wurdest du auch verhaftet?

Ja, ich bin an dem Abend auch verhaftet worden und musste für drei Tage im Gefängnis bleiben.

Was passierte nach der Festnahme mit euch?

Sie stellten uns die ganze Zeit über Fragen. Zum Beispiel, ob wir Anarchisten seien oder ob wir ihnen den Anführer des anarchistischen Untergrunds von Malaysia nennen könnten. Es war vollkommen absurd. Sogar unsere Social-Media-Profile mussten wir ihnen offenlegen – also zeigte ich ihnen mein Fake-Profil und beteuerte, dass ich lediglich wegen des Konzerts dort war.

Hatte die Verhaftung Konsequenzen für dich?

Nein, diese nicht. Doch die Bedingungen im Gefängnis waren sehr schlecht. Es gab mehrere Frauen, die gerade ihre Periode hatten, doch die Wärter weigerten sich, ihnen Binden oder Tampons zu besorgen. Außerdem wurde niemandem von uns gesagt, weshalb wir festgehalten wurden – denn de facto war nichts passiert, außer dass wir ein Konzert besucht hatten. Die malaysische Polizei tut so etwas öfter. Wenn sie dich verhaften wollen, brauchen sie keinen Grund, sie tun es einfach. Dann fragen sie dich nach deinem Ausweis, und wenn sie den erst mal haben, musst du mit aufs Revier, wo sie dich so lange in die Mangel nehmen und Drogentests unterziehen, bis sie etwas finden. Und dann bieten sie dir an, dich »freizukaufen«. Auf diese Weise machen sie vor allem mit muslimischen Menschen aus der Unterschicht eine Menge Geld, da diese Angst haben, ihr Gesicht zu verlieren.

Du sagtest gerade, dass du an jenem Abend keine Konsequenzen davongetragen hast. Bist du denn bereits öfter verhaftet worden?

Einige Monate nach dem besagten *Rumah Api*-Abend gab es eine Razzia in der Wohngemeinschaft, in der ich damals lebte. Sie fanden 0,98 Gramm Marihuana und ich musste erneut für drei Nächte und vier Tage ins Gefängnis.

Wie kam es zu der Durchsuchung?

Zwei Tage vorher stand die Islamische Religionspolizei vor unserer Tür. Sie wollten uns verhaften lassen, weil wir unverheirateterweise in einer gemischtgeschlechtlichen WG zusammenwohnten. Also riefen sie die richtige Polizei, doch die konnte nichts tun, da kein Haftbefehl gegen uns vorlag. Als sie abzogen, wussten wir, dass sie es nicht dabei belassen würden. Zwei Tage später dann die Razzia. Und siehe da, in einem unbeobachteten Moment fanden sie angeblich das besagte Gras – mitten auf dem Küchenfußboden. Das behauptete zumindest einer der Polizisten. Der andere sagte, es hätte auf dem Tisch gelegen. Wir sind uns hingegen sicher, dass es nicht von uns war.

Wie ging es dann weiter?

Ich kam in eine Arrestzelle, wo bereits eine ganze Reihe Kids wegen Drogenbesitz eingesperrt war. Einige von ihnen sind es vermutlich immer noch. Das Schlimme daran ist, dass es sich bei Cannabisbesitz in Malaysia nicht um ein Kavaliersdelikt handelt. Schon für geringe Mengen geht man ins Gefängnis oder wird zu Rohrstockhieben verurteilt. Wird man mit 200 Gramm oder mehr angetroffen, wird die Todesstrafe durch Erhängen vollstreckt. In unserem Fall wurde das gefundene Gras mir, meinem Freund und drei Mitbewohnern angelastet. Jeder von uns wurde zu 5.000 Ringit Strafe für Marihuanabesitz und -konsum verurteilt. Und da mein Urintest positiv war, darf ich Kuala Lumpur für zwei Jahre nicht verlassen. Einmal pro Monat muss ich seither zur Polizei-Station gehen und mir einen Stempel abholen – um zu beweisen, dass ich noch in der Stadt bin.

Das Gras für dessen Besitz du verurteilt worden bist, hat dir nicht gehört. Warum hast du keinen Widerspruch eingelegt?

Besonders als Frau erwartet man vor Gericht von dir, dass du Reue zeigst und dir deine Fehler eingestehst. Die Ungerechtigkeit anzusprechen, hätte es bloß schlimmer gemacht. Ich war der Willkür ausgeliefert und habe bis heute Angst, mein Leben so weiterzuleben wie bisher. Denn wenn ich noch mal bei einem

Konzert in eine Polizeikontrolle gerate, bin ich die Erste, die sie mitnehmen. Und dann geht es nicht mehr so glimpflich für mich aus, da ich nun offiziell vorbestraft bin.

Wie erklärst du dir den positiven Urintest – hast du überhaupt jemals gekifft?

Ja, ich habe damals hin und wieder an einem Joint gezogen, doch seit der Verhaftung vor eineinhalb Jahren nicht mehr. Denn seit sie meinen Namen haben, bin ich in den Augen der Polizei eine Verbrecherin. Sie haben die Macht über mich, ich darf mir nichts mehr zu Schulden kommen lassen.

Was hat es mit dieser Islamischen Religionspolizei auf sich?
Die malaysische Bevölkerung besteht ungefähr zur Hälfte aus Malaien, zu einem Viertel aus Chinesen und zu einem weiteren Viertel aus anderen ethnischen Gruppen. Als Malaie kannst du dir deine Religion nicht aussuchen – du bist automatisch Muslim, ob du willst oder nicht. Die Islamische Religionspolizei sorgt dafür, dass die Gesetze der Scharia eingehalten und Verstöße geahndet werden. In unserem Fall das uneheliche Zusammenleben, was übrigens eine Strafe in Höhe 3.000 Ringit zur Folge hatte. Es ist absurd, aber hätten wir daraufhin geheiratet, hätten sie uns aufgrund unserer Einsicht einen Rabatt eingeräumt.

Angenommen, du würdest deinen Aufenthaltsnachweis, der Teil deiner Bewährungsstrafe ist, einmal nicht unterschreiben lassen – was wären die Folgen?
Bei Nichteinhaltung meiner Auflagen drohen mir bis zu drei Jahre Gefängnis. Und das möchte ich um jeden Preis vermeiden, denn im malaysischen Gefängnis werden die Inhaftierten wie Tiere behandelt. Darüber hinaus verlieren die Menschen, die aufgrund von Kleinigkeiten ins Gefängnis müssen oft alles – ihren Job, ihre Wohnung, ihr Zuhause.

Du bist eine emanzipierte Frau, auf welche Hürden stößt du im malaysischen Alltag?
Es ist oft nicht einfach, doch ich kann anderen Frauen nur raten, sich nicht unterkriegen zu lassen. In dieser Gesellschaft wird von uns erwartet, dass wir bedingungslos folgen, ohne das System und eingestaubte Traditionen zu hinterfragen. In meinem Fall ist es sogar noch schlimmer, weil mich mit der Vorgeschichte keine Firma mehr einstellen wird. Doch ich bin gewissermaßen sogar froh darüber, denn mit einem »Nine-to-Five«-Job bliebe mir keine Zeit für die kreative Arbeit, die ich so sehr liebe. Das Geld, das ich mit meiner Kunst und den Workshops verdiene, reicht immerhin, um über die Runden zu kommen.

Du hast gerade schon angedeutet, dass es inhaftierten Frauen in Malaysia sehr schlecht geht. Was weißt du über die Zustände in malaysischen Gefängnissen?
Als ich im Gefängnis war, habe ich viele Frauen kennengelernt, die schon länger dort waren und es wahrscheinlich auch immer noch sind. Die Zustände waren erschreckend. Winzige Zellen, vielleicht acht Quadratmeter groß, in denen wir mit bis zu sieben Frauen eingesperrt waren und auf dem Boden sitzen mussten. Es roch nach Ammoniak und die Luft war stickig, denn es gab nicht einmal einen Ventilator. Die Toilette stand mittendrin und wir mussten sie vor den Augen der anderen benutzen. Doch wir hatten noch Glück, denn es gab auch Zellen, in denen die Toilette kaputt war. Viele meiner Mithäftlinge waren dehydriert, denn wir haben bloß dreimal täglich ein Stück Brot und etwas zu trinken bekommen. Das Wasser, das man uns gab, war braun. Man hat es kaum runterbekommen. Es waren auch einige methamphetaminabhängige Frauen dort, die nicht genug Geld hatten, um die 1.500 Ringit (ca. 325 Euro) Strafe zu bezahlen. Diese Frauen muss-

ten dann für 14 Tage ins Gefängnis und wurden im Anschluss automatisch schuldig gesprochen.

Mit welchen Gefühlen denkst du heute an diese Zeit zurück?

Es war schrecklich, da es in der Zelle nicht mal Tageslicht gab. Der einzige Anhaltspunkt waren die drei »Mahlzeiten«, die wir bekamen. Ich habe dennoch relativ schnell das Zeitgefühl verloren. Zudem habe ich nicht mal die Möglichkeit bekommen, jemanden zu kontaktieren. Mein Handy war mir bei der Verhaftung abgenommen worden. Ich durfte lediglich die Telefonnummer eines Angehörigen angeben, der über meinen Verbleib informiert werden sollte. Auf dem Weg vom Polizeirevier ins Frauengefängnis bekam ich mein Telefon vorübergehend zurück. Genau in dem Moment rief mich ein Freund an. Ich erzählte ihm, dass wir verhaftet und voneinander getrennt worden waren. Später stellte sich heraus, dass der zuständige Ermittlungsbeamte die Telefonnummern unserer Familien zwar aufgenommen, doch diese nie über unseren Verbleib informiert hatte. Kein Wunder also, dass niemand einen Anwalt eingeschaltet oder die Kaution für uns hinterlegt hat. Wer weiß, wie die Sache ausgegangen wäre, hätte ich diesen Anruf verpasst.

Du hast uns bei unserem letzten Treffen erzählt, dass du bald nach Berlin reisen wirst. Was steckt dahinter?

Es handelt sich dabei um eine Art feministische Studienreise mit dem Themenschwerpunkt »Popkultur und Female Empowerment«.* Gemeinsam mit einigen anderen Frauen aus Südostasien bekomme ich die Chance, verschiedene Orte und künstlerische Freiräume Berlins kennenzulernen. Eine tolle Möglichkeit für uns Teilnehmerinnen, international zu netzwerken. Vor allem, da wir uns keine Sorgen um die Finanzierung machen müssen, denn die Kosten für Flüge, Unterbringung, Verpflegung und Programm werden komplett übernommen.

Wie bist du an diese Förderung herangekommen und welche Probleme siehst du bezüglich deiner Ausreise auf dich zukommen? Immerhin darfst du eigentlich nicht mal die Stadt verlassen.

Freunde von mir haben die Ausschreibung damals in unserer WhatsApp-Gruppe gepostet und ich dachte mir: Ich habe nichts zu verlieren, einen Versuch ist es wert. Eine Reise wie diese könnte ich mir andernfalls niemals leisten, daher bin ich sehr glücklich, dass ich auserwählt wurde. Allerdings sehe ich der Ausreise mit sehr gemischten Gefühlen entgegen. Ich weiß ja nicht, welche Infos über mich auf dem Bildschirm des Grenzbeamten aufpoppen, wenn er meinen Pass scannt. Ich werde es herausfinden müssen und kann nur hoffen, dass die einzelnen Behörden nicht besonders gut miteinander vernetzt sind. Andernfalls drohen mir bis zu drei Jahren Haft, weil ich gegen meine Bewährungsauflagen verstoße. Doch die Chance nach Berlin zu reisen kann ich mir einfach nicht entgehen lassen.

* Die Studienreise wurde vom Goethe-Institut in Kooperation mit dem Missy Magazine ausgerichtet. Syahida lebt mittlerweile in Deutschland und hat Asyl beantragt.

BLECH RAUCHEN STATT BIER SAUFEN

Diana, KUALA LUMPUR

(Zum Schutz der Venue und der Protagonisten wurden Namen und Ortsbeschreibungen in diesem Kapitel geändert.)

Den weiteren Verlauf unserer Reise hatten wir auf uns zukommen lassen. Doch nun war es an der Zeit, die nächste Etappe zu planen. Um ein Visum für Myanmar zu bekommen, waren wir zu spät dran. Das frühere Burma hatte ohnehin nie zu unserem Plan gehört, weshalb sich die Enttäuschung in Grenzen hielt. Stattdessen mussten wir uns entscheiden, ob wir einen weiteren Stopp in Malaysia einlegen oder direkt nach Thailand weiterreisen wollten. Da wir planten, die Reise mit dem Zug fortzusetzen, beschlossen wir, uns unterwegs spontan zu entscheiden. Die Empfehlungen des Auswärtigen Amts warfen allerdings auch diesen Plan sofort wieder über den Haufen: »Von Reisen in und durch die unter Notstandsrecht stehenden Provinzen im Süden Thailands an der Grenze zu Malaysia wird dringend abgeraten. Dort kommt es regelmäßig zu Auseinandersetzungen zwischen Separatistengruppen und Sicherheitskräften sowie zu terroristischen Anschlägen, auch auf von Ausländern frequentierte Ziele.« Eine Reise durch ein Krisengebiet, in dem der Ausnahmezustand ausgerufen worden war, wollten wir weder selbst antreten noch unseren Müttern zuhause zumuten. Denn auch wenn das Glück oft auf unserer Seite war, wollten wir das Schicksal nicht durch eine dumme Nervenkitzelaktion herausfordern. Also recherchierte ich weiter und stieß dabei auf George Town – die Hauptstadt der malaysischen Insel Penang im Norden des Landes. Die Stadt gehörte dank ihres allgegenwärtigen Kolonialstils nicht nur zum UNESCO-Weltkulturerbe, sondern war auch als Streetart-Hochburg bekannt. Zudem gab es dort einen Flughafen, von wo aus wir im Anschluss direkt nach Bangkok weiterfliegen und das Krisengebiet umgehen konnten. Unser nächstes Ziel stand somit fest.

Am Ende der Woche blickten wir auf eine unfassbar spannende Zeit in Kuala Lumpur zurück: Wir hatten die 272 Stufen zu den Batu Caves bezwungen, ein Konzert in einem verlassenen Gebäude am düsteren Ende der Stadt besucht, T-Shirts gegen Polizeigewalt bedruckt und mehrere bewegende Interviews geführt. Die malaysische Hauptstadt hatte unsere Erwartungen nicht nur erfüllt, sondern übertroffen. Das musste gefeiert werden. Vollgepackt mit Erdnüssen, Schokoriegeln und Chips standen wir an unserem letzten Abend ratlos vor dem Bier-Kühlschrank einer 7-Eleven-Filiale. »Kein Verkauf an Muslime« hatte jemand in fetten Buchstaben an die Glastür geschrieben. Dahinter waren die landestypischen, überzogenen Bierpreise zu erkennen. 28 MYR für eine große Flasche – das waren 6 Euro, was in Malaysia zwei bis drei warmen Mahlzeiten entsprach. Wir nahmen jeder zwei Flaschen und gingen zur Kasse. Der junge Kassierer trug einen Mundschutz und scannte sich geduldig durch den Berg Junkfood, den wir auf seinem Tresen aufgetürmt hatten. Als er beim Bier ankam, hielt er inne. »Four bottles for only two people?«, fragte er mit gerunzelter Stirn und schaute uns ungläubig an. »Ähm, yes, we are from Germany«, versuchte ich zu scherzen. Doch er schüttelte bloß fassungslos den Kopf und nannte den stolzen Preis unseres Verderbens.

Gegen 21 Uhr waren die Flaschen leer, doch unsere trainierten Körper noch nicht annähernd voll. Im Gegenteil, wir kamen gerade erst in Stimmung und hatten natürlich überhaupt keine Lust, an unserem letzten Abend früh ins Bett zu gehen. Allerdings wollten wir den armen Kassierer auch nicht mit der Tatsache konfrontieren, dass wir nach zwei Bier noch stehen konnten und Nachschub haben wollten. Also beschlossen wir, noch mal rauszugehen und uns eine Kneipe zu suchen – wie normale Touristen es zu tun pflegen. Eine halbe Stunde später saßen wir am Tresen einer rockigen Bar und orderten zwei Bier. Abgesehen von den Bedienungen, schien sich nicht eine einzige malaysische Person dort aufzuhalten. Ein Blick auf die Karte verriet auch warum – der Laden war scheißteuer. Am Tisch hinter uns nahm eine Gruppe deutscher Backpackerinnen Platz, die prompt »die guten Cocktail-Preise« lobten und eine Runde Cosmopolitans bestellten. »Wahnsinn, in was für einer Parallelwelt wir uns seit Wochen bewegen«, entfuhr es mir, während ich die aufgedrehte Clique im Spiegel über der Theke beobachtete. Felix nickte. Natürlich ließen auch wir es uns nicht nehmen, Selfies vor irgendwelchen Wahrzeichen zu machen und mit unseren Kameras waren wir auf 100 Meter als Touristen zu erkennen. Dennoch war die bloße Existenz des sonst so vertrauten und unbekümmerten Backpacker-Universums bisher vollkommen an uns vorbeigegangen. Es fühlte sich an, als würden wir uns in der Unterwelt von »Stranger Things« bewegen – nur dass wir mit den Unwissenden an der heilen Oberfläche nicht tauschen wollten. Wir dachten noch eine Weile darüber nach, wie die Stadt wohl ohne »A Global Mess« auf uns wirken würde und fanden uns damit ab, nach dem ersten Bier den Rückweg anzutreten.

Mein Handy war bereits aus und Felix hatte die Navigation übernommen, was prinzipiell nie eine gute Idee war. Denn sein Orientierungssinn ist eine einzige Katastrophe. Trotz Google Maps schafft er es, wichtige Abzweigungen zu verpassen und über weite Strecken in die falsche Richtung zu laufen. Von daher war ich nicht überrascht, als er sich nach 40 Minuten mit seinem »Wir haben uns verlaufen«-Gesicht zu mir umdrehte. Ich hatte nicht aufgepasst, weil ich im Dunkeln zu sehr damit beschäftigt war, nicht in die deckellose Kanalisation zu fallen. Ein Blick auf sein Handy verriet mir, dass wir einmal falsch abgebogen waren, aber der Schaden hielt sich noch in Grenzen: »Wenn wir an der nächsten Kreuzung rechts gehen, kommen wir einfach von der anderen Seite zur Wohnung.« Felix sah mich an, als hätte ich ihm die Relativitätstheorie auf Klingonisch erklärt. »Keine Ahnung, wie du darauf kommst, aber ich glaube dir.« Die dunkle Straße vor uns war ausgestorben. Umso surrealer wirkte der dumpfe Bass, der zu uns herüberdrang. Auf dem Gehweg hatte sich einige Meter vor uns eine Gruppe junger Leute versammelt. »Hey guys, nice to see you«, rief einer von ihnen, als wir näherkamen. Es war Budi, ein Punk, mit dem wir uns ein paar Tage zuvor auf dem Konzert im *Rumah Api* unterhalten hatten.

Es stellte sich heraus, dass in dem Gebäude hinter ihm gerade ein Hip-Hop-Konzert stattfand. Das passierte also, wenn wir einmal ohne Kamera-Equipment loszogen, um ein Bier in einer Touristenbar zu trinken. Budi nahm uns mit rein und stellte uns einigen Leuten vor. Wie bei der letzten Show gab es auch diesmal keine alkoholischen Getränke zu kaufen. Und wieder tat es der Stimmung keinen Abbruch. Auf der kleinen Bühne im hinteren Bereich des Raumes lieferten sich zwei junge Männer ein Rap-Battle in Malaiischer Sprache. Das Publikum klatschte und grölte zwischendurch – es schien also gut zu sein. Unser Kumpel versicherte uns, nach der Show ein Interview mit einem der Rapper für uns klarzumachen. Volltreffer! Denn Hip Hop war bei unserer bisherigen Recherche ein bisschen zu kurz gekommen. Wir guckten uns das Schauspiel noch eine Weile an, doch aufgrund der nicht vorhandenen Sprachkenntnisse fiel es uns schwer, einen Favoriten auszumachen. »You guys want to smoke?«, fragte Budi. Felix zuckte mit den Schultern: »Komm, wir gehen mit. Vielleicht kann ich eine Kippe schnorren.« Froh über die Abwechslung, folgte ich den beiden in den Flur hinaus. »Geht ruhig schon mal vor, ich muss noch schnell pinkeln«, entgegnete Felix und deutete auf die Tür zu seiner Rechten.

In dem Gang hing ein seltsamer Geruch in der Luft – süß und gleichzeitig sauer. Mein erster Gedanke galt den Yum-Yum-Suppen, die dauernd alle aßen, doch dann sah ich ihn. Einen vielleicht 18-jährigen dünnen Jungen in einem viel zu großen T-Shirt. Er hockte vor mir auf dem Boden und war mit einem Röhrchen über ein qualmendes Stück Alufolie gebeugt. Wortlos stieg ich über seine ausgestreckten Beine hinweg und setzte meinen Weg fort. Ich ließ meinen Blick bis ans Ende des Flures schweifen und kam zu dem Schluss, dass er nicht der einzige war, der gerade ein verdammtes Blech rauchte. Als wir den Hinterhof erreichten, zündete Budi sich einen Joint an und hielt ihn mir mit einem breiten Grinsen entgegen. »Oh, nein danke«, lehnte ich höflich ab. In Anbetracht der Gesetzeslage gehörte es zu unserem obersten Reisekodex, dass wir uns vom Kiffen fernhielten. Ich wünschte, wenigstens ein Bier in der Hand zu haben, an dem ich mich festhalten konnte. Doch da Getränke Mangelware waren, stand ich einfach blöd da und fummelte an meiner Bauchtasche herum. Wir redeten gerade über die Show, bei der wir uns kennengelernt hatten, da stieß auch Felix wieder zu uns. Nun wurde ihm der Joint hingehalten. »Ich hatte ehrlich gesagt an eine Zigarette gedacht«, lachte Felix. Sein Gegenüber zuckte mit den Schultern und kramte eine eingedrückte Schachtel Marlboro Light aus der Hosentasche hervor.

Unser Smalltalk lief etwas schleppend, da Budi nicht gut Englisch sprach. Aber in Gedanken war ich sowieso noch bei den blechrauchenden Kids, die drinnen auf dem Boden saßen. Keine Ahnung, ob sie Heroin oder bloß ein seltsam riechendes Thaigras inhalierten – doch nach den Geschichten, die Abu und Syahida uns bezüglich der nicht selten vorkommenden Razzien und Polizeikontrollen erzählt hatten, trug die Situation nicht gerade zu meinem Wohlbefinden bei. »Ihr habt sehr strenge Drogengesetze in Malaysia. Hast du keine Angst, Ärger mit der Polizei zu bekommen?«, fragte Felix, als hätte er meine Gedanken gelesen. Budi nahm einen tiefen Zug von seinem Joint und blies den Rauch langsam durch die Nase aus. »Stimmt, wir haben die Todesstrafe hier«, bestätigte er. »Aber ich bin vorsichtig, ich habe nie größere Mengen bei mir.« Er war nicht der einzige Kiffer, mit dem wir auf dem Hinterhof rumstanden. Auch von der Gruppe neben uns wehte eine Graswolke herüber. Langsam machte sich Nervosität in mir breit. Man musste kein Drogendealer sein, um in diesem Land zu Rohrstockhieben oder gar zum Tode verurteilt zu werden – man musste sich bloß zur falschen Zeit am falschen Ort aufhalten. Und ich wurde das Gefühl nicht los, dass genau das gerade der Fall war.

Doch Abhauen kam nicht in Frage, schließlich bot sich uns die Möglichkeit, noch mit einem Rapper zu sprechen und Infos über die malaysische Hip-Hop-Szene zu bekommen. Also versuchte ich, die Trainspotting-Kulisse um uns herum auszublenden und konzentrierte mich stattdessen wieder auf das Gespräch. Budi interessierte sich für die Szene in Indonesien und Felix erzählte ihm von einigen Konzerten, die er dort besucht hatte. Er berichtete uns von seinen Plänen, eines Tages eine ähnliche Reise zu unternehmen und der Tatsache, dass er Malaysia bisher noch nie verlassen hatte. Zwischendurch gesellten sich immer wieder neue Gesichter zu uns in die Runde und wie bereits ein paar Tage zuvor, freuten sich die meisten, wenn wir mit ihnen für ein Foto posierten. So verging die Zeit dann plötzlich doch ganz schnell und am Ende bemerkten wir nicht mal, dass die Musik längst verstummt war. »Wo sind denn alle hin?«, fragte Felix schließlich. Ich hatte keine Ahnung, aus irgendeinem Grund war mir das Ende der Veranstaltung ebenfalls entgangen. Wir beschlossen, nach vorne zu gehen und nachzuschauen, wer noch da war. Der süß-saure Geruch im Gang war verflogen und an die zugedröhnten Kids erinnerten lediglich ein paar verkokelte Alufolien, die auf dem Boden lagen. Zögerlich öffnete Felix die Tür hinter der bei unserer Ankunft das Rap-Battle stattgefunden hatte. Doch bis auf einen schlaksigen Typ, der die Kippenstummel zusammenfegte, waren alle verschwunden. »Sorry guys«, entschuldigte sich Budi. »I guess the rapper went home.«

NEXT STOP: INSELLEBEN

Diana, KUALA LUMPUR – GEORGE TOWN

Der letzte Abend in KL hatte mal wieder gezeigt, dass die spannendsten Momente einer Reise nicht planbar sind. Denn im Grunde dreht es sich unterwegs – wie so oft im Leben – um Gelegenheiten, die man ergreift oder eben nicht. Eins stand fest: In Kuala Lumpur hatten wir zugegriffen, doch nun waren wir reif für die Insel. Noch immer traumatisiert von unserer letzten Überlandfahrt, traten wir die Busreise nach Penang mit übertriebenen Lunchpaketen und einem ausgeklügelten Unterhaltungsprogramm an. An Snacks und Filmen sollte es uns jedenfalls nicht mangeln. Wir hatten keinen Schimmer, was uns im Norden des Landes erwartete. Doch nach den vergangenen Wochen im Großstadtdschungel fühlte sich die Weiterreise ein bisschen wie Urlaub an. Der Blick aus dem Fenster glich einem tropischen Daumenkino. Ständig blitzten Palmen, Lianen und Reisfelder am Straßenrand auf – und mir wurde erstmals bewusst, dass wir uns schon die ganze Zeit in einem asiatischen Urlaubsparadies befanden. Die Städte, aus denen wir kamen, waren Metropolen wie es sie überall auf der Welt gab. Natürlich hatten sie ihren eigenen Charme, doch letztendlich bestanden sie alle aus Häuserschluchten, Shopping Malls und Smog. Das sollte sich in George Town ändern.

»Wach auf, wir sind gleich da«, Felix rüttelte an meiner Schulter und ich hob langsam den Kopf. Mein Nacken schmerzte, als hätte sich eine Anakonda darin festgebissen. »Aber wie kommen wir denn jetzt auf die Insel?«, fragte ich irritiert von den vorbeirauschenden Wohnanlagen und unterdrückte ein Gähnen. »Das ist die Insel«, klärte Felix mich auf. »Wir sind über eine riesige Brücke gefahren, bestimmt 20 Minuten lang. Das war echt abgefahren.« Offenbar hatte ich länger gepennt als zunächst angenommen. »Und da bist du nicht auf die Idee gekommen, mich zu wecken?«, fragte ich entrüstet. Doch er war sich keiner Schuld bewusst. Am Busbahnhof staunten wir kurz darauf nicht schlecht, als der Taxi-Fahrer uns bereitwillig half, das Gepäck in den Kofferraum zu hieven. Denn auf die Idee war bisher noch keiner gekommen. Als alles verstaut war, band er den Kofferraumdeckel mit einem Seil an der Anhängerkupplung fest und kletterte hinters Lenkrad. »Where do you want to go?«, fragte er und grinste uns über den Rückspiegel an. »Oh, nein«, entfuhr es mir beim Öffnen der Bestätigungsmail des Hostels. Felix sah mich fragend an. »Wir wohnen in der Love Lane.« Der Fahrer strahlte: »Love Lane, that's the best street in town.« Wir glaubten ihm kein Wort und machten uns auf das Schlimmste gefasst. Doch zu unserer Überraschung landeten wir ausnahmsweise nicht im Red Light District, sondern im Herzen eines lebhaften Backpacker-Viertels.

Die entspannte Atmosphäre auf der Insel Penang sorgte für Abwechslung im Reisealltag.

Unser fensterloses Zimmer war minimal breiter als das Hochbett, das in ihm stand und auch die Zeiten des eigenen Badezimmers waren passé. Doch immerhin hatten wir die Besenkammer für uns alleine – alles andere war egal. Nachdem ich in Singapur zum Klettern verdammt war, erbarmte sich diesmal Felix, das obere Bett zu nehmen. Ein Umstand, der mich sehr glücklich machte, denn es trieb mich in den Wahnsinn, für jedes Buch oder Ladekabel, das ich unten vergessen hatte, im Dunkeln die kantigen Metallstiegen hinunterzuklettern. George Town bot uns das absolute Kontrastprogramm zu dem großstädtischen Untergrund, in dem wir uns seit meiner Ankunft bewegten. Der Baustil der Insel-Hauptstadt entsprach einer Mischung aus bunten Holz-

SUSU SOYA
ASLI & SEGAR

häuschen, chinesischen Prachtbauten und englischen Kolonialgebäuden. Dazwischen befanden sich unzählige buddhistische Tempel, Hindu-Statuen und Moscheen. Die terrassenartigen Bürgersteige waren mit bunten Mosaikfliesen verziert, die Häuserfronten pastellfarben gestrichen und das Zusammenleben der verschiedenen Kulturen war allgegenwärtig. Bollywood-Beats vermischten sich in den Straßen nicht selten mit Muezzin-Gesängen und »Wonderwall« von Oasis – ein Remix, an den man sich gewöhnen konnte. Denn die finsteren Orte, die wir in Kuala Lumpur besucht und die ernsten Gespräche, die wir dort mit einigen Leuten geführt hatten, waren nicht spurlos an uns vorbeigegangen. Auch der allabendliche Rückzug in unseren Elfenbeinturm hatte daran nichts ändern können. Das quirlige George Town war daher eine willkommene Abwechslung.

Die ersten Tage ließen wir uns ziellos durch die Straßen der historischen Altstadt treiben. Wir fühlten uns pudelwohl und freuten uns, an einem wunderbaren Ort gestrandet zu sein, von dem wir bis vor einer Woche noch nie gehört hatten. Die nächsten Tage waren vor allem von Streetart und Streetfood geprägt – denn dafür ist George Town berühmt. Besonders die Murals von Ernest Zacharevic hatten es uns angetan. Die ganze Stadt ist voll mit den Wandbildern des litauischen Künstlers, die den Inselalltag der Kinder von Penang darstellen. Das Besondere an seinen Kunstwerken ist, dass er echte Gegenstände wie Fahrräder, Schaukeln oder Stühle darin integriert. Ein Geniestreich, da seine Werke durch die Installationen nicht nur extrem realistisch wirken, sondern auch zu sagenhaften Warteschlangen führen – schließlich wollen alle einen echten #zacharevic auf Instagram posten. Was soll ich sagen, nicht mal das schreckte uns ab. Wir gingen eben ganz vorbildlich in unserer Touristenrolle auf. Die ungezwungene Zeit auf der Insel schweißte uns als Team noch enger zusammen. Entgegen aller Erwartungen

Linke Seite: George Town ist vor allem für die Murals von Streetartist Ernest Zacharevic bekannt.

hatten wir – selbst als es möglich war – nie das Bedürfnis, getrennte Wege zu gehen. Tagsüber tigerten wir zusammen durch die Stadt und abends saßen wir mit einem Sixpack Dosenbier vor unserem Hostel und ließen die bisherigen Begegnungen und Erlebnisse unserer Reise Revue passieren. So sahen wir den Aufbau unseres Buches und die Botschaft unseres Films nach jedem Dosenbier-Meeting ein bisschen klarer. Denn mittlerweile hatten wir genug Interviews geführt und Material gesammelt, um eine Vorstellung davon zu bekommen, wohin die Reise gehen würde. Unsere Vision von »A Global Mess« nahm endlich Gestalt an.

STREETART FÜR DEN REGENWALD

Interview mit Charlotte Pyatt, Koordinatorin von „Splash & Burn“ und Managerin von Ernest Zacharevic

Charlotte Pyatt ist die Managerin des weltberühmten Streetartists Ernest Zacharevic, dessen Kunstwerke das Straßenbild von George Town prägen und die Stadt zu einem beliebten Reiseziel für Backpacker machen. Seit drei Jahren koordiniert sie außerdem das von ihm initiierte Projekt »Splash and Burn«, das mit Hilfe internationaler Streetartists auf die verheerenden Auswirkungen der Brandrodungen in Indonesien aufmerksam macht, die die boomende Palmölindustrie mit sich bringt. Palmöl steckt in der Hälfte aller Supermarktprodukte und ist u. a. in Bratfetten, Süßigkeiten und Kosmetika zu finden. Allein in Indonesien wurden im Jahr 2017 laut der Organisation Global Forest Watch 1,3 Millionen Hektar Regenwald gerodet. Um Zeit und Kosten zu sparen werden die benötigten Plantagenflächen häufig durch Brände geschaffen, die zu einer kolossalen Zerstörung der Pflanzen- und Tierwelt sowie folgenschweren Atemwegserkrankungen der ansässigen Menschen führen. Im Interview hat Charlotte von ihrem Kampf für die gute Sache berichtet und uns erklärt, inwiefern Streetart einen Beitrag leisten kann.

Was ist dein beruflicher Background und welchen Teil deiner Arbeit schätzt du am meisten?

Charlotte: Ich bin Kunsthistorikerin, aber meine eigentliche Leidenschaft ist die Zusammenarbeit mit Kreativen. Ich unterstütze sie darin, Visionen zu verwirklichen, die einen sinnvollen Einfluss auf die Welt haben. Seit acht Jahren arbeite ich für verschiedene Künstler als kreative Beraterin und Produzentin. Urbane Kunst ist sehr dynamisch und ich finde es spannend, zu beobachten, wozu sie imstande ist. Streetart schafft es, die Aufmerksamkeit der Menschen im Alltag zu gewinnen und in ihnen das Interesse für Kunst zu wecken.

Du koordinierst seit 2016 die von Ernest Zacharevic ins Leben gerufene Aktivismus-Kampagne »Splash and Burn«. Euer Ziel ist es, mit Hilfe anderer Streetartists die Probleme der Palmölindustrie aufzuzeigen. Wie seid ihr auf das Thema aufmerksam geworden?

Wir arbeiten mittlerweile seit drei Jahren an dem Projekt. Das Konzept hat sich aus Ernests Bedürfnis heraus ergeben, mit seiner Kunst Aufmerksamkeit für unbequeme Themen zu schaffen. Seit er jahrelang durch Südostasien gereist ist und die negativen Auswirkungen der Brandrodung aus nächster Nähe gesehen hat, ist das Thema von großer Bedeutung für ihn. Die Plattform, die wir geschaffen haben, ermöglicht es lokalen und internationalen Künstlern, ihre Werke inmitten der betroffenen Landschaften Indonesiens auszustellen und sich auf diese Weise an der weltweiten Sensibilisierung für die ökologischen Folgen der Palmölherstellung zu beteiligen.

Die »Flood and Burn«-Technik hat verheerende Auswirkungen auf die Flora und Fauna. Inwieweit leiden die dort lebenden Menschen darunter?

Die Methode der landwirtschaftlichen Rodung betrifft Tiere, Wälder und Menschen gleichermaßen, da der giftige Rauch in der Luft für Lebewesen genauso schädlich ist wie das Feuer für den Boden. »Splash and Burn« arbeitet sehr eng mit einer Reihe von lokalen und internationalen NGOs zusammen, um über die direkten Auswirkungen dieser Prozesse aufzuklären. Interessierten empfehle ich, sich direkt an diese Seiten zu wenden, um die Folgen zu verstehen. Bei dem Projekt geht es uns nicht darum, die Palmölindustrie anzuklagen. Unser Ziel ist es, ein breiteres Bewusstsein dafür zu schaffen, was die wahren Folgen der Verarbeitung und Nutzung billiger Rohstoffe sind. Indem wir auf die untragbaren Produktionsbedingungen einer der billigsten Rohstoffe der Welt aufmerksam machen, erhoffen wir uns, zu einem Umdenken in der Gesellschaft und einem daraus folgenden Wandel beizutragen.

Wie wollt ihr das erreichen?

Das Konzept wurde zum Teil durch die immer größer werdende Popularität urbaner Bewegungen inspiriert. Ernest hat dieses Phänomen bereits erkannt, als er vor Jahren zum ersten Mal nach Penang reiste und George Town besuchte. Heute wird die Region in erster Linie mit seiner Arbeit assoziiert, denn seine Kunstwerke in den Straßen zählen zu den wichtigsten touristischen Anziehungspunkten der Insel. Ich glaube, dass die traditionellen Philanthropie- und Fundraising-Modelle über die Jahre immer unzugänglicher geworden und dadurch negativ behaftet sind. »Splash and Burn« hingegen verbindet gleichgesinnte Künstler, die sich aus voller Überzeugung mit der Beziehung zwischen ihrer Kunst und der Natur auseinandersetzen und so ihren Teil zu der Aufmerksamkeitskampagne beitragen.

Ihr habt bereits zahlreiche internationale Künstler eingeladen, sich dem Projekt anzuschließen. Wie geht eine solche Zusammenarbeit vonstatten?

Wir haben mit jedem der beteiligten Künstler Monate verbracht, um die Problemstellung sowie potenzielle Ideen zu diskutieren und die möglichen Realisierungsmöglichkeiten zu besprechen. Nach ihrer Ankunft in Indonesien wurden sie ins Orang-Utan Information Centre (OIC) gebracht, um mehr über die Folgen der Palmölgewinnung und die betroffenen Gebiete zu erfahren. Es war uns wichtig, dass die Künstler die katastrophalen Auswirkungen begreifen und dass sie die nötige kreative Freiheit erhalten, sie zu interpretieren und zu verwirklichen. Einige Künstler nahmen sich der Not der Tiere an, wie Anders Gjennestad alias Strøk aus Norwegen und Alexandre Farto alias Vhils aus Portugal. Andere konzentrierten sich auf die Gemeinschaft und die Menschen, wie Axel Void aus den USA und Gabriel Pitcher aus Großbritannien. Ernest selbst und Isaac Cordal aus Spanien setzten sich hingegen kritisch mit der Wirtschaft und dem Kapitalismus auseinander.

Welches war euer erfolgreichstes Projekt?

Jedes der bisherigen Projekte hat seine eigenen Vorzüge, doch wenn ich einen persönlichen Favorit benennen muss, ist das die SOS-Aktion von Ernest Zacharevic.* Das Projekt war ein episches Unterfangen, das unserer Kampagne zu weltweiter Aufmerksamkeit verholfen hat. Mit der Aktion wurde alles erreicht, was ich kreativ für möglich gehalten habe. Sie hat zu einem sinnvollen Wandel beigetragen und gezeigt, wozu eine kleine, aber motivierte Gruppe von Menschen in der Lage ist. Das Waldstück wurde im Anschluss renaturiert.

Welchen Beitrag kann Kunst im öffentlichen Raum leisten, um die Welt zu einem besseren Ort zu machen?

Der Wert von Kunst lässt sich im Falle von »Splash and Burn« frei interpretieren, doch sie kann uns helfen, unsere Sinne zu schärfen und ein feineres Gespür für die Probleme unserer Zeit zu entwickeln. Unsere Generation ist von exponentieller Beschleunigung geplagt; wir kommunizieren schneller, konsumieren übermäßig und scrollen zwanghaft durch unseren Newsfeed. Die Kunst setzt dem etwas entgegen und hilft uns runterzukommen. Sie lenkt unsere Aufmerksamkeit und Energie auf Nuancen und Suggestionen. Große Künstler schaffen es meiner Meinung nach, in ihren Werken die Welt zu repräsentieren und dem Betrachter das Gefühl zu geben, Teil des großen Ganzen zu sein. Vielleicht ist es auf diese Weise möglich, dass Kunst die Welt zu einem besseren Ort macht. Indem sie uns zwingt, dass wir uns unserer Beziehung gegenüber der Umwelt bewusst werden.

* Zacharevic ließ 2018 auf einer verlassenen Palmölplantage in Zusammenarbeit mit der Naturschutzorganisation Sumatran Orangutan Society 1.100 Ölpalmen fällen und schuf auf diese Weise eine 500 Meter breite Landschaftsskulptur, die nur aus der Luft zu erkennen war: »SOS« lautete die Botschaft, die der Regenwald seinen Betrachtern entgegenrief.

DAS DSCHUNGELTAGEBUCH

Tagebucheintrag
von Diana, PENANG

Morgen geht die Reise weiter nach Bangkok. Ich kann noch gar nicht glauben, dass damit bereits die letzte meiner vier Etappen anbricht. Einerseits frage ich mich, wo die Zeit geblieben ist, andererseits fühlt es sich an, als wäre ein halbes Jahr seit meiner Ankunft in Singapur vergangen. Unser letzter Tag in Malaysia hätte jedenfalls nicht schöner sein können. Da wir abgesehen von George Town bisher noch nichts von Penang gesehen hatten und die aktuelle Sturmwarnung auf morgen verschoben wurde, haben wir uns heute Vormittag spontan einen Roller geliehen. Ehrlich gesagt beunruhigte mich der Gedanke, bei Felix hinten aufzusteigen, da er Auto fährt wie ein Wahnsinniger. Doch meine Skepsis war unbegründet. Abgesehen von einer kurzen Geisterfahrernummer, die dem Linksverkehr geschuldet war, machte er seine Sache echt gut.

Unser Ziel war der rund 20 Kilometer entfernte Nationalpark im Norden der Insel. Die kurvenreiche Straße führte an einem traumhaften Küstenabschnitt entlang, der mich an die Fototapete in meiner ersten Wohnung erinnerte. Schiefe Palmen, weißer Sand, glattgespülte Felsen – wir fuhren in einer verdammten Postkarte spazieren. Kurz bevor wir ankamen, beschlossen wir, unplanmäßig abzubiegen. Uns war egal, was es dort zu sehen gab. Wir wollten einfach weiterfahren. Vielleicht, weil wir unter den Helmen zum ersten Mal seit langer Zeit mit unseren Gedanken

alleine waren. Vielleicht gab es aber auch gar keinen besonderen Grund, manche Dinge fühlen sich einfach richtig an. Als wir den Parkplatz des Nationalparks erreichten, wurden uns zahlreiche Ausflugsangebote unterbreitet. Wir entschieden uns für die Variante, auf eigene Faust zum »Turtle Conservation Center« zu wandern, wo uns ein Boot abholen und zum Monkey Beach bringen sollte. Hoch motiviert marschierten wir los, doch wie sich bald herausstellte, führte der Weg nicht am Strand entlang, sondern tief in den Dschungel hinein. Ich überlegte noch, ob wir vielleicht doch besser eine der Gratis-Karten vom Eingang mitnehmen sollten. Aber Felix rannte bereits den Berg hinauf und alleine hatte ich auch keine Lust zurückzugehen. Egal, der Typ an der Kasse hatte schließlich gesagt, dass wir uns bloß an die Schilder halten mussten. Also folgten wir dem schmalen Trampelpfad, der sich durch das dunkle Dickicht schlängelte. Die feuchte Hitze erdrückte uns und es dauerte nicht lange, bis der Schweißfleck auf meinem olivfarbenen Kleid die Größe einer Pizza angenommen hatte. Bravo, das war selbst für meine Verhältnisse rekordverdächtig.

So liefen wir eine ganze Weile in den Urwald hinein, ohne dass uns auch nur eine Person begegnete. Auch die Steigung wollte kein Ende nehmen, nach einer Stunde pfiff ich aus dem letzten Loch. Doch das hörte nur ich, denn die verborgene Tierwelt um uns herum kreischte mittlerweile lauter als Teenies auf einem Taylor-Swift-Konzert. Ohne Scheiß, es war ohrenbetäubend. Stellenweise mussten wir uns anschreien, um die brüllende Fauna zu übertönen. Als nach eineinhalb Stunden noch immer kein

Ende in Sicht war, begann ich mir ernsthaft Sorgen zu machen. Schließlich sollte uns bereits in einer halben Stunde das Boot abholen und wir hatten nicht mal den Hauch einer Ahnung wo wir waren. Denn auf die Karte hatten wir ja bekanntermaßen verzichtet und Handyempfang gab es auch keinen. Dann entdeckten wir eins der Schilder, von denen der Mann gesprochen hatte. Es befand sich an einer Gabelung, an der es in drei Richtungen weiterging. Genauer gesagt befand sich nur noch der Pfosten dort, an dem die beschrifteten Pfeile irgendwann mal befestig gewesen sein mussten. Denn letztere lagen daneben und zeigten dementsprechend nirgends mehr hin. Oberabfuck also! »Mein Gefühl sagt geradeaus«, warf ich atemlos ein. »Aus Orientierungsfragen halte ich mich raus«, antwortete Felix und schlug die Richtung ein, die ich vorgeschlagen hatte. Nun lag es an mir, den Ausweg aus der Grünen Hölle zu finden, bevor das Boot ohne uns abfuhr. Ich hatte die Hoffnung bereits aufgegeben, als wir eine halbe Stunde später eine lange hölzerne Hängebrücke erreichten. Vor uns lag ein endloser weißer Strand und außer uns war niemand dort. Erschöpft ließen wir uns in den Sand fallen. Da tauchte am Horizont ein Motorboot auf.

Die Überfahrt zum Monkey Beach dauerte schätzungsweise eine Viertelstunde. Wir waren die einzigen Passagiere an Bord und der Skipper drückte ordentlich auf die Tube. Immer wieder hoben wir ab, um mit einem lauten Bumms auf die nächste Welle zu knallen. Ein todsicheres Gehirnerschütterungsverfahren, auf das wir in dieser Form nicht gefasst *waren. Ich für meinen Teil quietschte wie in einer Achterbahn und krallte mich an der Bank fest, um beim nächsten Aufprall nicht über Bord zu gehen. Felix schnallte sich seinen Rucksack ans Bein und versuchte, die Affen an der Felsküste zu filmen, an denen wir vorbeibretterten. Es sollten die letzten sein, die wir sahen. Denn am Monkey Beach hatten die Äffchen bereits Feierabend als wir eintrafen – jedenfalls waren keine dort. Die Strapazen hatten sich dennoch gelohnt. Die palmengesäumte, geschwungene Bucht weckte »The Beach«-Assoziationen und es hätte mich wirklich nicht gewundert, wenn Leo DiCaprio mit einer Harpune um die Ecke gebogen wäre. Felix besorgte zwei Cokes und wir nahmen auf der Schaukel Platz, von der aus wir den gesamten Strand überblicken konnten.*

Mir fiel ein Pärchen auf, das offenbar zwei Jetskies gemietet hatte und gerade eine technische Einweisung bekam. Erst mal nichts Besonderes, doch ich glaube, die Wenigsten werden sich eine Frau mit Vollverschleierung vorstellen, wenn ich ihnen zuhause davon erzählen werde. Doch so war es. Sie trug einen Gesichtsschleier und eine rote Schwimmweste über ihrem schwarzen Gewand. Die beiden lachten und schäkerten herum, wie nur Frischverliebte es können. Kurz darauf jagten sie sich mit den Jetskies durch die Bucht und schienen den Spaß ihres Lebens zu haben. Schon absurd, in was für eine spaßbefreite Schublade man ein junges Paar steckt, wenn die Frau einen Niqab oder gar eine Burka trägt. Dass selbst wir nicht vor festgefahrenen Rollenbildern gefeit sind, führten uns die besagten Aktivurlauber jedenfalls sehr eindrucksvoll vor Augen. Die Sonne bereitete sich gerade auf einen dramatischen Abgang vor, als der Bootsfahrer uns wieder einsammelte, um uns zum Parkplatz auf der anderen Seite der Halbinsel zurückzubringen. Ich warf einen letzten Blick auf den Bilderbuchstrand zurück und war froh, dass wir gekommen waren.

Zurück auf dem Parkplatz stellten wir fest, dass unsere Helme kein Visier hatten. Auf dem Hinweg war uns das dank der Sonnenbrillen nicht aufgefallen, doch nun wurde es langsam dunkel. Also mussten wir Gas geben, wenn Felix seine Augen noch eine Weile vor Wind und Fliegen schützen wollte. Mittlerweile waren wir ein eingespieltes Team im Rollersattel und ich beschloss, den Rückweg mit der großen Kamera zu filmen. So knatterten wir über die Landstraße nach George Town zurück und ich versuchte, so viel der abendlichen Inselatmosphäre wie möglich einzufangen. Und während ich so dasaß und filmte, erwischte es mich plötzlich eiskalt von hinten – das überwältigende Freiheitsgefühl, das einen nur auf ganz besonderen Reisen überkommt. Und eventuell habe ich dabei ein klitzekleines bisschen geweint, weil das Leben in dem Moment so verdammt schön war. Aber davon braucht Felix ja nichts zu wissen.

REALITY CHECK

Seit dem Putsch 2014 herrscht im Königreich Thailand eine Militärdiktatur | Die Metropolregion Bangkok zählt mit rund 16 Millionen Einwohnern zu den größten weltweit | Auf der Liste des Internationalen Währungsfonds befindet sich Thailand gemessen am Pro-Kopf-Einkommen auf Platz 86 und somit 67 Plätze hinter Deutschland | Red Bull ist eine thailändische Erfindung und heißt dort Krating Daeng | Füße gelten als unrein, weshalb sie im Sitzen nie auf eine andere Person oder eine Buddha-Statue zeigen sollten | 1 Euro entspricht ca. 35 Thai Baht (THB) | Bereits der Besitz geringer Marihuana-Mengen führt zu hohen Haftstrafen | Die letzte Hinrichtung fand 2018 statt | Neben der Amtssprache Thai werden 76 weitere Sprachen gesprochen | Schuhe werden vor dem Betreten einer Räumlichkeit stets aus Respekt ausgezogen | Fast 95 Prozent der Bevölkerung sind Theravada-Buddhisten | Von Reisen in die unter Notstandsrecht stehenden Provinzen im Süden wird dringend abgeraten | Die in Thailand beheimatete Königskobra ist mit vier Metern die größte Giftschlange der Welt

ราชอาณาจักรไทย
(THAILAND)

SIN CITY

Diana, BANGKOK

Bangkok traf uns wie eine Ohrfeige. Die Hauptstadt Thailands ist ein glühender Schmelztiegel. Ein pulsierender Ort der Sünde. Ein Moloch, in dem man zwangsläufig untergeht. Doch uns zog die Metropole von der ersten Minute an in ihren Bann. Unser Hostel bestand aus gestapelten Schiffscontainern, von denen wir einen zu zweit bezogen. Es war gemütlich in unserer Metallschachtel und wir hatten alles, was wir brauchten: zwei Betten, ein kleines Bad und eine Klimaanlage. Verrückt, aber es gab sogar zwei Fenster. Nachdem wir uns etwas ausgeruht hatten, zogen wir los, um die nähere Umgebung zu erkunden. Die Stadt war ein einziges Chaos. Autos, Tuk-Tuks und Roller verstopften die Straßen, laute Musik schallte aus den Bars nach draußen und hunderte verknotete Kabel schwurbelten sich über den Köpfen der Menschenscharen von einem Mast zum anderen. An den Häusern flackerten Leuchtreklamen und der immense Geräuschpegel zerrte bereits nach wenigen Minuten an den Nerven. Schließlich betraten wir ein einfaches Restaurant und ließen uns erschöpft an einem der Tische nieder. Meine Ohren klingelten wie nach einem Refused-Konzert. Wir bestellten die Karte einmal rauf und runter und nahmen dankbar die kalten Getränke entgegen. »Auf das letzte Kapitel unserer Reise«, sagte Felix und erhob sein Singha-Bier. »Auf Bangkok«, erwiderte ich und stieß mit ihm an.

Was das thailändische Essen betraf, hatte der Reiseführer nicht übertrieben. Für mich als bekennender Asian-Food-Muffel war es eine Offenbarung. Alles schmeckte unfassbar frisch und intensiv. Die Schärfe war perfekt, auch wenn ich gelegentlich weinen musste, und es gab dermaßen vielfältig zubereitete Garnelengerichte, dass man Thailand auch problemlos in »Bubba Gump Land« hätte umbenennen können. Satt und glücklich ließen wir unseren ersten Bangkok-Abend schließlich auf der Veranda einer Bar ausklingen, von der aus wir das Treiben mit etwas Abstand beobachten konnten. Zumindest glaubten wir das, denn tatsächlich war der Abend zu diesem Zeitpunkt noch weit davon entfernt auszuklingen. Wie der Zufall es wollte, kamen wir gerade rechtzeitig zur Happy Hour, weshalb die Bedienung uns direkt vier Whisky Sour anstatt der bestellten zwei Drinks hinstellte. Auf dem Gehweg unter uns trieb ein nicht enden wollender Strom aufgebrezelter junger Leute vorbei. Dahinter bahnten sich mit Lichterketten geschmückte Tuk-Tuks ihren Weg durch die Verkehrsapokalypse, um die Feierwütigen auf der Rückbank zum nächsten Nachtclub zu bringen. Irgendwo schallte »Pokerface« von Lady Gaga aus einem Lautsprecher. »Ich glaube, Bangkok wird uns einen würdigen Abschluss bescheren«, verkündete ich. Felix nickte zustimmend. Immerhin waren wir schon am nächsten Tag mit ein paar Leuten auf einer Hardcore-Show verabredet und auch mit einigen anderen Szenedrahtziehern hatten wir online bereits Kontakt aufgenommen. In Sin City würden wir keine Anlaufschwierigkeiten haben. Das spürte ich.

Als unsere Gläser leer waren, zahlten wir und zogen weiter. Je später es wurde, desto voller schien es auf den Straßen zu werden. Überall versuchten Kellner, uns in ihre Bars zu locken und auch die Prostituierten wurden zu vorgerückter Stunde kommunikativer. Letzteres hatte zur Folge, dass »Sweetie« mir nicht mehr von der Seite wich und auf direktem Weg nach Hause wollte. Doch danach stand mir noch lange nicht der Sinn. Wir kamen doch gerade erst in Fahrt. »Komm schon, einen Absacker noch«, bettelte ich. »Na gut«, gab sich Felix geschlagen. »Aber nur einen.« Am Ende war es eine Bar auf Rädern, die unser Interesse weckte.

Eine Art Rikscha, die zu einer portablen Kneipe umgebaut worden war. Es gab einen kleinen Tresen, vor dem drei Barhocker auf der Straße standen. Die Schnapsflaschen auf dem Regalboden darüber versprachen ein allumfassendes Cocktailprogramm. Amüsiert nahmen wir auf den wackeligen Hockern Platz und orderten zwei Gin Tonic. Die Inhaberin war ganz aus dem Häuschen. Mit einem geübten Handgriff drehte sie den Tischventilator in unsere Richtung und machte sich an die Arbeit. »You want to choose some songs?«, fragte sie und schob ihr Handy zu uns herüber, das über ein Kabel mit zwei kleinen Boxen verbunden war. Die YouTube-App war bereits geöffnet. Wir entschieden uns für »Grüne Haare« von Knochenfabrik und grölten lachend mit, als sie uns die Drinks reichte. Die Bordsteinschwalben auf der anderen Straßenseite waren sichtlich amüsiert von unseren Gesangskünsten. Das spornte uns an. Als nächstes stand Kotzreiz auf unserer Playlist. »Und wenn die Welt untergeeeht, und wenn uns keiner versteeeht…«, wir gaben wirklich alles. »Punk bleibt Punk!« Kaum hatten wir die Gläser geleert, schlich unsere Gastgeberin sich auch schon wieder von hinten an: »One more?« Was für eine Frage!

Konnte es einen besseren Einstieg in unsere finale Etappe geben als diesen? Wir waren uns sicher: nein! Die Euphorie hatte mittlerweile vollkommen Besitz von uns ergriffen. Wir liebten Bangkok, wir liebten den Gin und ganz besonders liebten wir Ann, die freundliche Barkeeperin. Die Musik machte uns emotional und wenn wir nicht in Reiseerinnerungen schwelgten, lachten wir Tränen über die Geschichten, die wir uns von früher erzählten. Es war der perfekte Rausch, inmitten der heruntergekommenen Straßen eines Rotlichtbezirks. Als Ann uns schließlich mit sorgenvoller Miene über den Tresen hinweg ansah, hatten wir längst das Zeitgefühl verloren. »It's empty«, erklärte sie und hob die leere Bombay-Bottle zum Beweis. »I go to the supermarket and buy a new one, okay?« Wir schmissen uns weg. Hatten wir tatsächlich ihren kompletten Gin-Vorrat gekillt? Höchste Zeit, nach Hause zu gehen. Der Boden schwankte, als wir von unseren Hockern hüpften. Meine Blase drückte. Die fehlende Toilette gehörte definitiv zu den Nachteilen einer rollenden Rikscha-Bar. Dementsprechend fand der Rückweg gleich in mehrfacher Hinsicht unter erschwerten Bedingungen statt. Felix konnte keine zwei Meter gehen, ohne eine neue Prostituierte an der Backe zu haben, die ihn über ihre bizarren Specialleistungen aufklärte. Ich hingegen fürchtete, dass mir ein Natursektunglück der anderen Art passierte, wenn ich nicht bald eine Toilette fand. So hatten wir gewissermaßen beide unser Päckchen zu tragen. Eins stand jedenfalls fest: Bangkok war ein verdammtes Gruselkabinett und wir waren bereits ein Teil davon.

Ein sanfter Einstieg sieht anders aus. Der Untergrund in Bangkok brodelt.

WESTERN BUBBLE

Diana, BANGKOK

Zu unserer Überraschung hielt sich der Kater am nächsten Morgen in Grenzen. Auf dem Tisch vor unserem Schiffscontainer wartete ein kleines Frühstück, das die Herbergsmutter für uns zubereitet hatte. Es gab Toast-Sandwiches mit Spiegelei. »Ich bin gespannt auf heute Abend«, sagte Felix und nahm einen Schluck von seinem Instant-Kaffee. Über die Facebook-Gruppe »Punk Rock Bangkok« waren wir schon in Deutschland gestolpert. Seitdem standen wir mit dem Gründer und Administrator Charlie in Kontakt, den wir später auf einer Hardcore-Show treffen wollten. Von der Begegnung mit dem Engländer, der bereits seit einigen Jahren in Bangkok lebte, versprachen wir uns viel. Denn Charlie war in der lokalen Szene gut vernetzt. »Punk Rock Bangkok helps to promote all underground shows and bands, from punk to hardcore to metal and everything in between in Bangkok and Thailand«, lautete die Beschreibung der Facebook-Gruppe, die über 2.000 Mitglieder zählte. Zudem konnte er uns eventuell auch als Dolmetscher behilflich sein – denn die Kontaktaufnahme mit thailändischen Szeneakteuren hatte sich bisher etwas schwierig gestaltet.

Als wir die *Immortal Bar* am Abend erreichten, war der Shouter der ersten Hardcore-Band bereits dabei, das Publikum nach allen Regeln der Kunst anzuschreien – im musikalischen Sinne, versteht sich. Die Leute drängten sich im ersten Stock an den Wänden entlang, in der Mitte tobte ein derber Moshpit. Ich erkannte Charlie sofort. Er trug ein »Punk Rock Bangkok«-Shirt und war mindestens einen Kopf größer als die asiatischen Konzertbesucher zwischen denen er wütete. Als er uns entdeckte, kämpfte er sich zu uns vor und begrüßte uns mit einer feuchten Umarmung. »Sorry for the sweaty shirt«, entschuldigte er sich und deutete auf den nassen Stoff, der an seinem Oberkörper klebte. »Wir reden nach der Show, okay?« Wir waren einverstanden und Charlie stürzte sich zurück ins Getümmel. »Bier?«, fragte Felix. Ich nickte und folgte ihm zur Bar, wo uns eine durchgestylte Bedienung mit Nasenpiercing zwei Flaschen reichte. Wir beschlossen, uns erst mal umzusehen. Der hintere und größere Teil des gut besuchten Clubs war offen gestaltet und glich einer riesigen überdachten Terrasse mit verschiedenen Sitzmöglichkeiten. Trotz der fehlenden Außenwände war an Frischluft nicht zu denken. Unter dem Dach staute sich die feuchte Schwüle, die uns seit unserer Ankunft in Bangkok den Atem nahm, dagegen konnten auch die vereinzelten Ventilatoren nichts ausrichten.

Ich peilte gerade ein freies Sofa an, als jemand von der Seite in mich hineinrannte. Ich stolperte nach vorn und bekam in letzter Sekunde einen Balken zu fassen. »Sorry, sorry«, entschuldigte sich jemand hinter mir und legte mir eine Hand auf die Schulter. Reflexartig führte ich mein überschäumendes Bier zum Mund und drehte mich um. Der Punk, der mir gegenüberstand, war stark geschminkt und trug eine Schuluniform mit Faltenrock. »I'm alright«, antworte ich und lächelte. »Cool«, kicherte er und rannte im selben Moment seinem Kumpel in den Konzertraum hinterher. Froh darüber, nicht bäuchlings durch den Laden geschlittert zu sein, ließ ich mich zu Felix auf eine durchgesessene Couch fallen. Irgendwas an diesem Ort war anders als an denen, die wir zuvor besucht hatten. Überall standen biertrinkende Cliquen herum, die sich gegenseitig aufzogen und laut lachten, wenn einer von ihnen etwas Witziges sagte. Fast alle trugen Bandshirts und Nietengürtel, auch bunte Haare und Tattoos waren keine Seltenheit. Ja, sogar die Frauenquote war mit einem guten Drittel mit der in europäischen Underground-Clubs vergleichbar. Und plötzlich wusste ich, was anders war: Es interessierte sich niemand für uns. Bisher hatte es nach dem Betreten einer Location wie dieser nie lange gedauert, bis wir von einer Menschentraube umgeben waren. Doch in der *Immortal Bar* juckte es keinen, woher wir kamen und was der Grund für unser Auftauchen war. Es wollte auch niemand ein Selfie mit uns machen. Wir waren unsichtbar, was definitiv seine Vor- und Nachteile hatte.

Schließlich gesellte sich Charlie zu uns und stellte uns zwei seiner Freunde vor – Josh, einen Käppi tragenden Amerikaner aus Los Angeles und Nicco, einen hellblonden Engländer, mit volltätowierten Armen. Alle drei sind nie von ihrer Backpacker-Reise durch Südostasien nach Hause zurückgekehrt.

Immortal
BAR
AL BAR
THRASHER
Immortal
BAR

Hardcore
Still
Lives

Charlie, Josh und Nicco sind Gestrandete, die sich in den letzten Jahren ein Leben in Bangkok aufgebaut haben und seit einer Weile gemeinsam Punk-Shows promoten. Die Vorstellung eines solchen Aussteigerlebens fasziniert und verwirrt mich zugleich. Klar, mir gefällt der Gedanke, im Ausland zu leben und auch mich hat die chaotische Metropole in ihren Bann gezogen. Doch ich bezweifelte, dort dauerhaft leben zu können. Warum also ausgerechnet Bangkok? Wir redeten durcheinander drauflos und der weitere Abend verlief in wellenförmigen Etappen. Sobald eine neue Band zu spielen begann, sprangen alle auf und rannten in den Konzertraum hinüber, um sich mit dem geschminkten Schuluniform-Punk und seinen Freunden in den nächsten brutalen Moshpit zu stürzen. War das Set vorbei, traf sich unsere illustre Runde wieder zum Plausch auf der Couch. Eins stand fest, mit den Jungs von »Punk Rock Bangkok« hatten wir die perfekten Türöffner für unsere Recherche in Sin City gefunden. Denn sie kannten sich in der dortigen Szene nicht nur gut aus – sie gestalteten sie aktiv mit und waren seit Jahren ein Teil davon.

PUNKROCK-IMMIGRANTEN

Interview mit Charlie Smith, Nicco Long und Joshua Hiram Banks

»Punk Rock Bangkok« ist ein in der thailändischen Hauptstadt ansässiges Promoter-Kollektiv, das sich auf den Support von Punk- und Hardcore-Shows spezialisiert hat. Das Besondere daran: Die drei Initiatoren Charlie, Nicco und Josh stammen aus England und den USA. Was sie unabhängig voneinander vor Jahren nach Bangkok verschlagen hat und wie sich die dortige Undergroundszene von der im Westen unterscheidet, haben sie uns am Abend unseres Kennenlernens im Interview erzählt.

Wie hat das mit »Punk Rock Bangkok« angefangen?

Charlie: Irgendwann fiel mir auf, dass immer mehr Ausländer zu den lokalen Punk- und Hardcore-Shows kamen – Leute wie du und ich, die auf dieselbe Musik standen, aber in Bangkok nicht besonders gut vernetzt waren. Daraufhin habe ich die Facebook-Gruppe »Punk Rock Bangkok« gegründet und mit der fing alles an.

Josh: Ich bin ursprünglich aus Los Angeles und ich finde es beeindruckend, was die Bands hier auf die Beine stellen – sie spielen sich den Arsch ab! Ich habe schon an verschiedensten Orten in Südostasien gelebt, doch kehre ich immer wieder nach Bangkok zurück. Die Szene explodiert hier gerade. Turnstile haben neulich hier gespielt. Das sagt doch schon alles.

Charlie: Als es die besagte Facebook-Gruppe erst mal gab, merkten wir schnell, dass uns jemand fehlte, der sich mit Grafikdesign und Videoschnitt auskannte.

Nicco: So kam ich dazu. Charlie wusste, dass ich mich schon immer mit Musik beschäftigt habe. Damals in der Schule fing es mit einem Fanzine an, weil ich Bands unterstützen und auf ihre Gästelisten wollte (lacht). Diese Faszination ist bis heute geblieben. Wir sind wie drei Power Rangers, jeder von uns hat seine eigenen Skills.

Inwiefern hat die Facebook-Gruppe die hiesige Szene verändert?

Charlie: Damals war ich in der Regel der einzige Ausländer auf den Shows. Und wenn ich im Anschluss davon erzählte, ärgerten sich manche, weil sie nichts von dem Gig gewusst hatten. Erst da fiel mir auf, dass die Shows bloß auf Thai beworben wurden – was nur die wenigsten Zugezogenen lesen und sprechen können. Natürlich hatten die Thais ein eigenes Promotion-Netzwerk, doch die meisten Auswärtigen konnten damit nichts anfangen. Hin und wieder kamen zwar vereinzelte Backpacker zu den Shows, doch das war die Ausnahme. Die meisten wussten nicht mal, dass es überhaupt eine Underground-Szene in Bangkok gab. Das wollten wir ändern.

Wie sieht es mit euch aus, sprecht ihr Thai?

Josh: Ich nicht.

Charlie: *C̄hạn phūd thịy. [Ich spreche Thai.]* Ja, ich würde sagen, dass mein Thai das beste von uns dreien ist.

Nicco: Weil du mit einer Thailänderin verheiratet bist.

V. l. n. r.: Nicco, Felix, Charlie, Diana und Josh.

Hast du die thailändische Kultur durch deine Frau besser kennengelernt?

Charlie: Ja, natürlich. Um es mal ganz vereinfacht auf unsere Beziehung herunterzubrechen: Die kulturellen Unterschiede sind schon sehr groß. Kein Witz, aber ich habe neun Jahre gebraucht, um meine Frau zu verstehen, und damit meine ich nicht die Sprache.

Josh: Gegenseitiger Respekt spielt eine große Rolle in Thailand, soviel habe ich während meiner Zeit hier gelernt.

Charlie: Ich gebe euch ein Beispiel. Meine Frau hört eigentlich Popmusik. Doch als wir unser erstes Konzert organisiert haben, hat sie mich begleitet, weil es ein besonderer Abend für mich war. Eine der Bands kam aus Indonesien und musste nach der Show schnell aufbrechen. Alles ging drunter und drüber. Da hat meine Frau kurzerhand die Organisation übernommen und dafür gesorgt, dass die Band rechtzeitig im Bus saß. Sie hat sich darum gekümmert, obwohl sie nichts mit all dem zu tun hatte und die Band nicht mal kannte. Ehrlich gesagt, glaube ich nicht, dass sich eine westliche Frau, die sich obendrein einen Scheiß für die Musik interessiert, sich so da reingehangen hätte. In dem Moment war sie einfach Punk – ohne jemals ein Punk gewesen zu sein.

Gehen wir noch einen Schritt zurück. Was hat euch nach Thailand verschlagen?

Josh: Wie gesagt, ich komme aus Kalifornien und bin mit Punkrock aufgewachsen. Irgendwann habe ich alles hinter mir gelassen und bin für einige Jahre nach China gegangen. 2006 zog es mich dann nach Thailand. Die Szene in Bangkok ist großartig. Ich bin mittlerweile fast 50 und habe hier zu meinen Punkrock-Wurzeln zurückgefunden.

Charlie: Ich kam 2002 als Backpacker hier an und bin nie nach London zurückgekehrt. Dass es hier so eine aktive Punk- und Hardcore-Szene gibt, habe ich allerdings erst eineinhalb Jahre später gecheckt. Danach musste ich leider in einen Vorort ziehen, in dem die Szene wesentlich kleiner war. Doch vor ein paar Jahren bin ich nach Bangkok zurückgekehrt.

Nicco: Ich komme aus dem englischen Petersfield. Als ich 19 war, wollte ich eine Rucksackreise durch Australien und Neuseeland machen. Auf dem Weg dorthin habe ich einen Zwischenstopp in Thailand eingelegt. Was soll ich sagen, ich bin nie in Down Under angekommen.

Jetzt habt ihr viel darüber geredet, dass ihr die Shows für Ausländer öffnen wollt. Aber was halten die Thais davon und welche Rolle nehmt ihr als auswärtige Punkrocker dabei ein?

Charlie: Das ist eine große Frage. Bevor ich vorübergehend weggezogen bin, kannte ich hier bloß eine Hand voll Bands, doch die haben mich von Anfang an akzeptiert. Ich glaube nicht, dass es in der Szene einen Unterschied macht, ob du weiß bist oder nicht. In erster Linie ist es die Sprachbarriere, die den Austausch erschwert. Aber nehmen wir zum Beispiel den Besitzer dieser Bar, ihm ist es total egal, woher wir kommen. Er behandelt uns wie Thai-Promoter.

Nicco: Das ist doch das Coole an Hardcore: Wir sind alle gleich. Es gibt keine Hierarchien, du bist einfach nur ein Typ aus der Stadt. Das gilt für uns alle, denn niemand ist anders.

Charlie: In Thailand gibt es einen krassen Klassenunterschied, doch innerhalb der Szene wurde ich immer akzeptiert. Vielleicht fragt zwischendurch mal einer, wer der Ausländer ist, aber im Grunde tut das nichts zur Sache. Die Musik verbindet uns. Nimm zum Beispiel die *Immortal Bar*, in der wir gerade sitzen. Früher befand sich die Kneipe noch in der Khao San Road, aber dort musste sie nach acht Jahren schließen. Seit 2008 findet man die *Immortal Bar* nun schon hier in Din

Daeng. Hätten die Betreiber damals nicht für diese Venue gekämpft, gäbe es hier heute keine Szene. Dafür sind wir echt dankbar.

Josh: Da gebe ich dir recht, die Leute aus der Szene hier sind mit denselben Bands aufgewachsen wie wir. Das schweißt zusammen.

Was ist der größte Unterschied zur Underground-Szene im Vereinigten Königreich und den USA?

Josh: In Thailand gibt es weniger Kämpfe zwischen den einzelnen Szenen. Die Leute hier streiten nicht darüber, welche Band mehr Punk oder mehr Hardcore ist. Es gibt weniger Rivalität untereinander. Außerdem rastet das Publikum auf Konzerten hier noch richtig aus.

Charlie: Wenn in Bangkok eine der großen US-Bands auftritt, sehen die meisten Thais sie zum ersten Mal. Im letzten Jahr waren unter anderem Madball, Sick of it All und Agnostic Front hier. Die Leute sind komplett ausgeflippt, weil für viele ein Traum wahr geworden ist. In den USA oder Europa stehen oft alle blöd rum und fragen sich, wie oft sie die Band schon gesehen haben. Das ist hier anders.

Gibt es irgendeine Story, die ihr nie vergessen werdet?

Charlie: Es muss ungefähr 2004 gewesen sein, noch bevor es Facebook gab. Ich bin damals in ein Internetcafé gegangen und habe auf gut Glück nach Shows gesucht. Als ich eine gefunden hatte, schrieb ich mir die Adresse auf und fuhr mit dem Taxi dorthin. Der Fahrer hielt vor einer Universität und das erste, was ich sah, war ein Typ mit Spikey-Hair, der mit seinem Kumpel Bier in einem 7-Eleven kaufen war. Die Show fand in einem kleinen Klassenzimmer in der Uni statt. Ich kannte niemanden, aber ich habe mich betrunken und hatte einen großartigen Abend. Das war mein erstes Konzert in Bangkok.

Nicco: Auf meiner ersten Hardcore-Show in Thailand habe ich mir die Nase gebrochen. Später ist mir dasselbe auf einer anderen Show noch mal passiert. Das kannte ich aus England nicht.

Charlie: Hahaha!*

Noch während wir in Bangkok waren, hat Nicco den anderen mitgeteilt, dass er nach über acht Jahren Thailand zurück nach England gehen wird. Kurz darauf beschloss auch Josh, die Zelte in Bangkok abzubrechen, um weiter nach Vietnam zu ziehen. Die drei sind nach wie vor befreundet und Charlie hält weiterhin an dem gemeinsamen Vorhaben fest.

Die *Immortal Bar* wurde kurz darauf nach 18 Jahren für immer geschlossen. Auf der Website von »Punk Rock Bangkok« hieß es dazu: »Sadly, earlier this year we got the news that the landlord is selling up to developers and the bar has to close down.« Die letzte Show fand am 29. Dezember 2018 statt.

* Ungefähr eine Woche nach dem Ende unserer Reise postete Charlie nach einem Konzert in der *Immortal Bar* ein übles Selfie aus dem Krankenhaus. Er hatte sich während der Show im Moshpit die Nase gebrochen.

Diana, BANGKOK

PANS LABYRINTH

Wer glaubt, dass es lauter und voller als in den Straßen Bangkoks nicht werden kann, wird im Bezirk Chatuchak eines Besseren belehrt. Bis zu 300.000 Besucher schieben sich hier täglich über einen der größten Märkte Thailands, auf dem es von frittierten Heuschrecken bis hin zu Hitler-Handtüchern jede Menge zu entdecken gibt. Shopping-Paradies für die einen, Horrorszenario für die anderen. Zu welchem Team wir gehörten, war uns noch nicht ganz klar. Zu groß die Reizüberflutung, als unser amerikanischer Freund Josh von »Punk Rock Bangkok« uns durch die feilschende Menschenmenge lotste. Eins stand fest, wer dort abhandenkam, wurde so schnell in keinem Småland abgeholt. Die Besitzer der rund 10.000 Stände um uns herum brüllten alle durcheinander, klebrige Menschen flutschten an uns vorbei und der allgegenwärtige Geruch frisch aufgeschnittener Stinkfrüchte hing in der Luft. Es war das reinste Durcheinander – der Berliner Mauerpark-Flohmarkt war ein Lost-Place dagegen. Josh brabbelte wie üblich in seinem breiten kalifornischen Akzent vor sich hin. Doch ich verstand inmitten der lärmenden Wimmelbild-Kulisse nur die Hälfte und widmete mich stattdessen dem famosen Angebot.

Wir passierten gestapelte Hühnerkäfige, Armeen von Winkekatzen und ganze Zelte, in denen es ausschließlich Selbstfindungsbackpacker-Uniformen gab – nämlich Hippie-Hosen mit Elefantendruck. Zwischen den braunen Pfützen zu unseren Füßen saßen Kinder auf abwischbaren Tischdecken und verkauften kaputtes Plastikspielzeug. Irgendwo krähte ein Hahn. Dann bog Josh in eine Art Markthalle mit Wellblechdach ein. Auch dort reihten sich unzählige Geschäfte aneinander, die wie schlauchige Kabinen von den engen Korridoren abgingen. »Kommt mit, ich zeige euch meinen Lieblingsplattenladen.« Nicht gerade eine typische Umgebung für einen szenerelevanten Record Store, doch die Erfahrung der letzten Wochen hatte gezeigt, dass das nichts zu bedeuten hatte. Die vor uns liegenden Gänge waren ein einziges Souvenir-Labyrinth und spätestens nach der fünften Abzweigung hatte ich vollends die Orientierung verloren. »Here we are«, murmelte Josh schließlich und blieb schnaufend stehen. Auf seinem »Beavis and Butthead«-Shirt

Diana auf der Suche nach einer Britney-Spears-Kassette im Heaven & Hell Record Shop.

hatte sich in der Zwischenzeit ein dartscheibengroßer Schweißfleck gebildet. Stöhnend wischte er sich mit dem letzten trockenen Zipfel den glänzenden Film von der Stirn.

Ein Typ mit langen schwarzen Locken und Metal-Shirt trat aus dem Laden und reichte uns zur Begrüßung die Hand. »Welcome to Heaven and Hell Records«, sagte er mit einem so freundlichen Lächeln, dass ich ihn direkt in den Arm nehmen wollte. Poowanat hatte den Store bereits im Jahr 1999 eröffnet. Seitdem war das vielleicht fünf Meter lange und ein Meter breite Musikgeschäft zu einer wahren Institution der Rockszene Bangkoks geworden. Die Regale an den Wänden waren vollgestopft mit Kassetten, CDs und Schallplatten – von Motörhead bis Incubus war alles dabei. Neugierig traten wir unter den kleinen Ventilator und begannen zu stöbern. Josh besorgte beim benachbarten Vietnamesen währenddessen kaltes Bier. So ließ es sich aushalten. In einer Art Retro-Rausch stapelten sich schließlich diverse Tapes auf meinem Arm. »Hast du überhaupt einen Kassettenrekorder?«, fragte Felix amüsiert. Natürlich nicht. Also legte ich den Großteil meiner Fundstücke später wieder zurück und reduzierte meine Auswahl auf folgende spektakuläre Zusammensetzung: »Too Tough To Die« von den Ramones, »The Writing's on the Wall« von Destiny's Child und den »Dumm und Dümmer«-Soundtrack. Poowanat lobte beim Kassieren meinen guten Geschmack, aber konnte sich ein Lachen nicht verkneifen.

Felix hatte unterdessen einen älteren Glatzkopf in Nieten-Lederweste kennengelernt. Er hieß Tony und sein schottisches Englisch eröffnete mir vollkommen neue Dimensionen einer Dialektbarriere. Wie sich herausstellte, lebte Tony bereits seit 18 Jahren in Thailand. Wie die meisten Zugezogenen arbeitete er als Englischlehrer, was ich mir in Anbetracht seines Akzents äußerst unterhaltsam vorstellte, zumal er auch noch leidenschaftlich gern fluchte. Jedenfalls war er »fuckin' glad« uns auf dem »goddamn market« kennenzulernen. Mir gefiel der Gedanke, dass es eine Gruppe schottisch fluchender Thais in Bangkok gab, die der immigrierte Punk unterrichtet hatte. Er war lustig und wir redeten eine Weile über unsere »SubkulTOUR« und seine Band Murder Bizkits. Allerdings dauerte es etwas, bis mir klar wurde, dass der schlaksige Junge, der ihn begleitete, sein Bandkollege war. Der 19-jährige Pan trug einen dieser Zickzack-Haarreife aus Plastik. Er hatte ein privates College besucht und sprach, als sei er aus einer amerikanischen Teenie-Komödie herausgefallen. Jedenfalls fand er alles »pretty awesome«. Tony und Pan gaben ein seltsames Gespann ab. Aber genau das machte die Murder Bizkitz so interessant. »Hey man, here's our new record«, sagte Pan und überreichte Poowanat einen Schuhkarton mit CDs. »We are killin' it, bro!«

Kurz darauf saßen wir an einem kleinen Tisch vor dem Plattenladen zusammen und vernichteten den vietnamesischen Biervorrat vom Imbiss nebenan. Wir waren schon eine lustige Truppe: zwei Deutsche, zwei Thailänder, ein Amerikaner und ein Schotte, die durch dieselben Bands sozialisiert worden waren und nun inmitten eines riesigen Wochenendmarktes über den Brexit diskutierten. Leider passierte irgendwann das Unvermeidbare – ich musste pinkeln. »Kein Problem, ich zeig' dir das Klo«, sagte Poowanat und deutete mir an, ihm zu folgen. Gemeinsam bahnten wir uns einen Weg durch die überfüllte Markthalle. Doch der Nachmittagsschwips ließ mich das hektische Treiben diesmal wie durch Watte wahrnehmen. Räucherstäbchen, Hundewelpen, Ninja Turtles – mir schwirrte der Kopf. Das Tageslicht blendete, als wir die Halle verließen und ich schaute mich blinzelnd um. »Die Toiletten sind da drüben«, sagte Poowanat und deutete auf ein containerartiges Gebäude am anderen Ende der Gasse. »Schaffst du es allein zurück?« Ich nickte und ehe ich wusste, wie mir geschah, war er auch schon wieder in der Menge verschwunden.

Irgendetwas musste ich mir einprägen, sonst würde ich den richtigen Eingang und die anderen nie wiederfinden. Aber was? Die Ratte, die gerade an der Wand entlang huschte, würde bestimmt nicht auf mich warten und die umliegenden T-Shirt-Stände sahen alle gleich aus. Also ging ich mit zwickender Blase die Motive durch und da entdeckte ihn: David Hasselhoff, der mir von einem Baby-Strampler aus zuzwinkerte. Okay, dieses Verbrechen der Textilindustrie sollte gruselig genug sein, um mir auf dem Rückweg als Anhaltspunkt zu dienen. In dem stickigen Toiletten-Vorraum scharrten an

Bandkollegen Pan und Tony, nachdem sie ihr Debütalbum im Laden abgeliefert haben.

die zwanzig Elefantenhosen-Frauen mit den Hufen und für einen Moment wünschte ich mir die vertraute Duftnote der Stinkfrucht zurück. Als ich eine Viertelstunde später wieder unter freien Himmel trat, fühlte ich mich wie ein neuer Mensch. Allerdings hielt die Erleichterung nicht lange an, stattdessen wurde meine schlimmste Befürchtung wahr. Denn von meinem zwinkernden Wegweiser – The Hoff – fehlte jede Spur. Keine Ahnung, ob ich ihn bloß übersah oder der unwahrscheinliche Fall eingetreten und der Strampler verkauft worden war. Fest stand, ich hatte ein Problem.

Keiner der in Frage kommenden Eingänge kam mir bekannt vor. Alles, worauf ich zurückgreifen konnte, war ein grobes Gefühl für Richtung und Entfernung. Mit anderen Worten: Ich war am Arsch. Desorientiert schlenderte ich los und ging zurück in die Halle hinein. Vorbei an einem Stand mit phallusförmigen Seifen, einem Wok mit gebratenen Nudeln und einem Campingtisch voller Handyhüllen. Weder die Ratte noch David Hasselhoff hatten auf mich gewartet. Die Umgebung sagte mir alles und nichts. Nach 100 Metern Schnickschnack-Hölle gab ich auf. Die Abzweigung, von der ich geglaubt hatte, sie wiederzuerkennen, war nicht gekommen und ich war bereit, aus dem Kinderparadies abgeholt zu werden. Da mir nichts Besseres einfiel, begann ich,

Mehr als 10.000 Stände auf über einem Quadratkilometer. Auf dem Chatuchak-Markt kann man schon mal den Überblick verlieren.

mich nach Souvenirs umzusehen. Das erste Shirt, das mir ins Auge fiel, war eine Disney-Parodie. »Mickey Rat« stand unter dem hässlichen Rattenkopf – in Anbetracht der Umgebung genau mein Humor. Kichernd kramte ich mein Geld heraus. »Hey Diana«, rief jemand hinter mir. Ich drehte mich um und entdeckte Poowanat, der im Nachbargang Nudeln aus einem Pappkarton schlürfte. »Soll ich auf dich warten oder kommst du nach?« Erleichtert stopfte ich Mickey Rat in die knisternde Tüte, die der Verkäufer mir reichte und lief meinem Freund hinterher. Nun hatte mir doch noch eine Ratte den Arsch gerettet.

Die anderen waren bereits in Aufbruchstimmung, als wir den Plattenladen wieder erreichten. »Wir wollen uns noch ein paar Snacks besorgen und dann zum *Overstay* rüberfahren«, klärte Felix mich über die weitere Abendplanung auf. »Gute Idee, ich habe einen Riesenhunger«, antwortete ich. Allerdings ließ sein schelmisches Grinsen nichts Gutes erahnen. Wir verabschiedeten uns von Poowanat und machten uns mit den anderen auf den Weg nach draußen. In den Läden und hinter den Ständen wurde inzwischen emsig gerödelt und zusammengepackt. Offenbar waren nicht nur wir in Feierabendlaune. Besonders bemerkenswert fand ich den Enthusiasmus, mit dem die Läden abschließend feucht durchgewischt wurden. Denn sobald der Fußboden eines Klamotten- oder Lebensmittelgeschäfts freigeräumt war, wurden vom Eingang aus einfach zwei bis drei Eimer Wasser hineingekippt, bis der komplette Shop geflutet war. Anschließend schlitterten die Verkäufer in Flip-Flops hinein und beförderten das Wasser mit Hilfe eines Schrubbers wieder in die Markthalle heraus, in der mittlerweile von überall Putzwasserbäche durch die Gänge strömten.

Schließlich erreichten wir mit nassen Füßen den Ausgang und sahen uns um. Die Dämmerung hatte bereits eingesetzt und die noch geöffneten Stände waren von bunten Lichterketten erleuchtet. »Da vorne ist es«, verkündete Pan nach einigen Metern und steuerte auf ein Gefährt zu, das mich an einen historischen Eiswagen erinnerte. Mein Magen knurrte, doch irgendetwas sagte mir, dass ich dort nicht satt werden würde. Als wir näherkamen war Felix ganz aus dem Häuschen. »Guck mal, fast wie beim Haribo-Stand auf der Kirmes«, freute er sich und nahm eine Papiertüte zum Befüllen entgegen. Im Grunde hatte er recht, das Prinzip war dasselbe: Es gab eine Auswahl verschiedener Tierchen, an denen man sich mit einer Zange bedienen konnte und am Ende wurde die Ausbeute gewogen und nach Gewicht bezahlt. Der einzige Unterschied war der, dass es statt Gummibärchen und Marshmallow-Mäusen frittierte Grashüpfer, Ameisen und Maden gab. Ich für meinen Teil verspürte keine große Lust, zu dieser Dschungelprüfung anzutreten. Daher grummelte mein Magen weiter, während Felix und die anderen auf dem Weg zum Taxistand einen Haufen Insekten wegknusperten.

ÜBERSTUNDEN IM OVERSTAY

Diana, BANGKOK

Taxifahrten machen in Bangkok ungefähr so viel Spaß wie Menstruationsschmerzen. Sie nerven, tun weh und nehmen kein Ende. Die Straßen der Millionenmetropole sind ständig verstopft und man kommt nicht von der Stelle. Auf vier Spuren quetschen sich fünf bis sechs Autos nebeneinander, links und rechts knattern Tuk-Tuks vorbei und von den unzähligen Kamikazerollern dazwischen will ich gar nicht erst anfangen. Wir steckten bereits seit einer Viertelstunde in einer atompilzartigen Abgaswolke fest, als der Schotte auf der Rückbank zu fluchen begann: »Bloody hell, that pisses me off!« Nun wurde auch Pan knatschig: »It's ridiculous, right? I think I will go home now.« Eine fünfminütige Pro- und Contra-Debatte später stiegen die beiden aus und der Stau löste sich auf, ehe sie die Metro-Station auf der anderen Straßenseite erreichten. Mehr Platz und freie Fahrt für uns. Die Gegend, in der der Fahrer uns schließlich rausließ, entsprach dem Inbegriff von Tristesse.

»Da drüben kann man ganz gut essen«, versprach Josh und deutete auf zwei Plastiksitzgruppen, die neben der vierspurigen Straße standen. Der 47-jährige Skaterboy aus Los Angeles war ein netter Typ. Immerhin hatte er seinen kompletten freien Tag geopfert, um uns herumzuführen und uns an szenerelevante Orte zu bringen. Vierzehn Jahre war es her, dass er sein Leben in Hollywood hinter sich gelassen und eine Lehrerstelle in China angenommen hatte. »Damals sind in L.A. einige Projekte den Bach runtergegangen, die mir viel bedeutet haben, und ich brauchte eine Veränderung«, erzählte Josh, als spräche er von einem neuen Haarschnitt. »Meinen ersten Job bekam ich dann in Datong, später folgten weitere in anderen Teilen Chinas.« Die Bedienung überreichte jedem von uns eine einlaminierte Menükarte und legte die Hände zu einem Wai, der traditionellen Begrüßungsgeste, zusammen. Wir lächelten und nickten ihr dankend zu. Mein Magen hatte bereits im Taxi angefangen, sich selbst zu verdauen und beim bloßen Gedanken an eine warme Mahlzeit lief mir das Wasser im Mund zusammen. Doch auf der Karte gab es keine englische Übersetzung, daher überließen wir es unserem ortskundigen Szeneguide, die Bestellung aufzugeben. Josh tat sich allerdings auch nicht gerade leicht mit dieser Aufgabe.

Schließlich orderte er das Essen in einem wirren Englisch-Thai-Kauderwelsch und unterstrich das Gesagte mit einer Art improvisierter Gebärdensprache. Im freundlichen Gesicht der Bedienung zeichnete sich ein riesiges Fragezeichen ab. »Und wie lange lebst du schon in Thailand?«, fragte Felix sichtlich irritiert. »Oh, fast zehn Jahre«, antwortete Josh. »Mal hier, mal dort.« Erschöpft lehnte ich mich in meinem wackeligen Stuhl zurück und sah mich um. Ein paar Meter weiter lagen zwei zottelige Straßenhunde auf dem Asphalt, die nur darauf warteten, dass etwas Essbares für sie herunterfiel. Die Katzenkonkurrenz auf der Mauer gegenüber schien dasselbe zu tun. Obwohl es bereits dunkel war, glich der Beton um uns herum einem Heizstrahler. Meine Beine klebten am Plastik fest und der übrige Teil meines Körpers fühlte sich an, als hätte ich mich mit einem Prittstift eingecremt. »Do you know ›Backstage Passport‹, the NOFX documentary?«, fragte Josh und wir mussten beide lachen. »Das ist unsere Lieblingsdoku«, antwortete Felix. »Im Grunde hat sie uns zu all dem inspiriert.« Das stimmt tatsächlich. Schon in unserer gemeinsamen WG-Zeit haben wir die Serie gemeinsam geguckt und gefeiert. »Ich habe dem Kamerateam damals ein Interview gegeben, als sie in Peking gedreht haben«, überraschte uns Josh. »Aber die Penner haben mich rausgeschnitten.« Ich erhob meine Coladose in seine Richtung und versprach feierlich: »Das wird dir bei ›A Global Mess‹ nicht passieren!« Das Essen, das uns schließlich serviert wurde, hatte nichts mit dem zu tun, an das wir beim Studieren der Karte gedacht hatten. Doch es schmeckte ganz gut und ließ unsere knurrenden Mägen verstummen. »Ready for the *Overstay*?«, fragte Josh, während wir auf die Rechnung warteten und ich die Reste an die Hunde verfütterte. Nun, was das anging, war ich mir nicht sicher, ob man für den sagenumwobenen Ort überhaupt bereit sein konnte.

Schon bei unserer Vorrecherche sind wir immer wieder über den Laden gestolpert, der in Bangkok offenbar zu den subkulturellen Institutionen schlechthin gehört. Unten Kneipe, oben Hostel, dient das *Overstay* als Treffpunkt für Bands, Streetartists, Backpacker und Kreative. Doch so neugierig wir auch waren, die Online-Bewertungen hatten nicht gerade das Bedürfnis in uns geweckt, dort einzuchecken. »My 1st night at the *Overstay* will stay with me forever«, begann eine der ersten Reviews über die wir auf der Suche nach einer Unterkunft gestolpert waren. »Cockroaches EVERYWHERE. [...] The cats stink and are covered in fleas. The toilets/bathrooms – simply disgusting. The rooms are the ideal setting if you were making a film and looking for a place to shoot a murder scene.« Die anderen Bewertungen standen dieser in nichts nach: benutzte Laken, Schimmel, offene Stromleitungen, Lebensgefahr – die Liste der Verunglimpfungen war lang. »So bereit man eben sein kann«, antwortete ich und machte mich auf das Schlimmste gefasst. Schon seit zehn Stunden waren wir in den stickigen Straßen unterwegs. Wir hatten uns einen Nachmittagsrausch erarbeitet und waren wieder nüchtern geworden – wir klebten, stanken und waren hundemüde. Doch wo wir schon mal da waren, wollten wir uns das berüchtigte *Overstay* natürlich nicht entgehen lassen.

»Hey guys«, wurden wir von allen Seiten überschwänglich begrüßt, als wir die Kneipe betraten. An der Decke über uns erstreckte sich ein großes Gemälde einer rauchenden tätowierten Frau. Auf der kleinen Bühne geradeaus spielte ein Typ mit Dreadlocks Gitarre und sang. Ein paar Leute tanzten, andere saßen in kleinen Grüppchen zusammen und rauchten Kette. »Happy Welcome«, sagte einer der breit grinsenden Barkeeper hinter dem hellblauen Tresen und öffnete uns drei Bier. Seine Pupillen verrieten, dass er stoned war. »How are you?«, fragte er und nahm einen tiefen Atemzug aus einem prall gefüllten Luftballon. Seine Kollegen taten es ihm gleich und waren bester Laune. »Lachgas«, klärte Josh uns auf und übernahm die erste Runde. Plötzlich legte jemand den Arm um mich. Es war eine junge Punkerin, die ich gerade noch auf der Tanzfläche gesehen hatte. »You are so beautiful«, lallte sie mit einem irren Blick und griff mir mit ihrer schwitzigen Hand in die Haare. »Please, dance with me!« Alles, nur das nicht. Meine Glieder waren schwer wie Blei und ich war wirklich nicht in Stimmung, den langen Tag mit einem fremden Druffimädchen auf der Tanzfläche ausklingen zu lassen. Ich versprach, drüber nachzudenken, wenn sie mir die Toilette zeigte und gab Felix zu verstehen, dass er mich im Anschluss aus der misslichen Lage befreien sollte. Doch er fand das alles ziemlich witzig.

Die Toilette weckte Erinnerungen an »Trainspotting«, doch ich musste wirklich dringend pinkeln und hatte keine Wahl. Verzweifelt versuchte ich, die Tür mit dem dafür vorgesehenen Haken zu verschließen, aber das funktionierte nur bedingt. Denn sie ging nicht ganz zu und auch wenn dank des Hakens niemand hereinkommen konnte – zugucken konnte man mir durch den zehn Zentimeter breiten Spalt ganz wunderbar. Als ich unverrichteter Dinge zurück zum Tresen kam, war die Punkerin gerade dabei, Felix auf die Tanzfläche zu schleifen und ich konnte die Verzweiflung in seinen Augen sehen. »Komm mit, ich brauch' dich auf dem Klo«, sagte ich und zog ihn hinter mir her. Nachdem ich ihn als Bodyguard vor der Tür platziert und ihm mein

Bier in die Hand gedrückt hatte, versuchte ich mein Glück erneut. Der Raum war viel zu groß für eine einzige Toilette und die undefinierbare Pfütze, in der sie stand, machte es nicht besser. Zögernd watete ich auf Zehenspitzen zur Kloschüssel herüber und schaute zur Tür zurück. Felix stand noch auf seinem Posten und versperrte den anderen in der Schlange die Sicht durch den Spalt. Dennoch kostete es mich meine komplette Überwindung, hinter seinem Rücken die Hose runterzulassen, um mich – in fremder Pisse balancierend – über der wohl dreckigsten Toilette Thailands zu erleichtern.

»Kommt mit, ich führe euch ein bisschen rum«, schlug Josh schließlich vor und wir waren froh, nicht zurück in die Nähe der Tanzfläche zu müssen. Der Weg in die oberen Etagen war von unzähligen Graffitis gesäumt. Wir kamen an knallbunten Schriftzügen, Aliens, Tieren und Totenköpfen vorbei – und hin und wieder auch an einem verschlafenen Hostelgast, der gähnend durch die Flure schlich. Erst auf den zweiten Blick fiel mir auf, dass der Schlafsaal lediglich durch ein Gitter vom offenen Treppenhaus getrennt war. Dahinter waren die Silhouetten einiger Etagenbetten zu erkennen und bei genauerem Hinhören war sogar ein leises Schnarchen hören. »Da pennen ja Leute«, stellte auch Felix erschrocken fest. »Kein Wunder, dass die sich in den Bewertungen über den Lärmpegel und den Zigarettenrauch aus der Kneipe beschweren.«

Josh zuckte mit den Schultern. »There are also some double rooms, if you prefer more privacy«, erklärte er und klopfte an eine der verschlossenen Türen. Es dauerte einen Moment, bis ein zerzauster Typ in Boxershorts öffnete. Er sah uns fragend an, doch dann erkannte er unseren amerikanischen Freund und reichte im blinzelnd die Hand. »You wanna have a look inside?«, fragte Josh und winkte uns näher heran. »Stimmt, Privatsphäre wird hier großgeschrieben«, lachte Felix. Der Bewohner des Zimmers trat einen Schritt zur Seite und wir warfen einen etwas peinlich berührten Blick hinein. Der kahle Raum war gefliest und inmitten der vollgesprayten Wände stand ein Bett mit einer unbezogenen Matratze. »Nice«, sagte ich, um etwas zu sagen und hoffte, der unangenehmen Situation schnell zu entkommen.

Nachdem Josh sich von seinem Bekannten verabschiedet hatte, folgten wir ihm die nächste Treppe hinauf. Die nicht abreißenden Wandgemälde waren wirklich beeindruckend und ich fragte mich, was für Menschen das waren, die sich tagsüber in den bunten Gemeinschaftsräumen zum Kochen, Malen und Jammen trafen. Es fühlte sich nicht richtig an, nachts durch ihre Gänge zu schleichen und an ihre Türen zu klopfen. »Falls du noch mal eine Toilette brauchst, kannst du hier gehen«, sagte Josh und zeigte auf einen Durchgang, hinter dem sich das Bad verbarg, das bei tripadvisor.com als Schauplatz für einen Horrorfilm angepriesen wurde. Als wir schließlich auch die dritte Etage hinter uns ließen, erreichten wir die Dachterrasse. Die heiße Nachtluft lag über der Stadt wie eine schwere Decke, unter der wir kaum Luft bekamen. Josh und Felix ließen sich in zwei Sitzsäcke fallen, ich schlenderte zur bunten Brüstung. Das Gitter, das uns von allen Seiten umgab, hatte etwas käfigartiges. Ich schaute auf den nicht enden wollenden Strom hupender Autos hinab, die sich unter den verknoteten Stromkabeln durch die Straßen schoben und eine lähmende Müdigkeit brach über mich herein. Ich war erledigt. Josh und Felix hatten zwischenzeitlich Gesellschaft von zwei Kiffern bekommen, die sich unbedingt mit ihnen unterhalten wollten, aber kein Englisch sprachen. Ein sinnloses Unterfangen, das in einer Endlosschleife mündete, die daraus bestand, dass die beiden Jungs etwas auf Thai sagten und die anderen beiden mit »We don't understand« antworteten. Sogar zum Lachen fehlte mir mittlerweile die Kraft und auch Felix sah mit seinen müden Augen ganz benommen aus. Als wir eine Viertelstunde später in ein Taxi hüpften, waren die Lachgas-Barkeeper im Erdgeschoss sichtlich enttäuscht, von unserem schnellen Abgang. Und um ehrlich zu sein, war ich es ebenfalls. Denn auch wenn die Atmosphäre dort ein bisschen strange war, hatten wir uns vom ersten Moment an willkommen gefühlt. Über das *Overstay* gab es mit Sicherheit so viel mehr zu erzählen, als das, was wir in den eineinhalb Stunden gesehen haben. Doch uns fielen die Augen zu und wir liefen Gefahr, den Absprung zu verpassen – und das war an diesem Ort bereits genug Leuten passiert.

IM WESTEN NICHTS NEUES

Interview mit Joshua Hiram Banks

Rund fünfzehn Jahre ist es her, dass Josh sein Leben in Kalifornien hinter sich ließ, um als Englischlehrer nach China zu gehen. Seither ist er viel in Asien herumgekommen und ein aktives Mitglied der dortigen Punkrockszene geworden. Wir haben Josh an unserem zweiten Abend in Bangkok kennengelernt, als wir ihn und seine Kollegen von »Punk Rock Bangkok« interviewt haben. In den Tagen darauf hat er sich immer wieder Zeit genommen, um uns an szenerelevante Orte zu führen und den Underground der thailändischen Hauptstadt näherzubringen. Im Gespräch hat er uns von den Herausforderungen des Auswanderns erzählt und ein spannendes Porträt der südostasiatischen Punkrockbewegung gezeichnet.

Welche Rolle spielen Subkulturen in deinem Leben?

Josh: Für mich geht es vor allem darum, Gleichgesinnte zu finden, mit denen ich mich identifizieren kann. Menschen, die nicht nur in traditionellen Mustern denken und die bereit sind, über ihren eigenen Tellerrand hinauszuschauen. Subkulturen haben mir geholfen, meine eigene Identität zu finden. Sie geben Menschen ein Zuhause, die im normalen System anecken – und das ist als Punk in Asien definitiv der Fall.

Erzähle uns von deiner Punkrock-Jugend in Kalifornien.

Ich komme aus Claremont, einer kleinen Vorstadt, 49 Kilometer östlich von Downtown Los Angeles. Ich bin mit Punkrock aufgewachsen, vor allem mit dem aus Kalifornien. Aber es gab nicht viele Leute an meiner High School, die meinen Musikgeschmack teilten. Anfangs war es gar nicht so leicht, an Punk heranzukommen. Doch in den späten Achtzigern kamen immer mehr VHS-Kopien von Konzertmitschnitten und Tapes in Umlauf, die uns den Zugang zu Punk und Hardcore erleichtert haben – so lief das ohne Internet. Es gab auch eine MTV-Show namens »120 Minutes«, in der hin und wieder Punkbands vorgestellt wurden. Außerdem spielte Radio eine große Rolle. Am liebsten hörten wir KROQ, einen alternativen Sender aus L.A. – Rodney On The Roq spielte eine Menge guter Punksongs in seiner Show. Das Leben im »Inland Empire«, besonders in meinen Zwanzigern, war eine großartige Zeit. Anfang der Neunziger kamen Nirvana groß raus und Punkrock wurde richtig populär. Ich erinnere mich noch, dass wir ständig vor dem lokalen Plattenladen rumhingen, weil dort immer Bands vorbeikamen, um Flyer für ihre Shows zu verteilen – manchmal haben wir auch ein Flugblatt auf der Straße gefunden und sind auf gut Glück hingefahren. Auf diese Weise habe ich viele Bands gesehen, die später groß geworden sind. The Offspring haben zum Beispiel mal in einer kleinen Bar namens *Munchies* in Pomona gespielt und meine All-Time-Favorites The Adolescents habe ich in *Spanky's Café* in Riverside gesehen. Bands wie Face to Face, Jawbreaker und Rage Against The Machine sind sogar in den Colleges meiner Heimatstadt aufgetreten.

Josh lebt seit 2004 in Asien und arbeitet als Englischlehrer. Für Diana und Felix hat er auch seine Reiseführerqualitäten unter Beweis gestellt.

Warum hast du die USA verlassen?

Im Grunde hat alles mit einer Stellenausschreibung angefangen. Das war 2004. Ich schlug mich damals mit der Jobsuche in Los Angeles herum und war irgendwann bereit, jede erdenkliche Arbeit anzunehmen. Aber so sehr ich mich auch bemühte, in L.A. fand sich nichts Passendes. Ich war so verzweifelt, dass ich online auch nach Jobs in Las Vegas suchte und plötzlich poppte eine Anzeige auf. »Englisch unterrichten in China«, lautete die Überschrift. Ich wusste nichts über China, aber ich hatte Pädagogik studiert und Erfahrung im Unterrichten – also bewarb ich mich. Es war an der Zeit für eine Veränderung. Hollywood war lustig, aber ich fühlte mich wie in einem Hamsterrad. Der Job in China war perfekt, denn er löste meine finanziellen Probleme und stillte gleichzeitig meine Abenteuerlust.

Mit welchem Gefühl blickst du heute auf die ersten Jahre in China zurück?

Es war eine vollkommen neue Erfahrung für mich. Dort war alles anders als zuhause: die Sprache, das Essen, die ganze Kultur. Ich führte von heute auf morgen ein komplett anderes Leben. Daran musste ich mich natürlich erst gewöhnen, das war nicht immer einfach. Schließlich lernte ich ein bisschen chinesisch, was es etwas leichter machte. Die größte Herausforderung an der chinesischen Sprache ist die, dass es weder lateinische Buchstaben noch arabische Zahlen gibt. In Südostasien ist es beispielsweise sehr viel einfacher zu navigieren, weil immerhin die Zahlen dieselben sind. In China habe ich mich manchmal wirklich verloren gefühlt. Doch ich habe die Hürden überwunden und viel vom Land gesehen. Ich bin von

Harbin, an der Grenze zu Russland, bis nach Huludao gereist, einer kleinen Küstenstadt kurz vor Peking.

Erinnerst du dich an deinen ersten Kontakt mit der asiatischen Undergroundszene?

Ja, das war 2007 auf einem NOFX-Konzert in Peking – bis heute wahrscheinlich eine der größten Punkbands, die jemals in China gespielt haben. Ich erinnere mich an viele kleine Clubs, die ich während meiner Zeit dort besucht habe. Zum Beispiel an das *Mao Live House*, wo ich Brain Failure und King Ly Chee* aus Hongkong gesehen habe. Damals bin ich auch auf vielen großen Musikfestivals gewesen. Doch es dauerte lange, bis ich mich wieder als ein Teil der Szene fühlte. 2015 besuchte ich schließlich eine Show der Death-Metal-Band Desecration aus Wales. Auch Carnivolia aus Bangkok und einige lokale Hardcore- und Metalbands haben an dem Abend in Hat Yai gespielt. Kurz darauf zog ich nach Vientiane, die Hauptstadt von Laos. Dort ging nicht viel, doch ich begann, regelmäßig Wochenendtrips zu unternehmen. Sobald die Woche um war, fuhr ich mit dem Fahrrad bis zur Grenze von Vientiane, stellte es auf einem Parkplatz ab und nahm den Bus nach Undon Thani. Manchmal nahm ich auch einen Flug nach Bangkok. Ich besuchte unter anderem Shows von The Elected Officials, Wolf Down und Total Chaos. Dabei lernte ich unzählige lokale Bands und die Szene in Bangkok kennen. Zu diesem Zeitpunkt begann ich, mich mit Bands und anderen Punks in der Stadt zu treffen.

Was ist der größte Unterschied zwischen der westlichen Punkrockszene, wie wir sie kennen, und der in Südostasien?

Ich habe das Gefühl, dass die Szene hier mit mehr Enthusiasmus gelebt wird. In Asien liegt noch der Spirit von etwas Neuem, Experimentellem und Aufregendem in der Luft – besonders in Ländern wie Indonesien und Myanmar. Das ist uns im Westen über die Jahre verlorengegangen. Neue Bands schießen hier wie Pilze aus dem Boden, sie sind hungrig und spielen so viele Gigs wie möglich. Die asiatischen Punks geben ihr Bestes, um die lokale Szene am Leben zu halten und das alles ohne Geld. Der D.I.Y.-Ethos, den ich aus meinen alten Punkertagen kenne, lebt hier noch. Selbst die großen Punkshows werden in Bangkok von kleinen Promotern organisiert. Die Veranstalter sind bereit, in die Szene zu investieren. Nehmen wir zum Beispiel das BLAST Magazine. Der Herausgeber Yos hat schon Bands wie Agnostic Front nach Bangkok geholt.** Das tut er für die Szene, dabei ist das finanzielle Risiko hoch. Denn er muss nicht nur die Band bezahlen, sondern auch die Venue mieten, was die Kosten enorm in die Höhe treibt. Aber die Kids danken es ihm. Sie trommeln all ihre Freunde zusammen, gehen gemeinsam hin und rasten regelrecht aus, wenn sie ihre Idole sehen. Das ist es, was die Szene in Südostasien auch bei internationalen Bands immer beliebter macht. Denn die gelangen hier nicht nur an exotische Orte, sie wissen auch nie, was sie auf den wilden Shows erwartet.

* King Ly Cee ist die ehemalige Band von Riz, Felix' erstem Interviewpartner aus Hongkong.

** Mehr über die Entwicklung der Szene hat Yos uns ein paar Tage später selbst erzählt (ab S. 256).

Gibt es etwas, das wir voneinander lernen können?

Vielen ist nicht mehr bewusst, dass alles miteinander zusammenhängt. Wir sind selbst dafür verantwortlich, ob die Szene weiterlebt oder eines Tages vor die Hunde geht. Von nichts kommt nichts. Daher müssen wir uns gegenseitig supporten, indem wir Platten, Merch und Fanzines kaufen, Konzerte besuchen oder sogar selbst welche veranstalten. Die Punks in Südostasien geben ihr Bestes, um die Szene selbst unter schwierigsten Bedingungen am Laufen zu halten. Davon sollten sich einige Leute im Westen eine Scheibe abschneiden, andernfalls werden die subkulturellen Strukturen dort langsam verschwinden. Es heißt doch »Punk's not dead« – wenn das so bleiben soll, ist es wichtig, die lokale Szene in seinem Heimatort zu supporten, um sie zu erhalten.

Erinnerst du dich an den Moment, in dem dir klar wurde, dass dein Aufenthalt in Asien von längerer Dauer sein wird?

Als ich die USA im Jahr 2004 verlassen habe, wusste ich, dass es nur zwei Optionen gibt – entweder ich komme nach einem Jahr zurück oder nie wieder. Ich schätze, ich hatte die Nase voll von der westlichen Lebensweise und dem rotierenden Hamsterrad, aus dem es kein Entkommen gibt. Ich war bereit, mein komplettes Leben zu ändern. Mittlerweile gibt es immer mehr Menschen wie mich, die den Leistungsdruck und die explodierenden Lebenshaltungskosten satthaben. Doch als ich vor rund fünfzehn Jahren herkam, war das

noch nicht so verbreitet. Ich möchte nicht zurück nach Hause gehen, um mir dort ein Asien-Foto in den Spint zu hängen und das ganze Jahr die Tage bis zum nächsten Urlaub zu zählen. Nach allem, was ich hier durchgemacht habe, genieße ich meine Unabhängigkeit mittlerweile sehr. Im Jahr 2009 war ich kurz davor, zurück in die USA zu gehen. Ich wollte nach San Antonio ziehen, doch der Plan ging nicht auf. Im Nachhinein bin ich froh, dass es mich stattdessen nach Thailand verschlagen hat. Ich bin seitdem viel herumgekommen und habe Teile Asiens gesehen, die ich wahrscheinlich nie besucht hätte, wenn ich heute in Texas unterrichten würde. Denn machen wir uns nichts vor, wenn du zurück nach Hause gehst, richtest du dir wieder ein stinknormales Leben ein und Südostasien verblasst zu einer Erinnerung auf einer Postkarte. Ich bin noch nicht bereit, nach Hause zurückzugehen und ich weiß nicht, ob ich es jemals sein werde.

Inwiefern hat sich die Beziehung zu deiner Familie und deinen Freunden zuhause über die Jahre verändert?

Meine Schwester hat mich vor ein paar Jahren mal in Bangkok besucht. Sie hat damals in Großbritannien gelebt und ist regelmäßig nach Japan gereist, um an verschiedenen Kunstprojekten zu arbeiten – sie konnte das alles gut nachvollziehen. Meine Mutter lebt noch immer in dem Haus, in dem ich aufgewachsen bin. Wenn ich nach Hause fliege, bleibe ich meistens bei ihr und fahre tagsüber mit dem Zug nach Los Angeles rein. Ich gebe mein Bestes, um mit meinen Freunden von früher in Kontakt zu bleiben, aber viele sind weggezogen und leben mittlerweile in anderen Teilen des Landes. Daher ist es schwer, sich bei einem Heimatbesuch mit allen zu treffen, die man sehen möchte. Ich versuche, einmal im Jahr nach Hause zu fliegen. Aber wenn ich da bin, habe ich oft das Gefühl, dass dort die Zeit stillsteht – als hätte sich in all den Jahren nichts verändert.

Wie sieht dein Alltag in Asien aus?

Früher gab es eine strikte Routine in meinem Leben. Ich bin morgens aufgewacht und zur Arbeit gefahren, habe dort den ganzen Tag verbracht und nach Feierabend gab es dann meist noch irgendwelche Dinge zu erledigen. Am nächsten Morgen ging alles von vorne los. Hier ist das anders. Ich habe oft frei und nutze die Zeit, um auf Shows zu gehen oder herumzureisen. Dieser flexible Lebensstil ist für mich ein wahrgewordener Traum. Ich bin wirklich froh, nirgends mehr festzusitzen.

Südostasien hat eine dunkle Kolonialvergangenheit. Hast du als «weißer Mann aus dem Westen« mit Vorurteilen zu kämpfen?

Natürlich muss ich mich Vorurteilen stellen, denn sobald ein Westler in einem asiatischen Land ein Problem verursacht, werden auch alle anderen als Störenfriede stereotypisiert. Das ist ja nicht nur hier so. Wenn ich in eine angespannte Situation gerate, versuche ich, es nicht persönlich zu nehmen und entspannt zu reagieren. Manchmal steckt ja nicht mal ein festgefahrenes Vorurteil dahinter, sondern lediglich eine gewisse Skepsis. Ich versuche daher lieber, die Menschen durch mein positives Verhalten eines Besseren zu belehren und auf diese Weise zu einem besseren Image des »weißen Mannes« beizutragen. Seit ich selbst im Ausland lebe, habe ich eine kleine Vorstellung davon, wie es sein muss, in einem westlichen Land einer Minderheit anzugehören. Ich kann mich besser in Menschen hineinfühlen, die sich als Außenseiter in ihrer Umgebung fühlen.

Du gehörst zu den Gründungsmitgliedern von »Punk Rock Bangkok« – einer Crew immigrierter Punkrocker aus Großbritannien und den USA. Würdest du sagen, dass ihr euch in einer westlichen Blase bewegt oder nehmt ihr die Szene als großes Ganzes wahr?

Ich betrachte uns als eine große Crew von Punkrockern, die in verschiedenen Teilen Südostasiens leben und auf unterschiedlichen Shows zusammenkommen. Es gibt viele Bands, die sowohl asiatische als auch westliche Fans haben, vor allem in Bangkok. Das ist toll, da es beweist, dass die Musik in der Lage ist, Brücken zu bauen und verschiedene Kulturen zusammenzubringen. Genau das ist ja auch die Idee hinter der Facebook-Gruppe »Punk Rock Bangkok«. Wir wollen eine Art Familie gründen, in der es keine Rolle spielt, ob du aus Asien oder irgendeinem anderen Teil der Welt kommst. Innerhalb der Hardcore- und Punkrockszene funktioniert das sehr gut. Wenn wir beispielsweise zu einer Show in eine andere Stadt oder in ein Nachbarland reisen, werden wir oft mit offenen Armen empfangen und man gibt uns das Gefühl dazuzugehören.

Wir haben von Punkrock-Shows in Bangkok gehört, die von der Polizei aufgelöst worden sind. Weißt du etwas darüber?

Dazu müsst ihr verstehen, dass die meisten Länder in Südostasien noch immer unter einer sehr strengen staatlichen Kontrolle stehen. Eine der besagten Shows sollte im *Overstay* stattfinden. Die Bar blickt bereits auf eine lange Liste von Auseinandersetzungen mit der Polizei zurück. Die Show an jenem Abend war geplant, um gegen die regierende Partei zu protestieren. Die Polizisten lösten die Party auf, noch bevor das Konzert begonnen hatte. Normalerweise werden Shows nicht grundlos aufgelöst. Solchen Aktionen liegen meist Lärmbeschwerden zugrunde, was häufig vorkommt, wenn sich eine Bar oder ein Club in einer Wohngegend befindet. *Fatty's Bar* ist ein gutes Beispiel dafür. Früher fanden dort tolle Shows statt, doch damit ist es nun vorbei. Viele Veranstaltungsorte werden abgerissen, weil sie Einkaufszentren oder Eigentumswohnungen weichen müssen. Das ist sehr traurig, da immer mehr Underground-Orte aus der Stadt verschwinden.

Ist es gefährlich, sich in Südostasien der Punkbewegung anzuschließen?

In Thailand ist es nicht gefährlich, aber ich habe von Problemen in Ländern wie Indonesien gehört. Die Menschen dort empfinden Punk und die damit verbundene Lebensweise zum Teil als Blasphemie. Auch in Myanmar konnte es für asiatische Punks damals gefährlich werden. Aber auch dort werden sie in letzter Zeit immer mehr akzeptiert. Ich habe jedoch noch nie von einem westlichen Punk gehört, der nur aufgrund dessen in Asien Probleme bekommen hat.

Gibt es Dinge, die dir Sorgen bereiten oder die du in Asien vermisst?

Je länger du hierbleibst, desto mehr wird es zu deinem Zuhause. Natürlich habe ich Angst, dass der Kontakt zu meiner Familie und meinen Freunden in den USA abreißt. Doch dasselbe Problem werde ich haben, sollte ich eines Tages zurückgehen und meine Freunde in Asien zurücklassen. »Home is where your heart is« – und meins ist momentan in Südostasien. Dennoch vermisse ich es, mich regelmäßig mit anderen Muttersprachlern zu unterhalten und mit meiner Schwester und meiner Mutter zusammen zu sein. Das Problem ist, dass man hier viele tolle Menschen kennenlernt, doch die meisten gehen irgendwann nach Hause zurück oder ziehen weiter. Die sozialen Medien machen es allerdings leichter, mit den Menschen in Kontakt zu bleiben, die man vermisst. Und wenn ich wirklich mal Heimweh bekomme, gehe ich einfach einen Burger essen.

Diana, BANGKOK

DARK TOURISM

Die ersten Tage an einem neuen Ort verbrachten wir meist damit, uns ein Bild von der Umgebung und den kulturellen Gepflogenheiten zu machen. Wir besuchten die wichtigsten Sehenswürdigkeiten, probierten die landestypischen Gerichte und hielten nebenbei die Augen nach vielversprechenden Underground-Venues offen, denen wir uns dann später widmeten. Das war unsere Form eines leichten Einstiegs. Eine Art Schonfrist, die es uns ermöglichte, zwei Tage Urlaub zu spielen, bevor es wieder an die Arbeit ging. Doch nun waren wir schon eine Woche in Bangkok und von den berühmten Must-See-Highlights, die sich andere auf der Durchreise ansahen, hatten wir noch nicht ein einziges zu Gesicht bekommen. Der subkulturelle Einstieg war diesmal einfach zu glatt gelaufen. Seit dem Besuch der *Immortal Bar* am Tag nach unserer Ankunft hatten wir jeden Tag Interviews geführt und einschlägige Orte besucht. Und auch der Terminkalender für die noch verbleibenden Tage war bereits prall gefüllt. Umso mehr freuten wir uns, als eines Abends eine Interview-Absage für den nächsten Tag reinkam, der uns damit zur freien Verfügung stand.

Es schlauchte, seit Wochen aus dem Rucksack zu leben und sich von einem Termin zum nächsten zu hangeln, ohne dabei das große Ganze aus den Augen zu verlieren. Uns stand in jeder Stadt nur ein begrenztes Zeitfenster zur Verfügung, weshalb all die Treffen und Gespräche gut koordiniert und vor allem auch inhaltlich vorbereitet werden mussten. Von der ständigen Recherche, dem teils mehrstündigen Sichern unserer Daten und dem Verfassen von Blogbeiträgen ganz zu schweigen. Die Versuchung, den unverhofft freien Tag in unserem klimatisierten Zimmer liegen zu bleiben und Serien auf dem Laptop zu gucken, war somit ziemlich groß. Doch das schlechte Gewissen darüber, womöglich die einzige Gelegenheit zu verplempern, etwas von der Stadt zu sehen, war größer. »What are your plans for today?«, fragte unsere Herbergsmutter, als wir an jenem Morgen zum Frühstück erschienen. Sie verstand ohnehin nicht, was wir ganze zwei Wochen in Bangkok trieben. Die meisten Backpacker blieben im Schnitt ein Wochenende, bevor es weiter nach Phuket oder Ko Samui ging. Wir hatten hingegen so viel Zeit für die thailändische Hauptstadt wie andere für ihren ganzen Urlaub eingeplant und dennoch hatten wir ihr bisher von keiner der Sehenswürdigkeiten berichten können, die sie uns beim Einchecken empfohlen hatte.

»Wir würden uns heute gerne ein paar Tempel oder sowas ansehen«, antwortete ich. Nun wurde sie hellhörig: »Sightseeing?« Ihre Augen leuchteten. »Come«, sagte sie und deutete mir an, ihr zur Rezeption zu folgen. Dort angekommen drehte sie den Computerbildschirm in meine Richtung und öffnete

den Onliner-Übersetzer. »คุณต้องการเห็นอะไร«, tippte sie in das Eingabefeld. »Was möchtet ihr sehen?«, leuchtete prompt die Übersetzung auf. Nun war ich an der Reihe. Ich ließ sie wissen, dass uns noch nichts Bestimmtes vorschwebte, wir jedoch so wenig Zeit wie möglich im Verkehr feststecken wollten. »Nehmt das Wassertaxi«, schlug sie vor und tippte aufgeregt auf ihrer Tastatur herum. »Kein Stau auf dem Fluss. Und nur 14 Baht!« Das entsprach gerade mal 39 Cent und klang in der Tat vielversprechend. Eine halbe Stunde später nahmen wir den Skytrain zum Fluss und waren gespannt, was uns am Ufer der städtischen Hauptschlagader erwartete. Als wir die BTS-Station verließen, traute ich meinen Augen nicht. Vor uns ragte einer der wohl berühmtesten Lost Places der Welt in den Himmel – der Sathorn Unique Tower. Die Ruine des nie fertiggestellten Wolkenkratzers aus dem Jahre 1990 gleicht mittlerweile einem monströsen, baufälligen Betongerippe. »Ghost Tower« nennen die Locals den 185 Meter hohen Turm, in dem es spuken soll. »Sorry, aber das Wassertaxi muss warten«, verkündete ich. »Das müssen wir uns genauer ansehen.«

Im Gegensatz zu Felix hatte ich schon eine Menge über das Gebäude gelesen. Ich erzählte ihm von dem schwedischen Backpacker Stig Johan Kristian Hammarsten, der sich 2014 dort oben das Leben genommen und dem Turm so zu tragischem Ruhm verholfen hatte. Und ich schwärmte von den spektakulären YouTube-Videos, in denen der Wind durch fensterlose Luxusappartements heulte, offene Aufzugschächte ins Nirwana führten und unzählige Graffitis hoch oben über den Dächern der Stadt prangten. Von der Aussicht aus dem 49. Stock brauchte ich gar nicht erst anfangen, Felix war bereits überzeugt. Laut Google war es jedoch gar nicht mehr so einfach, in das Gebäude zu gelangen. Während vor ein paar Jahren noch an die hundert Backpacker täglich in dem Spukhaus ein- und ausgingen, war es mittlerweile so gut wie unmöglich hineinzukommen. Der Besitzer hatte nach dem Ärger der letzten

Jahre sämtliche Zugänge versperren lassen – in einigen Foren war man sich dennoch einig, dass ein kleines Schmiergeld an das Wachpersonal genügte, um sich Zutritt zum Treppenhaus zu verschaffen. Wir fanden, es war einen Versuch wert. Doch als wir den »Ghost Tower« erreichten, war dort weder ein Zugang zum Gelände noch jemand, den wir hätten bestechen können in Sicht. Ratlos standen wir vor dem hohen Zaun und betrachteten die Banner und Plakate, die in aller Deutlichkeit darauf hinwiesen, dass man sich durch das bloße Betreten des Gebäudes strafbar machte. »Hast du das auch gehört?«, fragte Felix. »Die Stimmen kommen von da drinnen.« Er hatte Recht, doch woher sollten wir wissen, ob es sich dabei um Leute wie uns, Polizisten oder Drogendealer handelte?

»Hey you«, rief plötzlich jemand hinter uns. Ich war gerade näher an den Zaun herangetreten, um mir die Warnhinweise genauer anzusehen. Überrascht drehte ich mich um und blickte in die gutmütigen Augen einer Thailänderin, die offenbar gerade vom Einkaufen kam. »Don't go inside, it's dangerous and not allowed anymore«, sie klang wie eine besorgte Mama. »Police will arrest you«, fügte sie hinzu und legte ihre Handgelenke aneinander, als wartete sie darauf, dass man ihr Handschellen anlegte. Ich fühlte mich ertappt und ging ein paar Schritte auf sie zu. »Schade, wir hätten uns gerne ein bisschen umgesehen«, entgegnete ich. »Not safe«, wiederholte sie und zeigte auf die Bilder zwei verurteilter Backpacker, die zur Abschreckung am Zaun befestigt waren. Wir unterhielten uns auf dem Weg zurück zur Straße und versprachen ihr, auf das Abenteuer zu verzichten, um uns stattdessen ihren Lieblingstempel anzusehen. Zufrieden kramte sie einen alten Kassenbon aus ihrer Handtasche hervor und schrieb »Wat Arun« auf das dünne Papier. Wir legten unsere Handflächen zum Dank zusammen und machten uns auf die Suche nach der Anlegestelle des Wassertaxis, für das wir ursprünglich gekommen waren. Die Liste der potenziellen Gefahren, die im »Ghost Tower« lauerten, war einfach zu lang.

Die unzähligen Ticketstände für die verschiedenen Bootvarianten überforderten uns komplett. Boat-Trip, Tourist-Boat, Express-Boat – keine Ahnung, welches davon unsere Herbergsmutter gemeint hatte. Wahllos gingen wir auf einen der Ticketstände zu und fragten nach dem Preis. »900 Baht each«, antwortete die Verkäuferin. »Very good price.« Ein Nachsatz, der grundsätzlich skeptisch stimmte. »Moment mal«, überlegte ich. »Das sind ja 25 Euro pro Person. War heute Morgen nicht von 39 Cent die Rede?« Genervt schlenderten wir von einem Stand zum anderen und mit jedem weiteren Angebot verloren wir mehr das Interesse daran, die Stadt vom Wasser aus zu erkunden. Schließlich legte ein Boot mit orangener Flagge an. »How much is it?«, fragte ich den Mann an der Zugangsbrücke in einem letzten Akt der Verzweiflung. »14 Baht«, antwortete er und hielt mir einen Fahrschein entgegen. Bingo! Schätzungsweise 60 bis 80 Passagiere saßen an Deck des überdachten Wassertaxis und starrten auf ihre Handys – ein ganz normales Verkehrsmittel eben. Aufgeregt wankten wir über den Kahn und fanden noch zwei freie Plastiksitze im vorderen Teil. Gerade hingesetzt, rasten wir auch schon den Chao Phraya River hinauf, dessen braunes Flusswasser uns bei jeder zweiten Welle ins Gesicht klatschte. Doch solange wir den Mund hielten und nicht über das bestehende Abwassersystem nachdachten, war uns das egal.

Zum ersten Mal seit meiner Ankunft in Asien war die Temperatur durch den Fahrtwind und die Nähe zum Wasser auszuhalten und der Ausblick auf die Stelzenhäuser am Ufer und die Skyline dahinter war schöner als erwartet. Für eine Weile sagten wir nichts und genossen es, ziellos über den »Fluss der Könige« zu brettern. »Wo wollen wir eigentlich hin?«, brach Felix schließlich das Schweigen. Ich warf einen Blick auf den Fahrplan, den mir zuvor irgendjemand in die Hand gedrückt hatte, und ging die nächsten Stationen durch. Eine davon ließ mich innehalten. Ich kramte den Kassenbon heraus, den uns die Frau vor dem »Ghost Tower« zugesteckt hatte und tatsächlich, die mit Kugelschreiber gekritzelten Worte stimmten mit einer der kommenden Stationen überein: Wat Arun – Der buddhistische Tempel der Morgenröte. Erst als wir an Land gingen, wurde uns bewusst, wie riesig der Tempelturm ist, der die 10-Baht-Münze ziert. Steile Treppen führen den 67 Meter hohen »Prang« hinauf, von dem aus unzählige Statuen und Figuren auf die verzückten Touristenscharen herabschauen. Wat Arun ist einer von drei königlichen Tempeln erster Klasse in Bangkok. Dementsprechend lang ist die Liste der Verhaltensregeln, die man beim Betreten beachten muss.

»Es ist falsch und respektlos das Bildnis Buddhas als dekoratives Tattoo zu tragen«, hieß es unter anderem auf einem der Schilder. Einer britischen Touristin war genau das 2014 zum Verhängnis geworden, als sie in Sri Lanka einreisen wollte. Noch am Flughafen wurde sie wegen ihres Buddha-Tattoos auf dem Oberarm verhaftet und einem Richter vorgeführt, der sie prompt des Landes verwies. »Punk- und Biertattoos gehen hoffentlich klar«, scherzte ich und reihte mich neben Felix in die Schlange ein. Doch die Freude war nur von kurzer Dauer, da mein knielanger

Rock offenbar nicht knielang genug für den strengen Blick des »Türstehers« war. Kurzerhand schob er mich zu einer alten Lady hinüber, die mich von der Taille abwärts in ein Miss-Piggy-farbenes Leinenlaken wickelte und es dermaßen fest zuknotete, dass ich anschließend Schwierigkeiten hatte, einen Fuß vor den anderen zu setzen. »Aber hey, macht sich doch gut zu meiner Leoparden-Bluse«, lachte ich und tippelte in kleinen Schritten hinter Felix her. Kurz darauf fand ich mich auf allen Vieren kriechend auf einer der steilen Tempel-Treppen wieder und traute mich weder vor noch zurück. Zu groß die Angst, durch die zusammengebundenen Beine das Gleichgewicht zu verlieren und kopfüber herunterzufallen. Felix turnte bereits irgendwo außerhalb meines Sichtfeldes herum und die Trillerpfeife des Aufsehers, mit der er im Zehn-Sekunden-Rhythmus taktlose Besucher maßregelte, setzte mich vollkommen unter Stress. Zeit für ein Kontrastprogramm.

Unser nächster Halt war das Siriraj-Krankenhaus, denn ich wollte unbedingt das forensische »Museum of Death« besuchen, von dem uns bereits mehrere Leute erzählt hatten. Keine Ahnung warum, aber auf Reisen finde ich morbide Orte besonders anziehend. Es dauerte eine Weile, bis wir in dem riesigen Gebäudekomplex den richtigen Eingang fanden, doch schließlich schafften wir auch das. Die Ausstellung in den grauen Linoleumgängen war nichts für schwache Nerven. Fehlgebildete Föten in Einmachgläsern, Siamesische Zwillinge mit geöffnetem Torso, eingelegte Krebsgeschwüre, abgetrennte Gliedmaßen, ausgestopfte Geschlechtsteile – was wir im flackernden Neonlicht des thailändischen Krankenhauses zu sehen bekamen, war definitiv ein anderes Kaliber als die cleane Körperwelten-Ausstellung, die wir aus unserer Schulzeit kannten. Apropos Schule, wir staunten nicht schlecht, als sich irgendwann eine Gruppe Sechstklässler zu uns gesellte. Gebannt hörten die Kinder ihrem Lehrer zu und schauten sich die ausgestellten Körperteile ganz genau an. »Schon komisch«, sagte ich. »Bei uns wäre dieses Museum maximal Medizinstudenten zuzumuten und hier nutzen die Schulen es als Ausflugsziel für eine Klasse Elfjähriger.«

Die makaberen Exponate inmitten der tropischen Großstadt hatten etwas von einem Horrorfilm. Es war stickig und in manchen Ecken hing ein undefinierbarer Geruch in der Luft. »Oh, der steht wohl auch schon etwas länger hier«, mit einer Mischung aus Ekel und Faszination betrachtete Felix den konservierten Leichnam, der in einer telefonzellenartigen Vitrine vor ihm stand. »Vergewaltigungsmörder mit Todesurteil« stand auf dem Schild an der Scheibe. Seine Augen waren geschlossen und obwohl sich die lederne Haut durch den Konservierungsprozess dunkel verfärbt hatte, waren seine Gesichtszüge noch gut zu erkennen. Selbst die Frisur war noch vorhanden, was ihn unerwartet menschlich erscheinen ließ. »Er schwitzt«, stellte ich fest und deutete auf die Abtropfschale in der er stand. Um seine Füße herum hatte sich bereits eine schmierige Pfütze gebildet. Einen Tsunami und diverse

Suizide später standen wir wieder auf der Straße und ich fühlte mich etwas benommen von unserem Urlaubstag. »Komm, wir fahren nach Hause«, sagte Felix. »Ich habe einen Mordshunger.«

FRIEDHOF DER FLUGZEUGE

Felix, BANGKOK

Egal, in welche Stadt wir kamen, Diana wollte immer noch einen draufsetzen und irgendwas Abgefahrenes machen, das weder mit Punk noch mit Tempeln zu tun hatte. Keine Ahnung, ob es an ihrem Faible für Dark Tourism lag oder damit zu tun hatte, dass sie heimlich in ihr Netflix-Idol David Farrier verknallt war – ständig recherchierte sie irgendwelche Kuriositäten. Dementsprechend aufgekratzt war sie, als wir eines Nachmittags aus der Metro stiegen und plötzlich vor dem bekanntesten Lost Place der Stadt standen. Sie hatte mir im Vorfeld schon von dem Ghost Tower erzählt, der infolge der asiatischen Finanzkrise nie fertiggestellt worden war und ich musste zugeben, dass der düstere Wolkenkratzer in der Tat beeindruckend aussah. Auf einmal gefiel mir der Gedanke, das verlassene Treppenhaus zu erklimmen und die Stadt in völliger Abgeschiedenheit von oben zu betrachten. In geheimer Mission pirschten wir uns an und liefen den Zaun ab, der das Gebäude von der Straße abgrenzte. Dabei verhielten wir uns so unauffällig wie zwei Kinder, die mit dem neuesten Prank-Gadget aus dem Yps-Heft vorm Lehrerzimmer auf und ab schleichen. Ich rüttelte gerade an dem Zaun, der uns die Tour vermieste, als uns eine vielleicht 50-jährige Frau eines Besseren belehrte: »Ernsthaft, lasst es bleiben. Für die Polizei ist es schon lange kein Kavaliersdelikt mehr, dieses Gebäude zu betreten.« Woher zum Teufel wusste sie, was wir vorhatten?! Hexe!

Später erzählten wir Pan, Tony und Josh von dem missglückten Versuch, etwas Action in unser letztes Kapitel zu bringen. »Habt ihr schon von diesem gottverdammten Airplane Graveyard gehört?«, fragte der Schotte. »Ich war selbst noch nie dort, aber ich habe gehört, dass da richtig große Passagiermaschinen rumliegen. Ich fahr mit euch hin, wenn ihr wollt.« Diana war hellauf begeistert und auch Josh und Pan bekundeten Interesse mitzukommen. Am nächsten Vormittag standen wir gemeinsam auf der Straße und versuchten, ein Taxi zu bekommen. Sobald eins hielt, diskutierten Pan und Tony auf Thai mit dem Fahrer, doch scheinbar wollte uns keiner zu fünft mitnehmen. Das Prozedere zog sich wie Kaugummi in die Länge und Dianas Blick verriet mir, dass ihre Vorfreude bereits einer latenten Genervtheit gewichen war. Verstand ich gut, denn wir standen bestimmt schon seit zwanzig Minuten in einer Smogwolke und es war keine Erlösung in Sicht. Drei Fahrerdiskussionen später winkten die anderen uns endlich heran.

Auf dem Airplane-Graveyard in Bangkok gab es einiges zu entdecken

Diana sprang auf den Beifahrersitz und ich quetschte mich mit Pan, Josh und Tony auf die durchgesessene Rücksitzbank. In dem Auto herrschten mindestens vierzig Grad, eine Klimaanlage gab es nicht. Zu meinem Unglück war ich das Sandwich zwischen Pan und dem schwitzenden Schotten. Wo sich Josh befand und ob er noch atmete, konnte ich nicht sagen. »Das erinnert mich an eine Punkrockshow, die ich 1994 in West-Hollywood besucht habe …«, okay, Josh schien es gutzugehen. So rollten wir Stop and Go durch Bangkoks Rushhour, bis der Verkehr schließlich komplett zum Erliegen kam. Seit Diana sich zum ersten Mal umgedreht hatte, um unser Elend zu filmen, wurde sie von einem Lachflash heimgesucht, der sich gewaschen hatte. Als ich sie dann auch noch darauf aufmerksam machte, dass der Taxifahrer es bei jedem Anfahren schaffte, achtmal innerhalb von 15 Sekunden zu schalten, obwohl er nur einen Meter weiterrollte, hatte sie sich nicht mehr unter Kontrolle. Die Tränen liefen ihr in Strömen durchs Gesicht und ich konnte wirklich nicht einschätzen, ob sie sich jemals wieder beruhigen würde. »I'm sweating like a bloody rapist«, stöhnte Tony neben mir und ich sah, wie ihm eine Schweißperle über die Glatze rollte und auf meine Hose tropfte. Ich musste dringend hier raus.

Als wir schließlich gar nicht mehr von der Stelle kamen, beschlossen wir, den letzten Kilometer zu laufen. Doch wie bereits beim Ghost-Tower endete

der Ausflug vorerst vor einem hohen Zaun mit Warnhinweisen. Allerdings dauerte es diesmal nicht lange und von der anderen Seite kamen ein paar Kinder ans Tor gerannt. Tony sprach mit ihnen auf Thai durch den Spalt und nannte uns den Preis. »Ich verhandele nicht mit ihnen, sie sollen bekommen, was sie haben möchten«, fügte er hinzu und begann, das Geld einzusammeln. Ein Satz, den ich auf der Reise gerne schon früher aus dem Mund eines westlichen Menschen gehört hätte. Wo auch immer ich auf andere Backpacker getroffen war, kannten alle nur zwei Themen: »Abzocke« und »Preise drücken«. In Anbetracht der Armut, in der die Menschen teilweise lebten, und der geringen Summen, um die es dabei ging, eine äußerst fragwürdige Einstellung. Tony steckte die abgezählten Scheine durch den Zaun und die Kids schlossen die Kette für uns auf.

Der Airplane Graveyard sah genauso aus, wie wir ihn uns vorgestellt hatten. Die Flugzeugwracks waren mit zahlreichen Graffitis beschmiert und gammelten im hohen Gras vor sich hin. Im Hintergrund war die Skyline der Stadt zu erkennen und zwischen unseren Füßen gackerten ein paar Hühner. Ein sonderbar ruhiger Ort inmitten der hektischen Metropole. Diana war sofort in ihrem Element und stiefelte zu einer Boeing hinüber, während der einzige Thailänder von uns noch über potenzielle Schlangen im hohen Gras philosophierte. Schließlich spazierten wir über den Flügel einer Maschine bis zur Kabine vor und stiegen durch eins der kaputten Fenster ein. Wir fühlten uns wie Kinder auf einem riesigen Abenteuerspielplatz und es war wie immer, wenn wir zusammen unterwegs waren. Josh erzählte Tony von einer Band, die vor Jahren mal eine Platte auf Fat Wreck Chords herausgebracht hatte, Pan fummelte an seinem Haarreif herum und ich machte mit Diana Selfies für Instagram. Alles ganz normal. Genau wie das Leben der wahren Kinder, die ein paar Meter weiter mit ihren Eltern in der etwas abseits liegenden Flugzeugkabine wohnten.

UNABHÄNGIGER MUSIKJOURNALISMUS

Interview mit Saranpong „Yos“ Sookpanon und Kotchakorn „Grace“ Musikarat, den Machern der Musikzeitschrift BLAST.

Der Gründer des monatlich erscheinenden BLAST Magazines, das in einer Auflage von 2.000 Heften in der ganzen Stadt ausliegt, hat die Hardcore-Szene Bangkoks maßgeblich geprägt. Eines Nachmittags hat Yos uns gemeinsam mit seiner Freundin Grace, die nebenberuflich auch für das Magazin schreibt, im Garten unseres Hostels besucht. Das Paar ist fast zwei Stunden geblieben und hat uns von der Geschichte des Heftes und dem ausbleibenden Underground-Nachwuchs erzählt. Zudem waren sie bereit, das Engagement der zahlreichen westlichen Szeneakteure kritisch zu hinterfragen.

Du wurdest uns hier in Bangkok immer wieder als einer der wichtigsten Drahtzieher der Szene genannt. Wann bist du zum ersten Mal mit Hardcore-Musik in Kontakt gekommen?

Yos: Meine erste Hardcore-Show habe ich vor 18 Jahren auf die Beine gestellt. Angefangen hat alles durch meinen Kumpel Chris. Er ist Amerikaner und kam damals als Englischlehrer nach Bangkok. Die Punk- und Hardcoreszene hier war damals noch nicht sehr ausgeprägt und Chris hat mir alles darüber beigebracht. Er hat mir die Unterschiede zwischen Punk und Hardcore erklärt und mir gezeigt, wie man Shows organisiert. In Bangkok haben wir ihn Hardcore-Lehrer genannt. Im Grunde haben wir damals zusammen den Grundstein für die heutige Punk- und Hardcoreszene in Bangkok gelegt. Eine der ersten Shows, die ich damals veranstaltet habe, fand im *Rock Pub* statt. Den gibt es bis heute.

Was für Leute kamen zu den Shows, als es noch keine Szene gab?

Yos: Die Kids, die damals zu den Shows kamen, kannten keinen Unterschied zwischen Metal, Punk und Hardcore. Hauptsache, die Musik war laut und aggressiv, alles andere war ihnen egal. In den Genres gab es noch kein großes Angebot, daher haben sie die Konzerte dankend angenommen und ihre Freunde mitgebracht. Zu einer meiner ersten Shows überhaupt sind direkt über 300 Leute gekommen. Und plötzlich fingen die Leute an, sich zu connecten. Sie redeten über ihre Lieblingsbands und tauschten Tapes und EPs untereinander aus. So fing alles an.

Wie ging es nach den ersten Shows weiter?

Yos: Chris gründete mit dem »Arise Zine« im Jahr 2002 das erste Hardcore Fanzine Thailands. Er kannte eine

Menge Bands aus seiner Heimatstadt New York. Diese Kontakte nutzte er und interviewte Bands wie Indecision, Sick Of It All und viele andere. Da das Fanzine zweisprachig erscheinen sollte, kümmerte ich mich um die Thai-Übersetzungen. Aber ich schrieb auch Plattenkritiken und Konzertberichte. Die einzelnen Hefte kopierten wir uns dann in einem Copyshop zusammen und verkauften sie auf Konzerten für 25 Baht pro Ausgabe (ca. 0,70 Euro).

Mittlerweile bringst du mit dem BLAST Magazine eins der wichtigsten Printmedien der hiesigen Hardcore- und Metalszene heraus. Wie kam es dazu?

Yos: Mit dem Magazin verbinde ich alles, was mir Spaß macht. Mein erster Job war Verkäufer in einem Record Store, später habe ich lange bei einem großen Buch-Verlag als Vertreter gearbeitet. Und nachdem ich dort gekündigt habe, bin ich bei Thailands größtem Musikmagazin »The Guitar« gelandet. Dort habe ich 13 Jahre als Redakteur und Anzeigenverkäufer gearbeitet. Der Job hat mir Spaß gemacht, doch irgendwann hat es nicht mehr gepasst. Ich wollte über Hardcore- und Metalbands schreiben, die mich begeistern. Doch das Magazin war sehr mainstreamorientiert und der Besitzer hat dem immer mehr einen Riegel vorgeschoben. Ich begann mich immer öfter zu fragen, wie ich ein Magazin aufziehen würde, wenn ich auf niemanden angewiesen wäre. Ich war es leid, dass man mir sagte, worüber ich schreiben durfte und worüber nicht. Ich wollte die Szene vernetzen und lokale Bands unterstützen. Vor zwei Jahren habe ich dann gekündigt und das erste BLAST Magazine herausgebracht. Seitdem ist das mein Vollzeitjob.

Was ist das Besondere an dem Heft?

Grace: Es passt in keine Schublade. Es ist nicht Mainstream, aber auch nicht nur Underground. Wir bewegen uns irgendwo dazwischen und berichten über alle Bands, die es in unseren Augen wert sind. Etwas Besonders ist auf jeden Fall das Flip-Cover. Anfangs gab es einen Standard-Titel und auf der Rückseite eine große Anzeige. Und dann haben wir uns gedacht: Fuck it! Es ist jedes Mal so schwer, sich für eine Band zu entscheiden – warum machen wir nicht einfach zwei Titel? Seitdem kommen zwei Bands aufs Cover, eine vorne und eine hinten.

Du hast die Hardcoreszene in Bangkok von Beginn an aktiv mitgestaltet. Inwiefern hat sie sich in den letzten 18 Jahren verändert?

Yos: Ich habe das Gefühl, dass keine

neuen Leute mehr nachkommen. Früher war die Szene lebendig und man wusste vor einer Show nie, wen man trifft und was einen erwartet. Heute geht man hin und hat das Gefühl, auf einer privaten Party zu sein, weil man nur in bekannte Gesichter schaut. Der Nachwuchs bleibt aus und das nicht nur im Publikum, auch unter den Bands. Ich habe vor einer Weile Heaven Shall Burn gebucht. Wisst ihr, wie viele Leute gekommen sind? Gerade mal hundert, das war echt traurig für eine Stadt wie Bangkok, schließlich war es eine große internationale Band. Und auch wir werden es schwer haben, eines Tages Leute zu finden, die in unsere Fußstapfen treten. Leute, die Shows organisieren, Bands promoten und all das. Die Leute in Südostasien sind manchmal ganz schön faul, das kann der Szene noch zum Verhängnis werden.

Wie groß ist der Einfluss westlicher Bands auf die hiesige Szene und inwiefern wirkt er sich auf die thailändischen Bands aus?

Grace: Die meisten hören internationale Bands von außerhalb, das ist auch der Grund dafür, dass die meisten lokalen Bands auf Englisch singen. Die Kids hier sind echt schräg. In der Stadt laufen so viele junge Leute mit einschlägigen Bandshirts rum, aber die meisten davon habe ich noch nie auf einer Show gesehen. Sie sitzen zuhause und schauen sich die Bands auf YouTube an, aber sie kommen nicht zu den Shows raus. Ich habe sogar mal einen Typ auf sein Misfits-Shirt angesprochen und er wusste nicht mal, dass das eine Band ist. Es ist zu einem Lifestyle geworden, mit dem sich die Kids schmücken, weil es cool ist. Aber mit der Szene wollen sie nichts zu tun haben.

In der* Immortal Bar *haben wir die Jungs von »Punk Rock Bangkok« kennengelernt und wir waren überrascht, wie viele Einwanderer aus westlichen Ländern die Szene in Bangkok mitgestalten. Wie beurteilt ihr dieses Phänomen – ist die Szene gespalten oder nehmt ihr euch als Einheit wahr?

Yos: Ich kenne die Jungs persönlich. Sie wollen eine Community aufbauen, um Auswärtige auf die thailändische Punkszene aufmerksam zu machen und ihr Interesse für Shows zu wecken. Prinzipiell eine gute Sache, aber manchmal habe ich das Gefühl, dass ihnen ein gewisses Feingefühl fehlt, besonders was die lokalen Bands und Akteure betrifft. Es gibt welche mit einer guten und andere mit einer schlechten Haltung gegenüber gewissen Dingen. Ich sehe diese feinen Unterschiede und weiß, von wem ich mich besser distanziere – sie wissen das manchmal nicht. Ich habe über die Jahre viele Ausländer aus westlichen Ländern kommen und gehen sehen. Viele von denen kommen her, wollen die komplette Szene revolutionieren und eh man sich versieht, sind sie wieder weitergezogen. Andere kommen her und wollen Kapital aus all dem schlagen. Mit solchen Leuten rede ich nicht mehr, denn das hilft der Szene nicht, das macht sie kaputt.

Grace: Es ist im Endeffekt immer dasselbe, wenn verschiedene Veranstalter aufeinandertreffen. Alle haben ihre eigenen Leute, die ihnen nahestehen und zu ihren Konzerten rauskommen. Ich empfinde es nicht so, dass die Szene in zwei Gruppen gespalten ist, zumindest ist das nicht die Intention von uns Veranstaltern. Aber wir haben schon häufig beobachtet, dass bei manchen Veranstaltungen lokaler Promoter niemand auftaucht, während bei den Shows der Ausländer oft volles Haus ist. Das ist kein Vorwurf an sie, die Leute entscheiden selbst, wo sie hingehen. Ich frage mich bloß, ob sie einen Vorteil durch die westliche Attitüde haben, die sie mitbringen.

Habt ihr noch irgendwelche Tipps für uns?

Grace: Wenn ihr richtig tief in die Subkultur von Bangkok eintauchen wollt, solltet ihr das *Overstay* besuchen. Ich gehe da allerdings nur hin, wenn eine Band spielt. Und die Toilette würde ich unter gar keinen Umständen benutzen – wirklich niemals! Wenn die Show vorbei ist, sehe ich immer zu, dass ich schnell wieder wegkomme. Nicht falsch verstehen, die Leute dort sind toll, aber ich habe keine Ahnung, wie sie in diesem Dreck hausen können.

Da waren wir schon. Leider auch auf dem Klo.

STRAIGHT OUTTA BANGKOK

Diana, BANGKOK

In den folgenden Tagen versuchten wir, nicht mehr wie die Irren von einem Termin zum nächsten zu hetzen, sondern zwischendurch auch mal eine Pause einzulegen. Die Ausflüge taten der Stimmung gut und sie halfen, die einzelnen Begegnungen besser zu verarbeiten. Außerdem bekamen wir so eine bessere Vorstellung von der Stadt, in der wir uns bewegten. Es tat gut, zwischendurch einfach mal zwei Stunden herumzuschlendern, ohne permanent ein schlechtes Gewissen zu haben, weil man gerade irgendwo einen potenziellen Gesprächspartner verpasste. In erster Linie waren diese kleinen Breakes von Streetfood-Highlights und Sehenswürdigkeiten geprägt. Wir besuchten Tempelanlagen, gingen im Lumpini-Park spazieren und machten uns ein Bild von der wohl berühmtesten Backpacker-Straße der Welt. Der Brite Alex Garland hatte der Khao San Road Mitte der Neunzigerjahre durch seinen später verfilmten Roman »The Beach« zu internationalem Ruhm verholfen. Damals gab es an dem Mekka für Rucksacktouristen kein vorbei. Die Khao San Road war das asiatische Drehkreuz, von dem aus es auf die verschiedenen Inseln weiterging. Eine Parallelwelt, die für billige Unterkünfte, ein pulsierendes Nachtleben und Annehmlichkeiten wie klimatisierte Telefonzellen für Ferngespräche bekannt war.

»Hier muss es sein«, Felix blickte verwirrt auf sein Handy. Die Straße, die vor uns lag, sah aus wie jede andere. Souvenir-Shops, Kneipen, Restaurants – auf den ersten Blick jedoch nichts, was den Mythos rund um den sagenumwobenen Ort rechtfertigte. Etwas enttäuscht schlenderten wir den Gehweg entlang, vorbei an Skorpion-Spießen vom Grill und skurrilen T-Shirts, auf denen Hitler in Badehose am Strand herumlümmelte. Doch obwohl wir zum ersten Mal dort waren, fiel uns die seltsame Atmosphäre auf, die an jenem Nachmittag in der Luft hing. »Ich habe hier mit wesentlich mehr Halligalli gerechnet«, sagte ich und schaute mich um. Erst da fielen mir die schwer bewaffneten Polizisten auf, die überall herumstanden. »Irgendwas stimmt hier nicht«, bestätigte Felix. Im nächsten Lokal setzten wir uns unter einen Ventilator, bestellten zwei Portionen Rotes Curry und zückten unsere Smartphones. Die

Die Khao San Road galt in den Neunzigerjahren das Tor zu Südostasien. Im Jahr 2000 erlangte die Straße durch den Kinohit »The Beach« weltweite Berühmtheit.

Kritik am Militärregime in den Straßen Bangkoks.

meisten der News-Meldungen, die Google zu meiner Suchanfrage ausspuckte, waren keine 48 Stunden alt. »Räumung der Khao San Road in Bangkok« lautete die Überschrift eines aktuellen Spiegel-Online-Artikels. »Mit einer großen Säuberungsaktion hat die Bangkok Metropolitan Administration (BMA) in der vergangenen Woche alle der mehr als 200 Straßenhändler von der Khao San vertrieben«, hieß es weiter. Die Räumung gehöre zu einem Mega-Plan von Thailands aktueller Militärregierung, die Hauptstadt moderner und sauberer zu machen. »Wenn es nach dem Willen der Generäle geht, die nach ihrem jüngsten Putsch jetzt auch schon wieder mehr als vier Jahre an der Macht sind, soll die Zwölf-Millionen-Metropole eine Art zweites Singapur werden, modern, steril, durchreglementiert. Auf jeden Fall: weg mit dem Chaos, das für Bangkok so typisch ist.« Da hatten wir unsere Antwort, sie lautete »Gentrifizierung«. Mal wieder. Natürlich ließ sich darüber streiten, inwiefern eine Backpacker-Partymeile zu den erhaltenswerten Orten einer Metropole wie Bangkok zählt, doch was hier im Stadtteil Bang Lam Phu vor wenigen Tagen geschehen war, machte uns wütend. Die Khao San Road zu »säubern« kam einer überraschenden Räumung der Reeperbahn gleich. Touristenattraktion hin oder her, die belebte Straße hatte seit über 30 Jahren zum weltoffenen

Image der Stadt beigetragen und nun wurden die Bürgersteige hochgeklappt. Ganz abgesehen von den über 200 vertriebenen Händlern, die von heute auf morgen ihrer Existenzgrundlage beraubt worden waren. »Enjoy«, sagte die Bedienung und servierte uns ein unheimlich gut riechendes Curry. Doch es hatte einen bitteren Nachgeschmack.

Am Abend besuchten wir die Bar *The Rock Pub* im Ratchathewi-District, von der auch Yos berichtet hatte. Der Grund für unseren Besuch war der Sänger der Hausband, von dem wir bereits viel gehört hatten. Die Fassade der Venue war wie eine alte Ritterburg aufgemacht, drinnen erinnerte die cleane Atmosphäre an ein Hardrock-Café. Richtig undergroundig war das alles nicht, doch es war unsere einzige Chance, den talentierten Sänger, von dem alle in den höchsten Tönen sprachen, live zu sehen. Es war unter der Woche, dementsprechend war der Laden nicht besonders gut besucht. Wir setzten uns an die Bar und warteten. »Hi, my name is Lynz«, sagte die wasserstoffblonde Punkerin neben uns und erhob ihr Bier in unsere Richtung. Ihrem Akzent nach zu urteilen war sie Amerikanerin. Wir prosteten lächelnd zurück und kamen ins Gespräch. Sie erzählte, dass sie schon länger in Bangkok lebte und einen Blog über ungeklärte Kriminalfälle betrieb. Das gab einiges an Gesprächsstoff her und als die Band schließlich die Bühne betrat, hatten wir schon beinahe vergessen, weshalb wir gekommen waren. Was dann folgte, haute uns schlicht und ergreifend um.

Die Band coverte den kompletten Soundtrack unserer Jugend. Von den Sex Pistols über Blink 182 bis Rancid war alles dabei und irgendwie bekam der zierliche Sänger es hin, jeden einzelnen Song dermaßen auf den Punkt zu bringen, dass wir Gänsehaut bekamen. Hätte man mich mit verbundenen Augen hereingeführt, wäre ich felsenfest davon überzeugt gewesen, Zeugin eines historischen Augenblicks zu sein, in dem John Lydon, Dave Grohl und Lars Frederiksen auf derselben Bühne standen und sich gegenseitig das Mikro in die Hand gaben. Ohne Scheiß, nicht mal die Wiederauferstehung von Lemmy und Joey Ramone hätte ich unter diesen Umständen angezweifelt. Beim zweiten Song stand Lynz auf und zog ihren Barhocker einmal quer durch den ganzen Raum hinter sich her. Dort wo eigentlich eine schwitzende Crowd hätte toben sollen, blieb sie stehen und setzte sich direkt vor die Bühne. Bis auf ein paar Gestalten in einer dunklen Ecke hinter uns war niemand da, also schnappten wir uns unsere Hocker und folgten ihrem Beispiel. »His voice is fucking amazing«, brüllte Felix der Blondine ins Ohr, als wir uns setzten. »I know«, antwortete sie und lächelte. »He's my husband.« Als die Show vorbei war, ließ sich Fern auszahlen und wir hingen noch eine Weile mit ihm und Lynz auf der Treppe vor dem Laden rum. Warum auch drinnen trinken, wenn es nebenan einen 7-Eleven gab?

Block-Party mit Fern, Lynz, Felix und Diana (v. l. n. r.).

SLUMDOG PUNKROCKSTAR

Interview mit Fern
von Jimmy Revolt

Als wir Fern auf der Bühne des *Rock Pubs* sahen, hat uns seine Stimme komplett geflasht. Ob Foo Fighters, Motörhead oder Nirvana – er hatte sie wirklich alle drauf. Nach der Show hat uns der Sänger bei einem Supermarkt-Bier auf der Straße erzählt, wie er sich als Jugendlicher in den Slums von Bangkok das Gitarrespielen selbst beibrachte und wie er es mittlerweile schafft, von der Musik leben zu können.

Seit wann trittst du hier regelmäßig auf, um Cover-Songs zu spielen?

Fern: Seit acht Jahren. Davor hatte ich eine andere Band, aber es war schwer, nebenher zu arbeiten und Geld zu verdienen. Also dachte ich mir: Scheiß drauf, ich spiele einfach in einer Bar! Hier im *Rock Pub* können wir Musik machen, die uns gefällt und werden dafür auch noch bezahlt. Viermal die Woche treten wir auf und spielen Punk-, Grunge- und Alternative-Klassiker. Für mich ist das der ideale Job.

Wann hast du mit dem Musikmachen angefangen?

Da muss ich ungefähr zwölf gewesen sein. Ich ging auf eine Schule, auf der die Kids aus der Arbeiterschicht sehr stark vertreten waren. Die meisten meiner Klassenkameraden spielten Fußball, aber das hat mich nie wirklich interessiert. Also habe ich mir eine Gitarre geschnappt und *Alternative Thai Music* gespielt. Davon gab es damals eine Menge.

Hast du eine Lieblingsband?

Ich liebe Green Day. Von dieser Band habe ich Gitarre spielen gelernt. »Dookie« habe ich damals rauf und runter gespielt. Es haben ja alle Mixtapes gemacht, auf diese Weise habe ich viele Bands kennengelernt. Doch mit Green Day fing alles an. Ich war sogar auf einem ihrer Konzerte als ich zehn war – gar nicht weit von hier. Sowas hatte ich noch nie zuvor gesehen. Danach stand fest, das wollte ich auch machen! Auch beim Skaten liefen immer die ganzen Pop-Punk-Klassiker: Bad Religion, NOFX, No Use For A Name und all das.

Ach, du skatest auch?

Ja, ich bin aber richtig beschissen. Meistens war ich im Park unterwegs, da gibt's einige Spots, an denen sich Skater treffen. Aber ich bin da mittlerweile raus.

Du hast uns vorhin erzählt, dass du hier in Bangkok in den Slums aufgewachsen bist. War es schwer für dich, an Instrumente ranzukommen?

Ja, das stimmt. An Instrumente ranzukommen, war tatsächlich nicht so einfach, weil die natürlich sehr teuer waren. Aber in der Schule gab es ein paar Kinder, die Akustikgitarren hatten. Damit habe ich angefangen. Später hatte ich einen Freund, der bei mir gegenüber gewohnt hat. Ich bin jeden Abend zu ihm rübergegangen und er hat mir Griffe auf der Gitarre beigebracht. Und dann gab es vor unserem Haus diese große Baustelle. Die Bauarbeiter hatten eine Gitarre, auf der sie manchmal in den Pausen spielten, doch die meiste Zeit stand sie nur herum. Also habe ich sie gefragt, ob ich sie mir ausleihen kann. Sie erlaubten es mir. Ich glaube, das war die billigste Gitarre, die je gebaut wurde, aber ich musste ja eh noch lernen. Irgendwann hat mir ein älterer Freund seine Yamaha vermacht, weil er sie nicht mehr gespielt hat. Das war meine erste E-Gitarre. Von dem Tag an habe ich nur noch gespielt – jedes einzelne Lied, das auf meinen Mixtapes war.

Wann hast du angefangen, eigene Songs zu schreiben?

Direkt nachdem ich gelernt hatte, was ein Power-Chord ist. Ich hatte bald eine Band, mit der ich sogar auf einem Label gesignt war und auf Tour gegangen bin. Aber wir haben einfach nicht genug Geld verdient, um davon leben zu können. Wir mussten uns auflösen, weil wir zu viel unterwegs waren und unsere Jobs nicht halten konnten. Aus dem Grund habe ich kurz darauf die Cover-Band gegründet.

Und seit wann gibt es Jimmy Revolt?

Jimmy Revolt habe ich noch etwas später gegründet – 2009, um genau zu sein. Gerade schreiben wir neue Songs für eine EP. Ein absolutes D.I.Y.-Projekt, wir machen alles selbst. Die Instrumente nehmen wir zum Beispiel zuhause in unseren Schlafzimmern auf, deshalb dauert es so lange. Wir wollen Musik machen, die einen dazu bewegt, sich ein Skateboard zu schnappen und die Welt anzuschreien.

Was zeichnet die Musikszene in Bangkok deiner Meinung nach aus?

Ich habe das Gefühl, dass hier alle sehr eng miteinander befreundet sind. Die Leute sind einfach nett und man fühlt sich immer willkommen. Früher gab es noch viele vereinzelte Gruppen, aber mittlerweile hängen alle miteinander rum. Ganz egal, welchen Hintergrund sie haben.

Wie stehst du zu Backpackern auf den Konzerten?

Ich bin da sehr offen. Wir haben ja viel gemeinsam und hören dieselbe Musik.

Was ist für dich der größte Unterschied zwischen einem Auftritt mit Jimmy Revolt und einem Auftritt mit der Cover-Band, mit der du deinen Lebensunterhalt finanzierst?

Das kann man kaum vergleichen. Das eine ist Arbeit, also quasi eine Dienstleistung. Mit Jimmy Revolt promote ich hingegen meine eigene Kunst. Nehmen wir heute Abend als Beispiel, da war doch dieser ältere Typ, der die ganzen Classic-Rock-Sachen hören wollte – also haben wir sie gespielt. Das hat ihn glücklich gemacht. Wir haben bei den Cover-Gigs keine Setlist, die wir durchspielen. Unser Repertoire ist riesig und wir spielen, was das Publikum hören möchte. Dadurch habe ich bereits sehr viel gelernt. Wir können alles auf Abruf spielen und die Crowd bei Laune halten. Außerdem habe ich dabei auch viele Metal-Songs gelernt, was eigentlich gar nicht so sehr mein Ding ist. Durch die Coverband bin ich ein besserer Gitarrist geworden.

Du hast uns heute Abend wirklich schwer beeindruckt. Wie schaffst du es, bei all diesen Songs genauso zu klingen wie die Originalinterpreten?

Üben, üben, üben. Auch wenn es manchmal albern wirkt. Man muss lernen, die Stimmen zu imitieren. Dabei habe ich mir selbst schon Angst gemacht, wenn es an die tiefen Metal-Stimmen ging!

DAS KOKS-TUK-TUK

Diana, BANGKOK

Eh wir uns versahen, war der letzte Tag unserer Reise gekommen. Als Dankeschön für den Ausflug zum Flugzeug-Friedhof hatten wir Tony und Pan versprochen, eine ihrer Bandproben zu besuchen und ein paar Videoaufnahmen zu machen. Die Karten-App führte uns zu einem Musikgeschäft in einer heruntergekommenen Seitenstraße. Doch von den anderen fehlte jede Spur. »Vielleicht sind sie schon drinnen«, meinte Felix. Eine Glocke über der Tür kündigte unser Eintreten an, doch erst mal war niemand zu sehen. Das kioskgroße Geschäft war bis unter die Decke mit Instrumenten vollgestopft und im Hintergrund lief gedämpfte Jazzmusik. Bedächtig schaute ich mich um, als hinter einem der Regale plötzlich eine ältere Frau hervortrat. »Sàwàddee ká«, begrüßte sie mich. Auf dem Arm hielt sie eine riesige Perserkatze, die mir einen bösen Blick zuwarf. Felix war noch mit den Ukulelen beschäftigt, doch in meinem Kopf zählte ich bereits den Countdown runter, bis er das schnurrende Kalb von einer Katze entdeckte.

»Wir suchen Tony und Pan«, erklärte ich. »Sind sie schon hier?« Nun strahlte die Frau über das ganze Gesicht. »Not yet, always late«, antwortete sie und zeigte auf einen Stuhl, um mir einen Platz anzubieten. »Kätzlein!«, schrillte Felix' Stimme durch den Raum. Nun hatte er sie entdeckt. Die folgende Viertelstunde starrte ich Löcher in die Luft, während er es schaffte, sich mit der älteren Dame, die im Übrigen kaum Englisch sprach, über die lebensbereichernden Aspekte von Mietzekatzen auszutauschen. Ich befürchtete gerade, dass er jeden Moment zu Miauen begann, als die Glocke über der Tür bimmelte und die Murder Bizkitz eintraten. Wir folgten ihnen eine steile Treppe nach oben, wo sich ein winziger schallisolierter Raum befand. »Die Klimaanlage ist leider kaputt«, sagte Pan und deutete auf den weißen Kasten, der in der Ecke stand. Es versprach muckelig zu werden. Die Band legte los und schmetterte uns mit voller Wucht ihren brachialen Streetpunk entgegen. Wir filmten aus unterschiedlichen Perspektiven und bereits am Ende des ersten Songs war ich einer Ohnmacht nah. »Ich muss die Tür kurz aufmachen«, schnaufte ich. »Der Drummer hat heimlich einen Aufguss gemacht.« Nach dem dritten Durchgang pfiffen alle aus dem letzten Loch und Tony erklärte die Probe für beendet.

Wir verabschiedeten uns direkt und nahmen ein Taxi Richtung Bett und Dusche. Irgendwie waren wir nicht in der Stimmung, mit den anderen zu versacken und über Musik zu fachsimpeln. Erschöpft lehnten wir uns zurück und rollten durch die bunt beleuchtete Stadt. »Krass, das war's«, sagte Felix. »Das war unser letzter Termin.« Ich dachte an die Schlagerparty in Singapur und den Rollerausflug auf Penang zurück. Erinnerungsfetzen aus einer anderen Welt. Ich ließ die Tränen einfach auf mein T-Shirt tropfen und starrte aus dem Fenster. In der Vergangenheit hatte ich schon viele tolle Orte besucht und ungewöhnliche Dinge unternommen, doch noch nie zuvor war ich in der Ferne auf so viele Gleichgesinnte getroffen, die mich an ihrem Leben teilhaben ließen. Ich hatte allerdings auch noch nie nach ihnen gesucht. »Heulst du etwa?«, fragte Felix überrascht und stieß mir in die Rippen. »Sag doch was, das ist super Material für den Film.« Nun lachten wir beide. »Weißt du was?«, ich wischte mir die Tränen aus dem Gesicht und schaute ihn an. »Heute Abend feiern wir Abschied.«

Eine Stunde später saßen wir frisch geduscht auf der Terrasse eines Restaurants und bestellten die halbe Speisekarte. Keine Ahnung, wie ich künftig ohne meine tägliche Garnelenration weiterleben sollte. Das Publikum um uns herum war gemischt. Ein paar Touristen, eine thailändische Familie und ein älterer weißer Herr, der in Begleitung von zwei jungen Thailänderinnen eine Suppe aß. Er sah sehr freundlich aus und schien sich nett zu unterhalten, dennoch gab uns die Szene Rätsel auf. Der Mann war gut gekleidet, hatte weißes Haar und schien der nette Opi von nebenan zu sein. So sah doch kein Sex-Tourist aus, oder etwa doch?

Das Thema beschäftigte mich schon seit unserer Ankunft, denn weggucken war unmöglich. Es passierte überall um uns herum. »Beer! Helps ugly people to have sex since 1920«, lautete der Slogan einer Bar, an der wir jeden Tag vorbeikamen. Ein Spruch, den ich schon in deutschen Kneipen nicht besonders lustig fand, doch in einem thailändischen Vergnügungsviertel hatte er einen besonders bitteren Beigeschmack. Korrekterweise hätte es heißen müssen:

»Money! Helps old white men to whore around in Thailand since 1980.« Warf man einen Blick auf die Terrassen solcher Läden, waren dort ausschließlich alte, weiße Kerle in attraktiver, einheimischer Gesellschaft zu finden. Sie fummelten lüstern an den Bikini-Trägern ihrer Begleitungen herum und strichen ihnen unsichtbare Haarsträhnen hinters Ohr. Die Typen sabberten, ich kotzte. Die meisten der leicht bekleideten Mädchen, die in High Heels vor den Massagesalons herumsaßen, hatten das passende künstliche Lächeln zu ihren falschen Wimpern aufgelegt. Doch das erlosch, sobald der nächste potenzielle Kunde im Vorbeigehen bloß einen kecken Klaps auf ihrem Hintern daließ. An manchen Abenden war das alles nur schwer zu ertragen, doch leider konnten wir uns dem großen Sex-Theater nicht wirklich entziehen. Die ungleichen Paare begegneten uns auch im Supermarkt, in der Metro und im Restaurant – und manchen davon war anzusehen, dass sie sich nicht erst seit gestern kannten. Teilweise gingen sie sogar sehr vertraut und liebevoll miteinander um. Diese unaufgeregten Konstellationen ließen uns immer besonders ratlos zurück. Waren diese Leute ineinander verliebt? War es möglich, dass ein 60-jähriger Bierbauch und eine halb so alte Thai-Schönheit eine funktionierende Beziehung führten?

Das Essen bei unserem vorgezogenen Abschiedsdinner war nicht so gut wie erhofft und als wir auf der Toilette dann auch noch beide zu unfreiwilligen Zeugen eines sexuellen Aktes in der Nachbarkabine wurden, beschlossen wir, das Kapitel »Restaurant« zu beenden und noch was trinken zu gehen. Ann erkannte uns schon von weitem. »You came back«, rief sie aufgeregt und kam hinter ihrer Rikscha-Bar hervorgestürmt, um uns in die Arme zu schließen. Kein Wunder, unser Gin-Durst hatte ihr an unserem ersten Abend wahrscheinlich ein unverhofftes Monatseinkommen beschert. Dementspre-

Nach ihnen die Gin-Flut: Felix und Diana mit Ann – der Besitzerin der Rikscha-Bar, an der es die beiden in ihrer ersten und in ihrer letzten Bangkok-Nacht richtig krachen ließen.

chend war es bloß eine logische Konsequenz, unseren Bangkok-Aufenthalt dort ausklingen zu lassen, wo er angefangen hatte. Mit einer Husch-Husch-Geste scheuchte sie die Prostituierten von den Barhockern, die gerade eine Pause einlegten und drehte den Ventilator in unsere Richtung. »Gin Tonic?«, fragte sie und strahlte. Wir nickten und staunten nicht schlecht, als sie uns ihr Handy diesmal ohne Kabel reichte. Die alten Boxen waren einer kleinen Bluetooth-Anlage gewichen. »Wenigstens eine, die von unserer Gin-Liebe profitiert«, warf Felix ein und schmiss »Skin Like Fire« von den Black Heart Romeos an – den Song, der uns vom ersten Moment unserer Reise begleitete. Da saßen wir also und blickten auf all die gemeinsamen Erinnerungen und Begegnungen zurück, die uns die Schnapsidee einer Kölner Winternacht eingebracht hatte. Wir waren stolz auf uns und froh, dass wir es durchgezogen hatten.

Mit der Erkenntnis, dass es nun vorbei war und wir auch alle brenzligen Situationen gut gemeistert hatten, fiel eine unsichtbare Last von uns ab. Darauf stießen wir fünf- bis sechsmal an und eh wir uns versahen, fragte Ann auch schon: »One more?« Der Gin lief wieder und die Euphorie über unsere erfolgreiche Underground-Recherche ließ uns alle guten Vorsätze binnen kürzester Zeit über Bord werfen. Bisher hatten wir immer darauf geachtet, es nicht zu übertreiben, um nicht die Kontrolle zu verlieren. Doch nun wähnten wir uns in Sicherheit und wollten es wissen. Ann kam kaum mit dem Mischen der Drinks hinterher und als ich diesmal auf Toilette musste, war das Ende des Abends deshalb noch nicht gekommen. »No problem, follow me«, Ann lächelte und ließ Felix allein mit ihrer Bar zurück. Wir gingen fünfzig Meter die Straße runter und bogen in eine kleine Gasse ein, die in einen Hinterhof führte. Dort angekommen, zeigte sie auf eine alte Holztür. »Toilet«, sagte sie und deutete mir an, dass sie nun zurückgehen würde. Hinter der Tür polterte es und es dauerte eine Weile, bis jemand herauskam. Die hohen Hacken und das knappe Outfit ließen erahnen, in welchem Gewerbe die junge Frau tätig war. Lächelnd hielt sie mir die Tür auf und ließ mich hinein. Das Klo befand sich in der Mitte des kleinen Raumes, daneben stand ein Wassereimer mit einer Schöpfkelle. So viel Luxus hatte ich nicht erwartet, dann konnte der Abend ja weitergehen.

Gegen Mitternacht hatten wir vorsichtig ausgedrückt »gut einen sitzen« und verabschiedeten uns. Um genau zu sein, machten wir uns auf die Suche nach einer Karaoke-Bar. Denn es erschien uns nicht richtig, Asien zu verlassen, ohne auch nur einmal gesungen zu haben. Allein die Tatsache, dass ich bereit war, mich vor fremden Menschen auf eine Bühne zu stellen und einen Song zum Besten zu geben, sagte mehr als genug über meinen Zustand aus. Felix wankte neben mir her und kämpfte mit einem üblen Schluckauf. Aus Angst, mich anzustecken, ging ich ein paar Meter vor und fiel prompt wieder zurück, weil ich meinen Ohrring verlor. Als wir endlich die Adresse erreichten, die das Smartphone ausgespuckt hatte, war die Enttäuschung groß: Die Karaoke-Bar hatte geschlossen. »Wir sollten ins Hostel gehen«, gab Felix sich geschlagen und setzte sich auf den Bürgersteig. »Aber ich muss singen, sonst kann ich nicht nach Hause fliegen«, quengelte ich und setzte mich neben ihn. Manchmal verstand er einfach die Dringlichkeit gewisser Prioritäten nicht. Neben uns hielt ein Tuk-Tuk. »Hello my friends, where do you want to go?«, fragte der Fahrer. Felix stöhnte, denn er wusste, was ihm nun blühte. »Wir brauchen dringend eine Karaoke-Bar«, erklärte ich unsere missliche Lage. »Es geht quasi um Leben und Tod.« Der Fahrer lachte und versicherte uns, dass er eine kannte, die noch geöffnet hatte. »300 Baht«, eröffnete er die Verhandlungen. Nun meldete sich auch Felix zu Wort: »100 Baht.« Sie einigten sich auf die Mitte und wir kletterten hinein.

»You guys want to party?«, fragte der Fahrer, nachdem wir losgefahren waren. Wir bejahten seine Frage und redeten weiter über unsere Top Ten der besten Karaoke-Hits. »You guys want cocaine?« Erwartungsvoll schaute er uns über den Rückspiegel an. Das hatte gerade noch gefehlt. »No, thank you«, lehnte Felix höflich ab. »Good price«, versuchte er es weiter. Wir ignorierten ihn und hofften, bald aus dem Drogen-Tuk-Tuk herauszukommen. Denn auch wenn die Todesstrafe in Thailand noch nie bei Touristen angewendet worden war – unser Interesse an einer lebenslangen Haftstrafe hielt sich stark in Grenzen. »Hey«, unterbrach der Fahrer uns wieder. »I said good price.« Langsam wurde es ungemütlich und wir hatten auch ohne Kokain die Nasen voll. »And we said, no thanks«, antwortete Felix und forderte ihn auf, links ranzufahren. Nach einem weiteren verbalen Schlagabtausch hielt er schließlich an. »1.000 Bahnt«, sagte er und hielt die Hand auf. Felix hielt ihm die 200 hin, die ausgemacht waren, doch er nahm sie nicht an. »Ihr schuldet mir 1.000«, fuhr der Typ uns an. »Wofür denn? Wir haben 200 ausgemacht und sind noch nicht mal am Ziel.« Nun wurde Felix sauer. »For the cocaine«, zischte der Typ. Okay, er hatte offenbar nicht alle Latten am Zaun. »Geh die Treppe zum Skytrain hoch«, zischte Felix und bot dem Typ ein letztes Mal an, die 200 Baht zu nehmen.

Außer uns war weit und breit kein Mensch auf der Straße. Ungewöhnlich für Bangkok und denkbar beschissenes Timing noch dazu. Ich tat, wie mir befohlen und hastete die Stufen zur Hochbahn rauf. Felix war direkt hinter mir. »Der war ja vollkommen irre«, stöhnte er, als wir oben ankamen. Außer Atem von der langen Treppe, blieben wir einen Moment stehen, um klarzukommen. Plötzlich sah ich den Dealer um die Ecke biegen. Wutentbrannt kam er auf uns zu. »Verschaff dir einen Vorsprung«, sagte Felix. Da sich in der Mitte der Fahrbahn ein Zaun befand und der Tuk-Tuk-Fahrer samt Gefährt nicht so einfach die Straßenseite wechseln konnte, beschloss ich, auf der anderen Seite runterzugehen und peilte schnellen Schrittes die gegenüberliegende Treppe an. Wie waren wir bloß in diesen verdammten Albtraum geraten? Als ich die Stufen erreichte, drehte ich mich zu Felix um. »Jetzt nimm die 200 Baht und lass uns verdammt noch mal in Ruhe. Wir wollten dein beschissenes Koks nie haben und werden auch bestimmt nicht dafür bezahlen!« Der Typ lachte und in seinem Gesicht veränderte sich etwas: »Look in your pocket.« Felix griff in seine Hosentasche und ich sah sofort, dass etwas nicht stimmte. Fassungslos starrte er auf das Package mit weißem Pulver in seiner Hand. »And now, give me 1.000 Baht«, sagte der Dealer und konnte sich sein blödes Grinsen nicht verkneifen. Wir wissen bis heute nicht, wann er es ihm untergejubelt hat und welches Ziel er mit dieser Masche verfolgte, doch bei Felix war er an Falschen geraten. Denn der drehte sich um und schmiss das Päckchen im Affekt auf die dunkle vierspurige Straße hinab. »LAUF WEG, DIANA!«, schrie er und rannte auf mich zu.

In dem Moment schoss das Adrenalin in meinen Körper und der Fluchtinstinkt übernahm das Cockpit. Wie von Sinnen raste ich die rund sechzig Stufen zur Straße hinunter. Unten angekommen, traute ich mich zum ersten Mal wieder, mich umzudrehen. Felix war nur wenige Meter hinter mir. Von dem Typ war keine Spur. Plötzlich hörten wir den Motor des Tuk-Tuks aufheulen. Er hatte die Zeit genutzt und mit seiner Karre die nächste Wendemöglichkeit gesucht. Nun raste er auf unserer Seite der Straße schimpfend auf uns zu. »Wir müssen auf ihn zu rennen«, keuchte Felix. »Das ist gegen seine Fahrtrichtung.« Ich bezweifelte zwar, dass ausgerechnet Verkehrsregeln den Dealer, dessen Kokain-Vorrat wir auf dem Gewissen hatten, davon abhalten würden, uns umzubringen, aber prinzipiell war die Idee gut. Sichtlich irritiert verharrte die Faust des Typen kurz in der Luft und das Geschrei verstummte. Doch dann durchschaute er unseren Plan und wurde bloß noch wilder. »Hoffentlich hat er keine Knarre«, schoss es mir durch den Kopf, während wir den leergefegten Gehweg entlangrannten. »Renn rüber zu der Bank, da sind Kameras«, rief Felix mir an der nächsten Ecke zu und duckte sich hinter ein Auto. Atemlos lehnte ich mich an den Geldautomat und fragte mich, wann wir Teil eines beschissenen Actionfilms geworden waren. Als das nächste Taxi vorbeikam, sprang Felix auf die Straße und hielt es an. Nach einem kurzen Gespräch mit dem Fahrer, gab er mir ein Zeichen und ich sprintete los. »Go! Go! Go!«, rief ich, als ich die Tür hinter mir zuknallte. »Aber wohin denn?«, fragte der Mann überrumpelt. »GERADEAUS!«, schrien wir im Chor und brachen erleichtert auf der Rückbank zusammen. Unter Karaoke in Bangkok hatten wir uns was anderes vorgestellt.

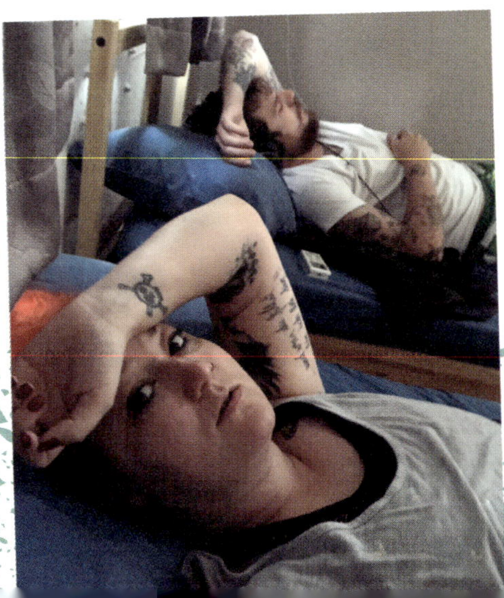

12

EPILOG

Als wir loszogen, um uns in den südostasiatischen Underground zu stürzen, hatten wir keinen Schimmer, was uns auf der anderen Seite der Erde erwartete. Wir wussten nicht, auf welche Subkulturen wir treffen und inwiefern sich diese von den uns bekannten unterscheiden würden. Wir hofften lediglich, kein Phantom zu jagen, sondern auf Gleichgesinnte zu treffen, mit denen wir etwas gemeinsam hatten. Doch was konnte das sein? Unsere Lebensrealität war schließlich eine vollkommen andere. Um das herauszufinden, reisten wir durch insgesamt sechs asiatische Länder. Wir besuchten unzählige Punk-, Hip-Hop- und Hardcore-Shows und sprachen mit etlichen Bands, Streetartists und Aktivist*innen.

Die Szene, auf die wir trafen, war unserer ähnlicher als gedacht. Egal, in welchem Land wir uns befanden, welche Religion vorherrschte und wie es um die Lebenssituation der Menschen stand – überall lernten wir junge Leute kennen, die sich zum Teil unter schwierigsten Bedingungen kreative Freiräume erkämpfen, da sie unsere Vision einer besseren Welt teilen. Einer Welt ohne staatliche Repressionen, Rassismus und Sexismus. Oftmals fühlte es sich an, als würden wir in der Ferne nach Hause kommen und auf unbekannte Freunde treffen. Sie hörten dieselbe Musik, trugen ähnliche Klamotten und teilten dieselben Werte wie wir. Selbst der Standard-Struggle wies ungeahnte Parallelen auf. So kamen unsere Gesprächspartner*innen zum Beispiel immer wieder auf den ausbleibenden Szene-Nachwuchs zu sprechen und auch Gentrifizierung war überall ein großes Thema. Steigende Mieten, schließende Clubs und die Verdrängung der ansässigen Kiezkultur. Probleme, die uns nur allzu bekannt vorkamen. Doch wenn unsere neuen Freunde von ihren Erfahrungen mit Polizeiwillkür, Prügelstrafe oder Religionszwang berichteten, wurden uns unsere westlichen Privilegien wieder schmerzlich bewusst: Denn die Reglementierungen, mit denen viele von ihnen im Alltag zu kämpfen haben, liegen schlichtweg außerhalb unserer Vorstellungskraft.

Auf unserer Reise ist uns klar geworden, dass subkulturelle Bewegungen kein aussterbendes Wohlstandsphänomen reicher Industrienationen sind. Im Gegenteil: Schwierige Umstände, egal welchen Ursprungs, halten das Feuer am Brennen. Reglementierungen durch Eltern, Schule, Religion oder Staat werden junge Menschen niemals davon abhalten, ihr Leben autark zu gestalten. Rebellion findet ihren Weg – es sei denn, es geht allen zu gut. Vielleicht ist das der Grund dafür, dass es in den vergangenen Jahren etwas zu ruhig um die hiesigen Subkulturen geworden ist. Wir haben es schleifen lassen, als die Zeiten zu bequem waren. Die Quittung für unsere Trägheit haben wir bereits bekommen. Doch es gibt auch eine gute Nachricht: Das Feuer ist wieder entfacht und #MeToo, #WirSindMehr und #FridaysForFuture sind erst der Anfang.

Subculture today.

Revolution tomorrow.

Mehr Infos zu dem Dokumentarfilm ***A Global Mess – Eine SubkulTour durch Südostasien*** *und dem Vinyl-Soundtrack* ***A Global Mess – Vol. One: Asia*** *gibt es hier:*

www.aglobalmess.com
www.facebook.com/aglobalmess
www.instagram.com/aglobalmess

A GLOBAL THANKS

Noch vor einem Jahr hätten wir selbst nicht geglaubt, wohin uns die Schnapsidee »A Global Mess« einmal führen wird. Und nun blicken wir auf eine unvergessliche Reise zurück und halten ein Buch, einen Film und einen Vinyl-Sampler in den Händen. Drei Releases, die nicht nur unsere, sondern auch die Geschichten der Menschen erzählen, die wir unterwegs getroffen haben. »A Global Mess« war von Anfang an ein D.I.Y.-Projekt. Es gab weder Sicherheiten noch Sponsoren – bloß eine Vision. Gewagt haben wir es trotzdem, denn die Alternative wäre gewesen, für immer an den Tag zurückzudenken, an dem wir uns beinahe selbstverwirklicht hätten. Ohne die folgenden Unterstützer*innen wäre die Realisierung unseres Vorhabens nicht möglich gewesen. An erster Stelle möchten wir Ingo, Oli, Jens und Jonas vom Ventil Verlag danken, die vom ersten Moment an dieses Buch geglaubt und uns einen riesigen Vertrauensvorschuss gegeben haben. Vielen Dank auch an Ingo Donot für die unfassbar genialen Illustrationen der Augenblicke, von denen es keine Fotos gibt. Dasselbe gilt für Tobbe und Matze von Concrete Jungle Records, die nie an unserer Vision gezweifelt haben. Matze hatte nicht nur die Idee zu dem Sampler – ihm haben wir auch das geile »Auf die Fresse«-Artwork von Buch, Platte und Film zu verdanken, mit dem er »A Global Mess« ein Gesicht verliehen hat. Tobbe hingegen hat uns von Anfang an mit Rat und Tat zur Seite gestanden, wenn vor lauter To-Dos mal wieder kein Ende in Sicht war – ein dickes Küsschen für die motivierenden Worte und all die spendierte Nervennahrung. Danke auch an unsere Freunde Dennis und Eike von Starkult Promotion, vor allem für die vielen Tränen, die wir bei unseren Kneipenmeetings gelacht haben – ist halt Familie. Außerdem möchten wir uns bei allen Bands und Musiker*innen bedanken, die keine Mühen gescheut haben, um auf unser Projekt aufmerksam zu machen. Wir sind nach wir vor überwältigt von den vielen Videobotschaften, Sammlerstücken und Wohnzimmerkonzerten, mit denen unsere Jugendhelden und andere Szenegrößen unserer Crowdfunding-Kampagne zum Erfolg verholfen haben. Ein fettes Danke geht raus an unsere Freunde von Slime, Dritte Wahl, Terrorgruppe, Egotronic, ZSK, Prada Meinhoff, Rogers, Massendefekt, Sewer Rats, Radio Havanna, Missstand sowie TV Smith, Ingo Donot, Frank Turner und Ferris MC. Außerdem danken wir all den anderen Kreativen, die uns durch liebevoll geschnürte Pakete unterstützt haben, insbesondere der unglaublich talentierten Tätowiererin Katharina Plett von Pleasure & Pain in Köln, dem Buchautor Tim Hackemack, Nico vom Concertteam NRW, unseren Release-Party DJs Ashraf & David, der Stencil-Künstlerin JOKady und nicht zuletzt der begnadeten Modedesignerin

Liza Sew. Doch was wäre ein Crowdfunding ohne Supporter? Nicht weniger als 237 Menschen haben an uns geglaubt und uns durch die Vorbestellung unserer Releases, freie Spenden und den Kauf der Band-Goodies unter die Arme gegriffen. Ohne das Vertrauen von großartigen Leuten wie Michael Fleischer und all den anderen würde es das Buch in dieser Form nicht geben – dafür sind wir sehr dankbar und wir freuen uns nach wie vor, dass unser Herzensprojekt auf so großes Interesse stößt. Dazu hat insbesondere unser Freund Jan beigetragen, der uns zu Beginn der Kampagne Social-Media-Nachhilfe gegeben und uns stets aus der Ferne angefeuert hat. Danke an Rike, die gelegentlich als Übersetzerin eingesprungen ist, an Michael, der den Ton unseres Films gepimpt hat und natürlich auch an unseren Freund John und seine Band Playground Circus, deren Song »Confessions« uns vom ersten Blogbeitrag an begleitet hat. Und zu guter Letzt wären da noch die großartigen Redakteur*innen, Veranstalter*innen und Blogger*innen, die uns bereits weit vor den Veröffentlichungen von Buch, Film und Platte geholfen haben, »A Global Mess« in die Welt hinauszutragen. Ein besonders herzliches Dankeschön geht daher raus an Anna vom Missy Magazine, Corny und Stefan vom »Too Drunk To Watch«-Filmfest, Felicitas von FluxFM Berlin, Falk vom Polytox-Podcast, Joachim und Fabi vom Ox-Fanzine, Hanna vom Travel Festival Leipzig, Kathi von MDR-Sputnik, Gunnar von Away From Life, Maria von Count Your Bruises, Boris und Judith vom Tätowiermagazin, Yvonne und Andy von der Rockzentrale Düsseldorf, Axel und Peter vom Weltsichten-Festival-Thüringen, Lydia und Cornelia vom Berlin Travel Festival sowie Franziska für ihren Beitrag zum Thema #sachenmachen.

Diana

Allen voran möchte ich meinem größten Supporter und Punkrock-Ehemann Andi danken: Du hast mir während der gesamten Projektumsetzung das Gefühl gegeben, das Richtige zu tun – obwohl das unter anderem bedeutete, den ersten Hochzeitstag auf verschiedenen Kontinenten zu verbringen und das Bett über Monate mit einem überarbeiteten Zombie zu teilen. Ich könnte nicht glücklicher sein. Danke, dass du oft mehr an mich glaubst als ich selbst.

Letzteres gilt auch für meine Mutter Birgitt, die in den vergangenen Monaten teils absurde Stimmungsschwankungen am Telefon ertragen musste (*Juhu, wir schreiben ein Buch! Oh Fuck, was haben wir uns bloß dabei gedacht?!*) und mir trotzdem immer gut zugeredet hat: Mama, du bist meine beste Freundin und die mit Abstand stärkste, lustigste und loyalste Frau, die ich kenne. Danke für all die GRL PWR, die du mir mit auf den Weg gegeben hast. Du bist mein größtes Vorbild.

Ein fetter Knutscher auch an meinen »kleinen« Bruder David, der mich einmal die Woche bei Bier und Burgern auf andere Gedanken gebracht hat, als der Workload mir alle sozialen Kontakte raubte: Seit über 30 Jahren bist du mein ehrlichster Kritiker, meine größte Inspiration und meine bessere Hälfte. Hänsel & Gretel forever!

Als nächstes möchte ich meinen Omas danken, die es trotz ihrer 85 Jahre (jetzt werden sie toben) kaum erwarten können, dieses Buch über südostasiatische Subkulturen in den Händen zu halten. Oma Lore, dir habe ich meine Reiselust und Kreativität zu verdanken und ich hoffe, in 50 Jahren auch nur annähernd so aufgeschlossen gegenüber Jugendkulturen zu sein wie du. Und dir, Oma Anni, danke ich dafür, dass du mir für jedes meiner Selbstverwirklichungsexperimente aufs Neue die Daumen drückst – obwohl du dich wahrscheinlich bis heute fragst, wann diese Punkerphase endlich ein Ende hat.

Ein weiteres Riesendanke geht raus an meine Herzenscrew in Hessen, meine Buddies in Berlin und meine Ruhrpott-Gang. Es gibt keine Worte für das, was ihr mir bedeutet. Danke für all die einmaligen Gespräche, Urlaube und Eskalationen der letzten 18 Jahre. Ich liebe euch. In Bezug auf dieses Buch möchte ich besonders Anna, Laura & Sabrina hervorheben, die mir immer mit Rat und Tat zur Seite standen – danke für den PUNKT!

Den letzten Absatz widme ich meinem Komplizen Felix, der nicht nur meine Vision teilte, sondern auch bereit war, alles dafür zu tun, sie in die Tat umzusetzen. Wir hingen in Asien 24/7 aufeinander, haben im Anschluss gemeinsam die nervenaufreibenden Höhen und Tiefen des Crowdfundings gemeistert und uns unzählige Nächte in unserem Bürokabuff um die Ohren geschlagen. Es ist mir bis heute ein Rätsel, wie wir es geschafft haben, uns in der ganzen Zeit nicht einmal zu streiten, aber fast täglich Tränen zu lachen. Danke dafür – mir fällt wirklich niemand ein, mit dem das sonst geklappt hätte.

Felix

Ich danke meiner besten Freundin und Lebensgefährtin Kyra für ihre unendliche moralische Unterstützung bei allem was ich mache: Ich weiß nicht, wie ich im Leben so viel Glück haben konnte, dich zu finden. Danke, dass du mich von vorneherein zu dieser Reise ermutigt und mir jegliche Zweifel genommen hast. Ich weiß nicht, was ich ohne dich tun würde.

Ein riesiges Dankeschön außerdem an meine Eltern Jutta und Ernst: Ich glaube, es ist fair zu sagen, dass ihr es mit mir nicht immer leicht hattet. Ich weiß, dass ich euch während meiner schwierigen Phase (Kindergarten bis Führerschein) die ein oder andere unnötige Sorge bereitet habe, dennoch habt ihr mich mein Leben lang unterstützt und mir immer beigestanden. Danke für alles.

Rike, mein Schwesterherz. Vielen Dank, dass du so bist wie du bist. Danke für all deinen Support. Danke, dass du nicht nur meine kleine Schwester, sondern auch mein großes Vorbild bist. Du hast in mir den Impuls gesetzt, mehr von der Welt sehen zu wollen. Ohne dich wäre ich niemals so weit gekommen.

Ein ganz großes Dankeschön auch an meine liebe Familie im Süden. Da es unmöglich wäre, alle zu nennen, möchte ich eine Person besonders hervorheben: meine Oma. Ich danke dir dafür, dass du so ein großes Interesse an dem hast, was ich mache und du – was es auch sein mag – alles unterstützt und stolz weitererzählst. Danke für viele schöne Erinnerungen.

Matze, vielen Dank für die Idee mit dem Sampler, das Artwork und für die grandiose Umsetzung. Auf viele weitere gemeinsame Projekte! Forever your Fanboy!

Tobbe, danke, für alles was du mir beigebracht hast. Du hast mir die Tür für meinen beruflichen Werdegang geöffnet, mich an die Hand genommen und mir gezeigt, wie der Hase läuft. Danke, dass du mir diese Chance gegeben und an mich geglaubt hast. Du bist mein großer Bruder im Geiste.

Uli, das Bootcamp war hart, aber effektiv. Unfassbar, was wir zusammen gelacht und geweint haben. Danke für diese unglaubliche Erfahrung, deinen Support und deinen Belief. Unsere gemeinsame Label-Zeit hat einen ganz besonderen Platz bei mir im Herzen. Ich warte allerdings immer noch darauf, dass du im Sonic Ballroom ALLEN erzählst, WAS ich gemacht habe.

Ich bin mit so vielen guten Freundinnen und Freunden sowie einer wunderbaren Familie gesegnet, mit denen ich teilweise schon über zwei oder sogar drei Jahrzehnte gemeinsam durchs Leben gehe, dass ich unmöglich alle aufzählen kann. Ihr wisst, wer gemeint ist. Danke für alles. Und sorry, dass ich mich so selten melde. Ich gelobe Besserung.

Ach so, eine Person fehlt natürlich doch noch. Diana, was soll ich sagen? Mit dir hat die Idee zu »A Global Mess« erst so richtig Fahrt aufgenommen. Danke für all deinen kreativen Input, deine Schreiberei und deine Kompromisslosigkeit, wenn es um unsere gemeinsamen Ziele geht. Ich finde es immer noch unfassbar, was wir zusammen auf die Beine gestellt haben. Und danke auch schon mal für alle Fehler, die du in dieser Danksagung finden und korrigieren wirst.

Global Messies 4-ever!

AUTOREN-BIOS

Diana Ringelsiep

1985 in Bochum geboren, Dorfpunkjugend in Nordhessen, Studium an der Universität der Künste in Berlin. Seither schreibt die Kulturjournalistin für verschiedene Magazine und Tageszeitungen. Ihre Texte erschienen u.a. in der „FAZ“, „taz“ und dem „Tagesspiegel“ sowie in verschiedenen Musik- und Lifestylemagazinen. Von 2013 bis 2015 war sie Mitherausgeberin des „PUNKROCK! Fanzine“, für das sie zahlreiche Interviews führte und eine regelmäßige Kolumne schrieb. Online“ befasst sich die Bloggerin am liebsten mit Themen rund um „Pizza, Punk und Popkultur“. Diana Ringelsiep lebt und schreibt in Essen.

www.facebook.com/D.Ringelsiep
www.instagram.com/punkrockana

Felix Bundschuh

Felix Bundschuh wurde 1985 in Stuttgart geboren. Kurz darauf zog er mit seiner Familie ins Ruhrgebiet, in den Neunzigerjahren ging es weiter in die USA. Als Teenager kehrte er im Jahr 2000 zurück nach Deutschland, wo er den Punk für sich entdeckte und seine erste Band gründete. Auch beruflich verschlug es ihn in die Musikbranche. In den vergangenen Jahren arbeitete Felix Bundschuh als A&R- und Produktmanager für unterschiedliche Plattenfirmen und Medienunternehmen. Seit 2018 arbeitet er als selbstständiger Musikmanager.

www.instagram.com/felixbundschuh
www.linkedin.com/in/felix-bundschuh